# 日本國內務省職掌事務全　附農商務省

# 各國居留條例第二

일본국 내무성 직장사무(전) (부)농상무성

각국 거류조례 제2

조사시찰단기록 번역총서

17

# 日本國內務省職掌事務全 附農商務省

## 各國居留條例第二

일본국 내무성 직장사무(전) (부)농상무성

각국 거류조례 제2

박정양·민종묵 편

김용진 역

보고사
BOGOSA

　본 번역서는 서울대학교 규장각 한국학연구원 소장 『일본국 내무성 직장사무(전) (부)농상무성(日本國內務省職掌事務全附農商務省)』(奎2577)과 『일본 각국 조약(日本各國條約)』(奎1835) 7책 중 제3권에 포함되어 있는 『각국 거류조례(各國居留條例)』를 현대어로 번역한 것이다.

　앞 부분은 고종(高宗) 18년(1881) 조사시찰단(朝士視察團)의 일원으로 일본에 파견된 박정양(朴定陽, 1841~1904)이 일본 내무성(內務省) 및 농상무성(農商務省)을 시찰하고 기록한 시찰기(視察記)이며, 뒷부분은 일본 외무성(外務省)과 외교업무를 시찰하고 돌아온 민종묵(閔種默, 1835~1916)이 일본의 대외조약(對外條約), 무역장정(貿易章程) 등을 정리하여 제출한 보고서이다.

　본 번역서는 한국연구재단 토대연구 〈수신사 및 조사시찰단 자료 DB 구축〉(2015~2018, 연구책임자: 허경진)의 성과물 가운데 하나로, 2016년 말 2017년 초 DB구축 팀의 윤독을 통해 1차 번역이 완성되었다. 이 1차 번역본이 현재 완성된 데이터베이스에 편집되어 있다.

　초벌 번역을 하셨던 정재호 선생이 본인에게 수정 편집 출판을 제안하여 본인이 일부 문장을 수정하였으며, 교정과 교감을 마무리하고, 일부 주석도 손질하였다. 원문도 꼼꼼하게 대조하여, 독자들께 내어놓는

다. 데이터베이스 상의 번역문과 출판되는 책의 번역문은 읽는 느낌뿐
만 아니라 내용 전달의 초점이 사뭇 달라짐을 느낄 수 있었다.

　마지막으로 본 번역서를 기획하고, 출판을 독려해 주신 허경진 선생
님께 감사의 말씀을 드린다. 내무성과 농상무성 시찰 보고서 및 각국거
류조례에 실린 내용 가운데 일부는 대한제국뿐만 아니라 그 이후에도
우리 사회에 많은 영향을 끼쳤다. 이 책이 연구자들에게 조금이라도 도
움이 된다면 다행이겠다.

# 차례

## ◇ 영인자료

## 일러두기

1. 본 번역서는 서울대학교 규장각 한국학연구원 소장『일본국 내무성 직장사무(전) (부)농상무성(日本國內務省職掌事務全附農商務省)』(奎 2577)과『일본 각국 조약(日本各國條約)』(奎1835) 7책(冊) 중 제3권에 포함되어 있는『각국 거류조례(各國居留條例)』의 현대어 번역이다.

2. 번역문, 원문, 영인본 순서로 수록하였다.

3. 가능하면 일본의 인명이나 지명을 일본어 발음으로 표기하였다. 서양의 지명이나 인명은 현재 한국어에서 통상적으로 쓰는 표기(예: 영국)가 아니면 되도록 각 나라의 본 발음을 기준으로 표기하였다.

4. 원주는 번역문에【 】로 표기하고 본문보다 작은 글자로 편집하였다. 원문에서도 동일한 방식으로 편집하였다. 각주는 모두 역자 주이다.

5. 원문에서 한역, 또는 표기되지 않은 서양의 고유명사나 도량형, 화폐 단위 등은, 번역문에서 역자가 확인 가능한 경우에 괄호 안에 부기하였다.

6. 본서에 수록된 내용들은 일본어, 영문 등의 원문이 따로 존재하는 경우도 많으나, 본 번역서는 19세기 당시 조선 관리의 번역을 다시 현대어로 번역하는 것에 초점을 두었다. 따라서 일본어, 영문 원문 등과 대조하여 다른점이 있더라도, 되도록 한역 원문을 충실히 현대어로 옮기는데 주력하였다. 당시 조선 관리의 실수나 오해 등도 역사적으로 고찰할 가치가 있기 때문이다.

7. 원문에서 오탈자가 확실한 경우는 원문 각주에서 언급하였으며, 번역은 각주에 언급된 수정사항을 근거로 하였다.

8. 원문을 입력하면서 독자들이 참고하기 편하도록 인명이나 지명 등의 고유명사는 밑줄을 그어 표시하였다.

# 일본국 내무성 직장사무(전) (부)농상무성
# (日本國內務省職掌事務全 附農商務省)

## 1. 기본서지

본 번역서의 저본은 서울대학교 규장각 한국학연구원 소장 『일본국 내무성 직장사무(전) (부)농상무성(日本國內務省職掌事務全 附農商務省)』(奎 2577)이다. 원서명은 『일본 내무성 급 농상무성 시찰 서계(日本內務省及農商務省視察書啓)』이다. 간행연도는 고종(高宗) 18년(1881)이며 1책으로 된 필사본(筆寫本)이다.

## 2. 편저자

박정양(朴定陽, 1841~1904)의 본관은 반남(潘南)이고, 자는 치중(致中), 호는 죽천(竹泉), 시호는 문익(文翼)이다. 형조참판을 거쳐, 1881년 조사시찰단의 일원으로 일본 문물을 시찰하고 귀국해 이용사당상경리사(理用司堂上經理事)가 되었다. 그외에도 이조참판, 사헌부대사헌, 주미전권공사(駐美全權公使), 전환국관리(典圜局管理), 호조판서, 참정대신(參政大臣), 내

부대신 등 관직을 역임하였다. 보고서는 이외에도『일본국 내무성 각국
규칙(日本國內務省各局規則)』과『일본국 농상무성 각국 규칙(日本國農商務省
各局規則)』이 있으며, 저서로는『죽천고(竹泉稿)』와『해상일기초(海上日記
草)』등이 있다.


## 3. 구성

내무성(內務省)의 소속 부서인 내국(內局), 서무국(庶務局), 도서국(圖書
局), 회계국(會計局), 위생국(衛生局), 경보국(警保局), 호적국(戶籍局), 토목
국(土木局), 지리국(地理局), 사사국(社寺局), 취조국(取調局), 감옥국(監獄局)
의 기능과 업무를 개괄적으로 설명하고, 국마다 그 하부 조직인 과(課)와
괘(掛)가 관장하는 사무를 기록하였다.

농상무성(農商務省)의 소속 부서인 서기국(書記局), 농무국(農務局), 상무
국(商務局), 공무국(工務局), 산림국(山林局), 박물국(博物局), 역체국(驛遞局),
회계국(會計局)에 대해서도 위와 동일하다.


## 4. 내용

조사시찰단의 일원인 박정양의 일본 내무성 및 농상무성을 시찰하고
기록한 시찰기(視察記)이다. 내무성의 12개 국(局)과 농상무성의 8개 국에
대해서는 그 직제와 소장업무를 소개하고, 농상무성의 자순회의(諮詢會
議)가 전국의 실업발달을 권장하고 있음을 서술하고 있다.

내무성에 대해서는 먼저 행정지사(行政之司)인 내무성이 관장하는 사
무의 범위와 소속 인원의 지위 및 숫자 등을 밝히고 있다. 그 다음 내국

(內局)·서무국·도서국·회계국·위생국·경보국(警保局)·호적국·토목국·
지리국·사사국(社寺局)·취조국·감옥국의 연혁 및 직제와 사무, 그에 따
른 제반 규칙을 소개한다.

각각 담당하는 사무를 살펴보면 다음과 같다. 내국은 문서의 심사·기
밀문서의 처리·부현관(府縣官)의 임명과 퇴출·상여금과 조제료(弔祭料)의
지급 등에 관한 것이고, 서무국은 각 부현(府縣)의 서무(庶務)로서 부현회
(府縣會)·지방세·하급 관리의 임명과 퇴출·비황저축법(備荒儲畜法)·부현
의 관사(官舍)·부현의 경비(經費)·관리의 월급·부금(賦金)·기물 판매·외
국 공사와 영사의 전직과 면직 등에 관한 것이다. 도서국은 공문·연보
·제도와 법령의 유집(類輯)·출판의 판권·외국 서신의 번역 및 신문·고
금 도서(古今圖書)·달력·내무성에서 간행하는 도서 등에 관한 것이고,
회계국은 금재(金財)의 출납과 각종 수입과 경비의 예산·결산·회계 등에
관한 것이다. 위생국은 위생 규칙의 제정·출생과 사망·질병 예방·장례
(葬禮)·가축병·빈민 구호·의사·병원·약국 등에 관한 것이고, 경보국은
경찰서·경찰회(警察會)·순사(巡査)·소방서에 관한 것이다. 호적국은 호
적 정리·상속·혼인·후견인 등에 관한 것이고, 토목국은 항구·도로·교
량·운하 및 그에 대한 보수와 비용 등에 관한 것이다., 지리국은 측지(測
地)·측후(測候)·측천(測天)·행정구역의 구분·지종(地種)·청사(廳舍)의 위
치·지적(地籍)·관용지(官用地)·어장(漁場)의 구획·토석의 채굴 등에 관한
것이고, 사사국은 신사(神社)·불사(佛寺) 등에 관한 것이다. 취조국은 문
서와 법제의 심사 등에 관한 것이고, 감옥국은 감옥서(監獄署)·죄수(罪囚)
등에 관한 것이다.

농상무성에 대해서도 농상무성이 관장하는 사무의 범위와 소속 인원
의 지위 숫자 등을 밝히고 있다. 그 다음 서기국·농무국(農務局)·상무국

(商務局)·산림국·공무국(工務局)·역체국(驛遞局)·박물국·회계국의 연혁 및 직제와 사무, 그에 따른 제반 규칙을 소개하였다.

각각 담당하는 사무를 살펴보면 다음과 같다. 서기국은 문서의 처리·관원의 임명과 퇴출에 관한 것이고, 농무국은 농업·수산업·양잠(養蠶)·농학교·농구 제작 등에 관한 것이다. 상무국은 상법(商法)상의 문서·회사·선박·도량형 등에 관한 것이고, 공무국은 발명품의 전매·권공장(勸工場) 등에 관한 것이다. 산림국은 산림상의 규칙 및 학술·관유림(官有林) 등에 관한 것이고, 박물국은 박물관·박람회 등에 관한 것이다. 역체국은 서신과 물품의 배달·우표·환전·저금 등에 관한 것이고, 회계국은 농상무성의 금전 출납 등에 관한 것이다.

농상무성에는 세 등급의 자순회의가 있는데 상등 회의(上等會議)·부현 회의(府縣會議)·구정촌 회의(區町村會議)로서 농업과 상공업의 득실과 이해에 대해 자문하고 회의하여 그 발달을 도모하고 있음을 서술하고 있다.

## 5. 가치

『일본국 내무성 직장사무(전) (부)농상무성』은 내무성과 농상무성의 직제 및 그 사무에 대한 기록으로, 각 국(局)에 따라 나누어 소개하였다. 관원의 숫자에서 각 지표들의 통계까지 작은 부분도 빼놓지 않았는데, 근대 일본의 내무행정 및 농상무행정의 전반을 파악하고 귀국 후에 참고하기 위하여 작성된 것임을 알 수 있다.

그 중에 주목할 만한 점은 메이지 유신이 시작된 무진년(戊辰年, 1868)이 계속 거론되는 것인데 전반적으로 그 시점을 전후로 신설된 기관과 제도가 많다. 이는 기록자가 일본의 사회·경제가 메이지 유신을 통해 발전한 사실을 인지했다고 볼 수 있는 부분이다.

본 자료는 직제와 사무를 집대성한 것이어서 기록자의 내무행정 및 농상무행정에 대한 독창적인 인식을 찾기는 어렵지만, 간간히 자신의 의견을 나타낸 곳도 있다. 예를 들어 경보국 항목에서 "분실물을 찾아 주는 절차가 잘 갖추어져 있어서 일본에는 물품을 잃어버리는 경우가 없다"고 한 부분에 대해, 기록자는 "과장된 말에 가깝다"고 의견을 제시 했다. 또 시행되고 있는 법령이나 제도를 일본인들이 어떻게 느끼는지, 직접 그들의 말을 인용하여 드러내기도 하였다. 그리고 혹 사실을 그대 로 적으면서도 실효성에 의구심을 보이기도 하였다. 일본이 서양을 통 해 들여온 기술과 제도에 아직 익숙하지 못하여 외국인을 고용하여 사 무를 보고 있음을 지적하였다. 하지만 기록자도 다방면을 조사하는 과 정에서 대상의 원리(原理)에 대한 이해도가 낮을 수밖에 없다는 한계가 존재한다.

단순히 제도 뿐 아니라 관련 신문물과 근대적 사업이 자세히 소개되 고 있는데, 일례로 상무국(商務局) 항에서는 주식취인소(株式取引所), 미상 회사(米商會社), 박물국 항에서는 박람회(博覽會) 등이 있어 당시 일본의 사회·풍속·제도 등을 이해하는데 도움이 될 것이며, 조선 관리들의 관 심·안목을 볼 수 있는 자료이다.

# 일본국 내무성 직장사무(전) (부)농상무성
## (日本國內務省職掌事務全 附農商務省)

## 일본국 내무성 직장사무(전)

내무성(內務省)은 도쿄(東京) 중앙 성(城)의 밖인 오테마치(大手町) 1정목(丁目: 가(街)) 20번지(番地)에 있다. 국내에 관련된 사무를 모두 관리하기 때문에 내무성이라고 한다. 전국적으로 지리(地理)를 측량하고 호적(戶籍)을 계산하며 관민(官民)에게 부역을 시행하고 토목 공사에 비용을 들이며, 위생과 풍속 관찰 등의 온갖 사무 및 해당 성(省)이 관장하는 3부(府)·37현(縣)의 지사(知事)와 영(令)의 진퇴(進退)와 출척(黜陟)에서 신사(神社)와 불우(佛宇)의 모든 사무에 이르기까지 다 내무경(內務卿)의 관할에 속하니, 일본인이 이른바 '행정지사(行政之司)'라고 하는 곳이다.

계유년(1873)【일력(日曆)이다.】 11월에 처음 내무성이 설치되어 갑술년(1874)【일력이다.】 1월에 문을 열었다. 그 이후로 지금까지 8년 사이에 국과(局課)와 직제(職制)의 연혁이 일정하지 않고, 정규(政規)와 법령(法令)의 변경이 한둘이 아니어서 아직도 정해진 규칙이 없다. 다만 현재 시행되는 것으로 논해 보면 1등에서 3등까지를 일본인은 칙임(勅任)이라고 하는데,

칙임은 일왕(日王)이 명령하여 특별히 임명한다. 4등에서 7등까지는 주임(奏任)이라고 하는데 주임은 각 성의 장관이 주청(奏請)한 뒤에 임명한다. 8등에서 17등까지는 속관(屬官)인데 판임(判任)이라고 하니, 각 성의 장관이 스스로 판단해서 위임한다. 17등 밑으로는 등외(等外)라고 하는데 등외는 네 등급 밖에 없다. 이 외에 어용괘(御用掛)가 있는데 이는 관원의 정해진 인원 수 외에 특별히 사무로 인하여 임시로 설치한 직임이다.

본성의 관원은 경(卿)은 1인으로 1등 직임인데 현재 마쓰가타 마사요시(松方正義)[1]이니, 정사위(正四位)이고 월급이 500원(圓)이다. 대보(大輔)는 1인으로 2등 직임인데 현재 히지카타 히사모토(土方久元)[2]이니 정오위(正五位)이고 월급이 400원이다. 소보(少輔)는 1인으로 3등 직임인데 현재 비어있다. 대서기관(大書記官)에서 권소서기관(權少書記官)까지는 주임관(奏任官)이고, 월급은 등급에 따라 정해져 있다. 내무성 관리의 총 인원은 위로 경과 보에서 아래로 등외까지 모두 584원(員)이고 소사(小使)가 78명이니, 각자 나누어 맡은 사무가 있다.

내무성에 12국(局)을 나누어 설치하였으니 내국(內局)·서무국(庶務局)·도서국(圖書局)·회계국(會計局)·위생국(衛生局)·경보국(警保局)·호적국(戶籍局)·토목국(土木局)·지리국(地理局)·사사국(社寺局)·취조국(取調局)·감옥국(監獄局)이다. 각 국에 국장(局長)이 있으니 국장은 모두 서기관(書記官)이 겸임한다. 국을 또 나누어 과(課)와 괘(掛)를 두었는데 각각 관장하는

---

1 마쓰가타 마사요시(松方正義) : 1835~1924. 일본 사쓰마 번(土佐藩) 무사 출신의 정치가이다. 그는 근대 일본을 대표하는 재정가이며, 일본 은행을 설립하였다. 제4·6대 일본 내각총리대신(內閣總理大臣)·초대 대장대신(大藏大臣)·내무경(內務卿)·대장경(大藏卿)을 역임하였다.

2 히지카타 히사모토(土方久元) : 1833~1918. 일본 사쓰마 번 무사 출신의 정치가이다. 내무대보(內務大輔)·제2대 궁내대신(宮內大臣)·농상무대신(農商務大臣)을 역임하였다.

사무가 있으니 아래에 나열하여 기록한다.

내국은 경과 보의 관방(官房)이다. 경은 내무성의 사무를 통솔하고 보는 경을 보조한다. 내무성에 관계된 일은 혹 경이 자의로 처리하는 경우가 있고, 혹 태정관(太政官)[3]에 신청한 뒤에 처리해야 할 경우가 있다. 내국에서 태정관에 신청하는 사무는 7조가 있으니 첫 번째는 행정과 풍속 관찰 등 규법(規法)을 변경하는 것이고, 두 번째는 지리·토목 등의 사무로 인하여 부하관리(部下官吏)를 외국에 파견하는 것이고, 세 번째는 각 국을 폐지하고 설치하며 국장을 임명하고 면직하는 것이고, 네 번째는 각 국이 사무를 처리하는 규정을 제정하는 것이고, 다섯 번째는 중대한 사무를 각 성과 각 부(府)·현(縣)에 통지하는 것이고, 여섯 번째는 외국인을 고용하거나 해고하는 등의 것이고, 일곱 번째는 새로운 일을 시작하거나 옛 규례를 변경하는 것이다.

대체로 내무성은 국내의 사무를 전담한다. 그러므로 지리와 토목 등의 일이 있으면 서양의 각 나라에 파견하여 기술을 배우거나 혹 서양인을 고용하여 일을 보게 한다. 제규(制規)의 변경과 정법(政法)의 포고 및 국원(局員)과 주임관의 진퇴와 출척은 모두 중대한 일이다. 그러므로 혹 태정관에게 의견을 진달하거나 혹 원로원(元老院)[4]의 회의에 참석하여 결정한다. 이것이 태정관 중에 별도로 내무부(內務部)를 설치한 이유이니, 만약 이런 의안(議案) 문서가 있으면 반드시 내무부에서 처리한다.

---

3 태정관(太政官) : 메이지(明治) 전기 일본의 최고 통치기관이다. 태정관은 정원(正院)·좌원(左院)·우원(右院)으로 나뉘었다. 정원은 정치의 최고 기관으로 태정대신(太正大臣)·좌대신(左大臣)·우대신(右大臣)을 두었다. 우원은 행정을 담당하고, 좌원은 입법(立法)을 담당했다.

4 원로원(元老院) : 메이지 8년(1875)에 태정관의 좌원을 원로원으로 개칭했다.

대서기관은 항상 내국에 있으면서 오직 경과 보의 지도를 따라 시행한다. 그러므로 또한 관장하는 사무가 있으니 4조(條)이다.

첫 번째는 각 국의 문서를 처리하는 일이다. 어느 국이든지 경에게 신청할 일이 있으면 반드시 문서로 내국의 서기관에게 송달한다. 서기관은 그 문선의 가부(可否)를 심사하여 가한 것은 경에게 올리고 불가한 것은 자의로 판단하여 물리친다. 또 혹 회의(回議)[5]의 예(例)가 있는데 회의는 각 국의 국장에게 돌려 보이는 것이다. 그러면 국장들이 그 가부를 상세히 심사하여 가하면 홍인(紅印)을 찍어주고, 불가하면 흑인(黑印)을 찍어 주는데, 이를 전표회의(傳票回議)라고 한다.

두 번째는 내무성 관리 및 부·현관(府縣官)으로 주임(奏任) 이상의 진퇴와 출척 및 상여(賞與)와 징계 등의 문서를 처리하는 일이다. 내무성 관리의 임기는 처음부터 정해진 규례가 없고, 오직 근무의 성실과 태만으로 지척을 살펴 진퇴를 결정한다. 부지사(府知事)와 현령(縣令)에 이르러서는 매번 3년을 1기(期)로 정하고 12년을 1임(任)으로 정하여, 1기마다 내무경이 치적을 살펴 나쁘면 내치고 좋으면 그대로 임기를 이어가게 하였다. 1기마다 50원(圓)을 월급에 더해주어 12년 1임에 이르면 원래 월급인 200원에 150원이 더해져 합계가 350원이 되니 3등 칙임관의 월급과 같아진다. 그러므로 그대로 3등 칙임관으로 승진한다. 12년 임기를 다 채운 뒤에 사직하는 사람에게는 월급의 10배인 3500원을 상으로 하사하고, 계속 임기를 이어가는 사람에게는 단지 매년 월급의 절반인 175원을 상여하며 다시 월급을 더해주는 규례는 없다. 칙임관이 되기 때문에 내

---

5 회의(回議) : 주관자가 기안(起案)하여 관계자들에게 순차적으로 돌려서 의견을 묻거나 동의를 구하는 일이다.

무경이 비록 그의 고과를 평가할 수는 없으나 사무에 있어서 반드시 내무경의 관할에 속한다. 각 부·현에 또 대소(大小) 서기관이 있으니, 이 또한 6등, 7등 주임관이다. 그 진퇴와 출척이 내무경에게 관계되어 있어 내무경에게 주청한 뒤에 시행하니 그 임기가 또한 3년이다. 고과를 평가하는 규정은 기묘년(1879) 이후로 폐지되어 지금은 잠시 정해진 규례가 없다고 한다. 관리의 징계에 이르러 또한 세 가지 조례(條例)가 있으니 견책(譴責)·벌봉(罰俸)·면직(免職)이다. 면직은 그 직임을 해면(解免)하는 것이고, 벌봉은 죄과(罪過)의 경중에 따라 반월 이상 3개월 이하의 월급을 뺏는 것이며, 견책은 견책서(譴責書)를 제출하게 하는 것이다.

세 번째는 부·현의 판임관 이하의 상여와 조제료(弔祭料: 위로금) 등의 일이다. 부·현의 판임관은 군장(郡長) 이하 구장(區長)과 호장(戶長)이 여기에 해당된다. 이 직임의 진퇴와 출척은 모두 부지사(府知事)와 현령에게 위임하여 판단하여 임명하게 한다. 그러므로 비록 내무경이 관할하는 것은 아니지만 조제료와 상여의 은전(恩典)에 이르러서는 반드시 내무경이 태정관에 갖추어 진달한 뒤에 시행하니, 대개 직무를 수행하다 죽은 사람의 공로를 추후에 포상하려는 뜻이다. 부·현의 서무(庶務)는 그 조(條)가 한둘이 아니지만 각각 관장하는 국이 있기 때문에 그 사무는 서무국(庶務局)이 담당하고 내국이 관장하는 바는 단지 곧장 올라오는 문안(文案)에 근거하여 논하는 것이다.

네 번째는 내무성의 기밀문서를 처리하는 일이다. 내국의 서기관은 오직 경과 보의 지휘만을 따른다. 그러므로 기밀하고 긴급한 문서에 대해 맡아서 처리하지 않음이 없다. 대체로 일본은 관리나 국민 할 것 없이 간략함을 싫어하고 번잡함을 좋아하여 어느새 습속을 이루었다. 비록 평범하고 중요하지 않은 일이더라도 반드시 도표(圖表)를 제작하여 혹 간행하기도 하고 혹 써서 베끼기도 하니, 문서가 산처럼 많고 사무가 매우 번거롭다. 비록 내무성 하나를 놓고 논하더라도 관원의 수가 거의 600명에 가깝지만 위로 경과 보에서 아래로 등외까지 매일 내무성에 나와 붓을 놓을 때가 없는데, 그것도 모자라 매번 사람을 고용해 일을 맡긴다.

내국 안에 또 왕복과(往復課)를 설치했는데 왕복과는 내무성의 제반 문서가 오고 가는 곳이다. 어떤 문서든지 내국에 보내고자 하는 것은 먼저 이곳으로 보내고, 내국에서 각국으로 전달하려는 것 또한 이곳으로 보낸다. 이 때문에 왕복과는 6부(部)로 나뉘는데 1부는 각 부·현의 공문(公文)을 접수하고, 2부는 각 국이 회의(回議)하거나 포고하는 등의 문안을 담당 하고, 3부는 부·현의 국민들이 건의하거나 직소[直願]하는 등의 문서를 담당 하고, 4부는 각 부의 제반 문서의 우송(郵送)과 부·현의 관리의 도쿄 출입을 관리하는 일을 담당하고, 5부는 각 국의 사무의 지연(遲延)을 감독하고 월표(月表)의 제작을 점검하는 등의 일을 담당하며, 6부는 필요한 물건의 정비 및 제반 인쇄에 관한 일을 담당한다.

서무국은 각 부·현의 서무를 전담한다. 대체로 본성의 서무는 내국이 총괄하여 관리하고 부·현의 서무는 서무국이 주간(主幹)한다. 관리의 직무에 관계된 것에서 수입과 지출 등의 일까지 모두 관장하니 12조가 있다.

첫 번째는 부·현회(府縣會)[6]에 관한 일이다. 부·현회는 곧 일본의 가장

---

6 부·현회(府縣會) : 지방의회로 국민들에게 의회제도의 경험을 쌓게 하려는 목적으로 설치하였다. 메이지 11년(1878) 7월에 부·현회 규칙이 시행되면서 제도화되었는데 이것이 곧 후일의 입헌정치(立憲政治)의 기초가 되었다.

큰 모임이다. 작년에 서양의 법을 따라 부·현회가 창립되었는데 3부·
37현이 각각 모임을 설치하여 국민들 중에 부·현의 사무와 이해에 관하
여 의견이 있으면 반드시 부·현회에 나가 의결한다. 각 군(郡)·구(區)에
특별히 선거회(選擧會)를 열고 국민을 모집하여 20세 이상의 사람들에게
군·구 안에 일을 잘 알아 감당할 만한 사람의 성명을 써서 투표함에 넣
게 하니 이를 투표법(投票法)이라고 한다. 25세 이상으로 가장 많은 표를
얻은 사람 4, 5인을 뽑아서 부·현관에게 보내 의원(議員)으로 선임한다.
의원 중에 또 투표법으로 의장(議長)과 부의장(副議長) 각 1명을 선출하여
부·현회의 사무를 주간하게 한다.

매년 3월【일력이다.】에 한 번 통상회(通常會)를 열고, 또 혹 일로 인하여
임시회를 열기도 한다. 부·현 안의 정령(政令)과 제규의 편의 여부 및 수
입과 지출을 조처하여 마련하는 일을 지방관과 국민들이 함께 협의하니,
매번 반수(半數) 이상의 의견을 따라 결행한다. 만약 혹 지방관의 의견이
의원과 같지 않아 서로 다투게 되면 지방관과 의장이 정부에 보고하여
결정해주기를 청한다. 부·현회의 설치가 일본의 대정(大政)에 관계되기
때문에 회의를 할 때 크고 작은 사안에 모두 의안(議案)을 보고하여 내무
경을 거치되, 혹시 일이 지방세(地方稅) 등의 의안과 연관되어 있으면 또
한 일괄 대장경(大藏卿)에게 갖추어 보고하니 이는 부·현회의 정해진 규
칙이다.

또 항상 위원(委員)이라는 명칭을 두어 의원 중 5~7인을 선정한다. 긴
급한 일이 생기면 갑자기 부·현회를 열 수 없기 때문에 이 위원을 두어
매번 지방관과 함께 때때로 청사(廳舍) 안에서 모임을 여는데, 먼저 의논
하여 정한 뒤에 부·현회에 보고한다. 그렇기 때문에 국내의 정법을 제
정할 때 관과 국민이 함께 권리를 가지게 된다. 회의 및 의원에 대한 여

러가지 비용에 있어서는 회의 자리에서 의논하여 정하고 지방세로 지급한다.

두 번째는 지방세에 관한 일이다. 제방세는 지조(地租) 외에 별도로 거두어 지방에서 드는 비용을 보충하는 것이다. 다섯 가지 항목이 있으니 지조할(地租割)·호수할(戶數割)·영업세(營業稅)·잡종세(雜種稅)·채조세(採藻稅)이다.

지조할은 지조의 3분의 1을 세금으로 징수하는 것이다. 대체로 지조는 지가(地價)의 100분의 2푼[分] 5리(厘)로 정해져 있는데 지조할은 그 3분의 1을 징수하니 예를 들어 지가가 100원이라면 지조는 2원 50전(錢)인데 지조할은 83전 3리가 되는 것이다.

호수할은 호수(戶數)에 매기는 세금이다. 이 또한 두 가지 항목이 있으니 시가(市街)로 집값이 높은 곳은 집값의 100분의 2푼 5리로 매년 한 번 내고, 궁항(窮巷) 사이로 집값이 조금 저렴한 곳은 집의 칸 수를 따져서 매 칸마다 혹은 50전 혹은 30전 혹은 10전으로 상·중·하 3등급에 따라 매년 6월과 12월에 분할 납부한다.

영업세는 각 상업 회사(會社) 및 사매상(卸賣商: 도매상(都賣商))·잡상(雜商) 등 상업으로 먹고 사는 사람을 모두 포함하여 매년 15원 이내로 등급에 따라 세금을 매긴다.

잡종세는 각각의 공장(工匠)의 제조소(製造所) 및 직공(織工) 등이 또한 매년 15원 이내로 하고, 부선(艀船)[7]·어선(漁船)·회조선(回漕船)[8]·마차(馬車)·인력거(人力車)·하적차(荷積車)의 부류가 또한 대장성(大藏省)의 국세

---

7 부선(艀船) : 동력 설비가 없어서 짐을 실은 채 다른 배에 끌려 다니는 배를 말한다.
8 회조선(回漕船) : 물건을 실어 나르는 배를 말한다.

를 수납해야 한다. 그러므로 매년 그 국세 액수의 절반을 계산하여 수납한다. 시장(市場)·연극장(演劇場)·유람소(遊覽所)는 1년 영업 이익을 계산하여 100분의 5를 수납한다. 유기(遊技)로서 위기(圍碁)나 취시(吹矢)의 부류는 매년 20원 이내로 하고, 요리옥(料理屋)·다옥(茶屋)·여관·음식점(飮食店)·탕옥(湯屋)·이발옥(理髮屋) 등은 위로 20원에서 아래로 5원까지 매년 수납한다. 배우방(俳優幇)의 예기(藝妓) 같은 부류는 각각 신세(身稅)가 있어 매년 60원 이내로 낸다. 소와 말을 도축하는 등의 부류에 대해서도 각각 모두 세금이 있다. 어업과 채조(採藻: 해조류 채취)에 대한 세금은 반드시 부·현회에서 협의하여 액수를 정하고 내무경과 대장경에게 신청한 뒤에 시행하니, 혹은 달과 날로 나누어 내거나 혹은 1년 치를 합계하여 한 번에 낸다.

이 외에 또 이것저것 허다한 세목(稅目)이 있는데, 올해 4월【일력이다.】에 처리한 것으로 보면 각 부·현의 지조할의 합계가 628만 433원 7리이고, 호수할의 합계가 264만 7558원 10전 3리이고, 영업세·잡종세 모두 합계가 316만 3395원 99전 5리이고, 어업세·채조세 모두 합계가 18만 1559원 75전 3리이며, 기타 잡수입이 35만 7319원 14전 6리이다. 이외에도 부금(賦金)의 명목이 있으니, 곧 창기(娼妓) 등에게서 거두는 세금으로 합계가 8만 4377원 41전 4리이다.

세 번째는 부·현관 및 군·구·정(町)·촌(村)의 관리의 직무에 관한 일이다. 대개 군장·구장·호장의 직임을 비록 부지사(府知事)와 현령이 출척하지만, 부지사와 현령이 이미 내무성에 매여 있으므로 서무국이 또한 주간하는 바가 있다.

네 번째는 여러 회사의 신청원장(申請願狀)에 관한 일이다. 대개 은행(銀行) 및 미상(米商) 등 회사는 반드시 관의 허가를 얻은 뒤에 설립할 수 있다. 그러므로 각 부·현관이 반드시 서무국에 보고하여야 하는데 이 일은 지금 농상무성(農商務省)에 속해 있다.

다섯 번째는 비황저축법(備荒儲畜法)에 관한 일이다. 전에는 흉년을 만 나면 혹은 궁한 국민을 구휼하는 규례가 있었고, 혹은 조세를 연기해주 는 규례가 있었는데, 경진년(1880) 이후로 모두 정폐(停廢)하고 신법(新法) 을 다시 정하여 20년을 한도로 시행하고 있다. 대개 그 법에 중앙저축소 (中央儲畜所)가 있고 지방저축소(地方儲畜所)가 있어 매년 정부가 지출하는 120만원 안에 30만원은 중앙저축금으로 대장성에 두고, 90만 원은 각 부·현에 분배하여 지방저축금으로 삼는다. 그리고 또 부·현에서 국민 들로 하여금 지조의 기분(幾分)을 부·현회가 의결한 뒤에 각각 그 돈을 내게 하되, 총액은 반드시 정부지출금 보다 적지 않도록 하여 그 절반의 액수는 미곡(米穀)을 사들여 흉년을 대비할 자본으로 삼고 남은 절반의 액수는 공채 증서(公債證書)로 교환하여 둔다. 그 연유를 자세히 살펴보 면 비록 "정부의 지출이다."라고 하지만 도리어 공채 증서로 그 절반을 교환한다면 그 실제는 그렇지 않은 것이다. 그 저축금으로 흉년을 대비 하는 법은, 매번 흉년을 만나게 되면 혹은 국민에게 대여해 주고 혹은 국민을 구호하여 지조를 낼 수 없는 사람을 도와주고 또 30일 내의 식료 (食料)를 지급한다. 그리고 만약 집을 짓지 못하는 사람이 있으면 10원을 출연(出捐)하여 집을 짓는 비용으로 쓰게 하고, 만약 농기구를 갖추지 못 한 사람이 있으면 20원을 출연하여 농기구를 갖추는 비용으로 쓰게 한 다. 겉으로 보면 곧 관에서 출연하는 것처럼 보이지만 그 실제는 국민의 재물로 도리어 국민의 재산을 돕는 것이다.

여섯 번째는 부·현의 관사(官舍)에 관한 일이다. 대개 관사의 보수는 이전에는 지방세 및 지조로 절반씩 지출했는데, 올해부터는 지조에서는 지출하지 않고 오직 지방세로 보충하여 지출한다.

　일곱 번째는 부·현의 경비에 관한 일이다. 대개 매년 부·현에서 사용하는 경비는 부·현회에서 산정하여 대장성과 내무성에 보고하니 두 성에서 협의한 뒤에 대장성 부장(簿帳)에 기록한다. 다만 올해 4월【일력이다.】에 조정한 것을 보면 경찰비(警察費)가 279만 1326원 83전 2리, 하항(河港)·도로·제방·교량 등의 건축과 보수에 들어가는 제반 비용이 193만 9413원 82원 7리, 부·현의 회의비가 13만 415원 13전 2리, 위생 및 병원비가 65만 4261원 10전 1리, 부·현에서 세운 학교비(學校費) 및 소학교(小學校) 보조비가 132만 782원 2전 3리, 군·구의 청사 건축 및 보수비가 6만 8731원 55전 5리, 군·구 관원의 급료 등 제반 비용이 261만 7780원 21전 4리, 구육비(救育費)가 3만 9600원 63전 2리, 포역장(浦役場)[9] 및 난파선(難破船)에 들어가는 제반 비용이 2132원 72전 3리, 기타 호장 이하의 급료 및 제반 공문의 게시 등의 비용 및 권업(勸業)과 예비(豫備)에 든 비용이 모두 5백여 원이다. 통합하여 계산하면 거의 1446만여 원이니 이는 모두 지방세에서 지출하는 비용이다. 만약 부족한 경우에는 다시 부·현회에 맡겨 더 징수하고 만약 잉여금이 있는 경우에는 그대로 두어 다음해의 비용에 보충한다. 국민들의 편부(便否)에 대해서는 비록 헤아려 알 수 없으나 비용의 큰 규모는 이를 통해 알 수 있다.

　여덟 번째는 부·현 판임관의 월급 액수에 관한 일이다. 대개 군장과 구장 이하의 월급은 지방세에서 부·현회가 의결하여 알맞게 지급하니 비록 군장의 월급이라도 매월 80원을 넘지 않는다.

　아홉 번째는 국민들의 건의 및 직원장(直願狀)에 관한 일이다. 매번 해

---

9 포역장(浦役場) : 선적(船籍)의 보관 등 선박에 관계된 사무를 맡은 기관이다.

당 사무와 관련하여 국민들의 소서(訴書)가 있으면 반드시 서무국을 경유한 뒤에 내무경에게 보고한다.

열 번째는 부·현의 부금(賦金)의 급여 방법에 관한 일이다. 부금은 관백(關白)의 시대에 영업세와 잡종세를 부금이라 병칭했다. 지금은 영업세와 잡종세로 명칭이 나누어졌는데 유독 창기(娼妓)들에게 매기는 세금은 부금이라 부른다. 부금은 병원비와 구육비 등에 보충한다고 한다.

열한 번째는 부·현의 쓰지 않는 기물을 판매하는 데 관한 일이다. 대개 이런 기물을 판매하여 받은 값은 반드시 서무국을 경유하여 대장성에 보낸다.

열두 번째는 외국 공사(公使)와 영사(領事)의 전직(轉職)과 면직(免職)의 보고 등을 수리하는 데 관한 일이다. 매번 이런 전직과 면직의 일이 있으면 외무성에서 내무성으로 통지하는데 내무성에서 반드시 개항장(開港場)의 지방관에게 알려야 한다. 그러므로 이 조항이 있는 것이다. 대개 서무국은 각 지방의 사무와 긴밀히 연관되어 있기 때문에 과(課)로 나누어 명칭을 정한 적이 없었고, 매번 부·현의 사무에 따라 각각 분담한다.

도서국은 도서의 사무를 전담하니 8조로 나뉜다.

첫 번째는 내무성의 공문과 연보(年報)에 대한 일이다. 부·현과 관계된 공문으로써 보고받은 것을 혹은 편찬하여 내무성에 두고 각각의 국이 서로 보고한 것은 혹 수집하여 태정관에 보내, 매 월마다 월보를 만들고 매 년마다 연보를 만드니 편하게 참고하기 위해서이다.

두 번째는 제도와 법령의 연혁을 유집(類輯)하는 일이다. 무릇 법령과 제도 중에 태정관이 포고하는 것과 내무성이 포고하는 것은 모두 종류별로 찬집(纂輯)한다.

세 번째는 출판의 판권(板權)과 사진의 판권에 관한 일이다. 국내의 국민들 중에 책을 저술하여 간행하고자 하면 반드시 내무성에 신청한다. 내무성은 또 태정관에 신청하여 허가를 얻은 뒤에 신청한 사람에게 30년 동안 전매(專賣)할 수 있는 권리를 특별히 허가해주니 사진도 또한 그렇게 한다.

네 번째는 외국 서신(書信)과 신문지(新聞紙)의 번역에 관한 일이다. 대개 서양의 서신과 신문은 반드시 도서국이 번역한다.

다섯 번째는 고금 도서(古今圖書)의 기록에 관한 일이다.

여섯 번째는 헌본(獻本)에 상여하고 포사(褒詞)하는 일이다. 국내의 국민들 중에 만약 관성(官省)에 도서를 헌납하고자 하는 사람이 있으면 상여와 포사에 대한 절차를 반드시 도서국이 참작하여 시행한다.

일곱 번째는 달력의 편차(編次) 및 그 발매인의 허가 여부에 관한 일이다. 대개 달력의 교정은 지리국이 관리하지만 그 편차와 반행(頒行)은 도서국의 소관이니 만약 국민들 중에 발매하고자 하는 사람이 있으면 반드시 도서국에 신청하여 허가를 얻은 뒤에 영업한다.

여덟 번째는 내무성에서 간행하는 서류에 관한 일이다. 내무성 문서의 간행은 비록 도서국이 맡고 있지만 인쇄에 관한 사항은 반드시 대장성 인쇄국에 접수한 뒤에 간행한다.

도서국은 사무를 6괘(掛)로 구분하니 편찬괘(編纂掛)는 내무성 일체의 공문을 편찬하는 일을 담당하고, 출판괘(出板掛)는 관리와 국민들이 저술하거나 번역한 도서 및 판권을 검사하는 일을 담당하고, 번역괘(飜譯掛)는 각국의 도서 및 서간(書柬) 등을 번역하는 일을 담당하고, 서무괘(庶務掛)는 문서의 접수와 국비의 계산 및 간행 서적과 사자(寫字)와 사도(寫圖) 등의 잡무를 담당하고, 보존괘(保存掛)는 고금 도서 및 국민들의 헌본을 수집하고 보존하는 일을 담당하고, 편력괘(編曆掛)는 달력을 만드는 일을 담당한다.

    회계국은 내무성 안의 금재(金財)를 출납하는 일을 전담한다. 내무성 각 국 관리의 월급과 각 부·현의 허다한 비용을 각각 해당하는 국에서 계산해 오면 모두 회계국에서 관리한다. 매월 초에 한 달 치 비용을 미리 대장성에서 가져와 당월(當月)의 비용으로 공급하고 그 부족하거나 남는 금액은 매 다음 달에 함께 회계한다. 또 내무성의 1년 수입을 또한 그 비용과 비교 계산하여 남거나 부족하건 간에 대장성에 회계하니 이는 회계국이 담당하는 사무이다. 계산에 관한 법에 예산(豫算)과 결산(決算)의 명칭이 있으니 예산은 갑(甲)·을(乙)·병(丙) 3년 동안 쓴 비용을 합계하고 그 평균으로 정(丁)년의 비용을 미리 정하는 것이다. 결산은 이미 지나간 기간의 계산을 결정하는 것이다. 매년 6월【일력이다.】에 한 번 합산하니 이를 연도(年度)라고 한다.

    다만 기묘년(1879) 조(條)로 보면 1년 경비의 예산은 본청 관리의 월급 및 제반 비용이 31만 8043원 93전 2리, 류큐 출장소(琉球出張所)가 3만 8022원, 오가사와라시마 출장소(小笠原島出張所)가 1만 6495원, 권농비(勸農費)가 36만 6300원, 역체비(驛遞費)가 109만 9000원, 권상비(勸商費)가 6만 3200원, 박물비(博物費)가 3만 400원, 지리비(地理費)가 9만 1091원 1전 3리, 토목비(土木費)가 5만 800원, 위생비(衛生費)가 7만 2000원, 산림비(山林費)가 4108원 98전 7리, 감옥비(監獄費)가 2만 473원 76전 9리이다. 합계가 216만 9934원 70전 1리인데 그 결산에 이르러서는 208만 9120원 17전이니, 잉여금 8만 814원 53전 1리는 대장성에 반납한다.

    또 1년 수입의 예산액은 관록세(官祿稅)가 4820원, 우편세(郵便稅)가 80

만 원, 해원시험수수료(海員試驗手數料)가 2080원, 삼림수입(森林收入)이 11만 2183원 80전 8리, 관유물매하대(官有物賣下代)[10]가 4만 9913원 74전 4리, 관유물대하료(官有物貸下料)[11]가 1556원 99전 2리, 죄수징역(罪囚懲役) 등 잡수입이 6000원이다. 합계가 97만 6554원 54전 4리인데 그 결산에 이르러서는 113만 5639원 53전 7리이니, 수입을 비용과 비교하면 1년 비용의 부족분이 95만 3480원 63전 3리가 되는데 이는 대장성에서 가져온다. 이것이 내무성 1년 비용의 대략이다.

회계국은 사무를 10조로 나누었다. 첫 번째는 내무성의 금전을 출납하는 일, 두 번째는 내무성의 수입과 경비의 예산과 결산에 관한 일, 세번째는 부·현의 경찰·토목·영선(營繕)·삼관(三官)에 드는 경비의 예산과 결산에 관한 일, 네 번째는 작업비·기업기금(起業基金) 및 제반 하대금(下貸金: 빌려준 돈)의 예산과 결산에 관한 일, 다섯 번째는 각 장(場)과 각 국의 경비의 출납을 검사하는 일, 여섯 번째는 각 국이 사용하는 기물을 구매하고 판매하는 일, 일곱 번째는 내무성 소속 건물을 영선하는 일, 여덟 번째는 내무성을 계칙(戒飭)하는 일, 아홉 번째는 내무성이 관리하는 용지(用地) 및 지권(地券)에 대한 일, 열 번째는 각 부·현의 금곡(金穀)을 체송(遞送)하는 데 드는 비용에 관한 일이다.

이것이 회계국 업무의 대요(大要)이니 5과(課)를 설치하여 사무를 나누어 담당한다. 검사과(檢査課)는 안에 또 4괘(掛)로 나누었으니 조사괘(調査掛)는 금전의 출납에 대한 회의(回議)를 기초(起草)하는 일을 담당하고, 예산괘(豫算掛)는 수입과 지출 등을 예산하는 일을 담당하고, 전표괘(傳票掛)

---

10 관유물매하대(官有物賣下代) : 관에서 소유한 물품을 팔고 받은 대금이다.
11 관유물대하료(官有物貸下料) : 관에서 소유한 물품을 빌려주고 받은 요금이다.

는 수입과 지출 등의 전표(傳票)의 일을 담당하고, 부기괘(簿記掛)는 금화
(金貨)의 출납을 표로 제작하는 일을 담당한다.

　용도과(用度課)는 안에 또 4괘(掛)로 나누어 있으니 용도괘(調度掛)는 내
무성에서 필요한 물건의 구입과 손상된 물건을 판매하는 일을 담당하고,
영선괘(營繕掛)는 청사 등의 보수에 대한 일을 담당하고, 취체괘(取締掛)는
내무성 안의 관리를 감독하는 일을 담당하고, 구괘(廐掛)는 내무성 안의
수레와 말을 검사하는 일을 담당한다.

　문서과(文書課)는 안에 또 3괘(掛)로 나누어 있으니 서무괘는 문서상의
잡무 및 관원을 조사하는 일을 담당하고, 수부괘(受付掛)는 문서를 접수
하는 일을 담당하고, 기록괘(記錄掛)는 문서를 왕복하고 편집하는 일을
담당한다.

　출납과(出納課)는 금전을 출납하는 일을 전담하는데 괘(掛)로 나누어 있
지 않다.

　지급과(支給課) 또한 괘(掛)로 나누어 있지 않고, 비용금을 지급하고 고
준(考準)하는 일을 전담한다.


　위생국은 일본인이 이른바 "오로지 국민의 위생을 보호하기 위해 설
치했다." 라는 곳이다. 내무성에 있는 것은 위생국이고 부·현에 있는 것
은 위생과(衛生課)이며, 군과 구에는 위생리(衛生吏)를 두고 정·촌에는 위
생위원(衛生委員)을 둔다. 국민들의 위생과 관련된 중요한 사무를 의논하
여 정하기 때문에 또 위생회(衛生會)를 설립했는데, 내무성에는 중앙위생
회를 두고, 각 부·현에는 지방위생회를 두었다. 회기(會期)가 정해져 있
어 매월 한 번 여는 것을 통상회라고 하고, 일이 있어 별도로 여는 것을
임시회라고 한다. 위생과 관련된 법이 두 종류가 있으니 간접위생법과

직접위생법이다. 의식(衣食)과 가옥(家屋) 등 국민들의 생활과 관련된 산업은 직접위생법에 속하고, 의사를 정하고 약을 검사하는 등 질병의 치료와 관련된 방법은 간접위생법에 속한다. 그 일을 의논하여 정하는 것은 위생회가 담당하고, 그 법을 제정하는 것은 위생국이 관리하며, 효과적으로 시행하는 것은 경찰관(警察官)이 담당한다. 이는 서양의 법을 본받아 시행하는 것으로, 이제 막 위생국 안에 사무 12조(條)를 두었으니 대개 모든 위생과 관련된 일들을 포괄하고 있다.

첫 번째는 위생의 제반 규칙에 관한 일이다. 대개 중앙 위생회는 원로원의 관할이어서 회장은 원로원 간사(元老院幹事)【관명이다.】가 겸임하는데 내무경의 관리에 소속되어 있다. 또 부회장과 여러 위원을 두는데 모두 의학(醫學)·화학(化學)·공학(工學)을 배운 사람들을 임명한다. 그들은 국민들을 이롭게 할 방법과 관련하여 혹 부·현에 자문하기도 하고, 혹은 각 위원이 의견을 진달(進達)하기도 하여 내무경의 결재(決裁)를 받아 규칙을 제정하여 부·현에 반포하여 시행하고 국민들에게 공고한다. 그러므로 첫 번째 조(條)를 설명하면서 위생의 제반 규칙이라고 일컫은 것이다.

두 번째는 질병 및 출생과 사망에 관한 일이다. 대개 전국의 국민들이 앓고 있는 질병이나 출생과 사망을 각 부·현에서 매월마다 보고하면 위생국에서 매년 6, 12월【일력이다.】 두 번 통계를 내어 표를 만든다. 한편으로는 위생과 관련된 사항의 실시 여부를 시험해보기 위해서이고 한편으로는 질병과 증상의 원인을 살피기 위해서이다.

세 번째는 연보의 보고 및 잡지 등을 발행하는 데 관한 일이다. 대개 전국 국민들의 출생과 사망 및 질병에 대한 제반 항목을 연보로 편성하여 국민들에게 알린다. 또 일본 및 외국의 관리와 사람들 중에 국민들의 위생 사항에 도움이 될 만한 학술을 가진 사람이 있으면 그 학술을 혹 번역하고 혹 기록으로 엮어, 간행하고 반포하여 서점에 맡기고 국민들이 각 지방에 판매와 광고를 할 수 있도록 허가해 준다.

네 번째는 풍토·기상(氣像)·습속·직업·음식·물 등 건강에 이해(利害)가 관련된 일이다. 풍토와 물은 혹 지방마다 차이가 있어 매번 질병을 종류로 구별하여 시험하고, 습속과 직업은 혹 그 중에 건강을 해치는 것이 있으니 반드시 건강을 해치지 않도록 개량하는 방법을 갖추게 한다. 음식에 대한 절차는 또한 반드시 그 품질과 맛을 검사하여 사람의 건강에 이익과 손해가 되는 것을 국내에 널리 알린다. 또 순사(巡査)가 시가와 여관 사이를 다니면서 살펴 음식물 중 품질이 나쁜 것을 판매하지 못하도록 하는데, 일본인은 담박하게 먹는 것을 힘써서 애초에 남기는 음식이 없기 때문이다.

다섯 번째는 학교·구제원(救濟院)·여러 공장·감옥·여관·극장·배·차·공원·욕장 등 건강의 이해에 관계가 있는 장소에 관한 일이다. 대개 전국의 학교가 비록 문부성(文部省) 관할이지만 이는 곧 교육의 장소이면서도 또 많은 사람이 모이는 곳이다. 그러므로 경찰리(警察吏)가 권장하는 뜻에서 때때로 찾아가 위생하는 방법을 알려준다. 구제원 및 각 제작소와 공사장에 또한 순사가 검사하여 직업상 게으른 습속이 없게끔 한다. 죄수(罪囚)가 있는 감옥은 더욱 국민을 해치고 병이나 나기 쉬운 곳이다. 그러므로 옥사(獄舍)의 구조를 충분히 검사하니 넓은 감방(監房)과 크고 작은 구획이 아주 깨끗하다. 또 감옥 안에 병원을 설치하여 죄수의 질병을 치료한다. 여관과 극장은 많은 사람들이 왕래하고 조밀한 곳이니 시끄럽게 떠들어서 건강에 해가 생기는 일이 없게끔 하고, 차와 배 및 공원과 욕장 등의 곳은 또한 계칙하되 편리함으로 인도하여 되도록 위생과 관련된 사항들이 잘 시행되게 한다.

여섯 번째는 시가·도축장·도랑·화장실 등을 청결하게 유지하는 방법에 관한 일이다. 대개 이런 곳은 악취가 풍기고 깨끗하지 못한 곳이기 때문에 혹 공기를 통해 병이 생기기도 하고 혹 더러운 것이 매개가 되어 병이 전염되기도 한다. 때문에 여러 방법으로 청소하여 반드시 청결하게 하니, 이는 모두 결창관의 직무이시만 실제는 위생 사항과 관련되어 있다.

일곱 번째는 매장법(埋葬法)과 화장법(火葬法) 및 묘지와 화장장에 관한 일이다. 대개 일본은 장례법에 옛날부터 매장과 화장에 대한 법이 있었다. 매장은 각 촌과 각 구에 반드시 장장(葬場)을 설치여 모아서 묻는데, 봉분(封墳)은 만들지 않고 작은 비석으로 표지를 세운다. 화장법에 또한 일정한 장소를 두는데 무진년(1868) 이후로 금지했지만 습속이 이미 오래되어 아직도 화장을 많이 한다. 그러므로 이런 장례와 관련된 장소는 반드시 인가나 천맥(泉脈) 가까이 두지 못하게 했는데 더러운 것이 닿아 병이 생길까 염려해서이다.

여덟 번째는 전염병·유행병·풍토병 등의 예방에 관련된 일이다. 대개 일본의 전염병과 유행병은 여섯 종류가 있는데, 콜레라[虎列刺]【괴질이다.】·장티푸스[腸窒扶私]【추위로 인하여 설사하는 병이다.】·적리(赤痢)·디프테리아[實布垤里亞]【마비풍(馬脾風)이다.】, 발진티푸스[發疹窒扶私]【추위로 인하여 독이 생기는 병이다.】·두창(痘瘡: 천연두(天然痘))이니, 모두 일본의 풍토병으로 일본인이 가장 두려워하는 병이다. 만약 이런 병이 성행하게 되면 의사가 진찰한 뒤에 반드시 병의 상태를 상세히 기록하여 정·촌의 위생위원에게 통지하고, 위원은 속히 군장과 구장에게 보고하고, 군장과 구장은 지방관에게 보고하고 지방관은 내무성에 보고한다. 또 인근 지방 및 가까운 데 있는 선박이 왕래하는 곳에 알려서 예방하는 방법으로 삼는다.

그리고 반드시 병명과 증상을 상세히 기록하여 환자의 집에 붙여 바깥사람의 출입을 금하고 널리 예방소독(豫防消毒)을 실시한다. 또 촌·정에 피병원(避病院)[12]을 설립하였는데, 먼저 소독법을 실시하고 환자를 옮겨 살게 하여 남에게 전염되지 않도록 한다. 또 각 항구에 검역소(檢疫所)를 설치하여 이런 병이 유행하는 때가 되면 반드시 왕래하는 선박을 검사한다. 예방에 관한 법에 이르러서는 그 규정이 한둘이 아니지만 앞서 말한 것이 사무의 대개이다. 관리·의사·위원·국민들 중에 만약 규정을 위배하는 사람이 있으면 반드시 벌금 100원 이하 1원 50전 이상으로 적절하게 내게 한다. 비록 한 집 한 사람의 병이라도 신문이나 잡지를 통해 그 병의 종류에 따른 증상과 약의 효과를 모두 국내에 알리니, 깊은 산과 험한 골짜기에도 모르는 사람이 없게 하려는 것이다. 두창(痘瘡)은 일본에 근래 우두술(牛痘術)[13]이 있어 우두종계소(牛痘種繼所)를 도쿄부(東京府)에 설립하여 그 방법을 시행하는데, 이는 신설된 것이라 국민들 중에 믿지 못하는 사람이 있다. 그러므로 매년 2회 각 부·현에 엄히 명령하여 사람들로 하여금 접종받게 하니 현재 많은 시험 사례가 있다고 한다.

아홉 번째는 가축병으로 사람의 신체 위험에 관련된 일이다. 육축(六畜)[14]에 모두 치료하는 방법이 있는데, 농학교(農學校)는 지금 농상무성에 속해 있어서 내무성의 소관이 아니라고 한다.

열 번째는 의사와 산파(産婆)의 개업과 시험 등의 계칙에 관련된 일이다. 의사로서 영업하는 사람은 반드시 시험을 거쳐 관의 허가를 얻은 뒤

---

12 피병원(避病院) : 전염병 환자를 격리 수용하는 병원이다.
13 우두술(牛痘術) : 천연두(天然痘)를 예방하기 위하여 소의 두창(痘瘡)을 사람에게 접종하는 것을 말한다.
14 육축(六畜) : 집에서 기르는 소, 말, 돼지, 양, 닭, 개 등 여섯 가지의 가축을 가리킨다.

에 영업한다. 그 시험에 관한 법에, 각 부·현에서 시험장을 설치하고 매년 2, 5, 8, 10월【일력이다.】4번 시험을 치는데 시험 일시를 미리 관내(管內)에 광고하고 20세 이상의 의학인(醫學人)이 의학을 수업 받은 이력 및 교수가 발급하는 졸업증서를 가지고 의학 중에 한 과목에 지원하여 시험 날에 시험장으로 가고, 지방관은 그 사유로 내무성에 보고하여 문제의 출제를 요청한다. 그러면 내무성은 의학의 각 과목에 따라 매 학과마다 한 문제에서 세 문제까지 문제를 정해 보내면 지방관은 매번 공립병원장(公立病院長) 중에 의학인 1명을 위원으로 선정한다. 위원은 문제를 순서대로 응시생에게 내어주는데, 시험장을 나가지 못하게 하여 반드시 면전에서 시험을 치게 하되 시험 시간은 2시간으로 한정한다. 혹 필기로 혹 구술로 하여 시험이 끝난 뒤에 답기(答記)를 받아 내무성으로 보내면, 내무성에서 가부를 고찰한 뒤에 면허장을 발급한다. 문부성 의학부(醫學部) 생도(生徒)들은 다만 졸업증서를 요청하면 시험을 치지 않고 즉시 면허장을 허가해 준다. 대개 의학부 생도는 의술과 학업이 정밀해진 뒤에 교사의 졸업증서를 받기 때문에 시험을 치지 않는 것이다. 일본의 국민들이 아이를 낳을 때 반드시 도와주는 노파(老婆)가 있는데, 비록 시험하는 법은 없지만 관에서 반드시 산파의 성과의 좋고 나쁨을 살핀 뒤에 영업을 허가하니 지금 도쿄부에 왕왕 산파 출장소(産婆出張所)가 있다.

열한 번째는 침구(鍼灸)와 안마(按摩)의 영업에 관한 일이다. 침구와 안마는 또한 위생 사무와 관련이 있어 반드시 내무성의 허가를 얻은 뒤에 영업을 한다.

열두 번째는 약포(藥鋪 약국)의 개업과 영업 등을 계칙하는 데 관한 일이다.

열세 번째는 약물(藥物)·독물(毒物)·위험물(危險物) 및 독약(毒藥)·극약

(劇藥)·품질이 나쁜 약[贋敗藥]을 검사하고 계칙하는 데 관한 일이다.

열네 번째는 약의 조제 및 판매에 관한 일이다. 대개 화약(火藥)·염초(焰硝)[15]·총포(砲銃)·도검(刀劍) 등의 위험물은 위생상 손해를 끼치는 물건이기 때문에 매매 영업을 하는 사람은 반드시 관의 허가를 얻어야 하는데, 특별히 경찰리로 하여금 백방으로 검사하여 엄히 과규(課規)를 확립하여 함부로 팔거나 사사롭게 파는 것을 금한다. 약물과 같은 경우는 매번 각국과 통상을 한 이후, 각국에서 수입해 오는 약품이 많은데 그 중에 혹 종류를 알지 못하는 것이 있기 때문에 별도로 검사하는 규칙을 세워, 도쿄·오사카(大阪)·요코하마(橫濱)·나가사키(長崎) 등 네 곳에 특별히 사약장(司藥場)을 설치하였으니 모두 내무성에서 관할한다. 약성(藥性)에 밝은 사람을 관원으로 배치하고 산술학(算術學)·물리학·화학·약물학·처방학 등 여러 가지 학술로 시험하는데 그 학술의 범위가 너무 넓어 갑자기 훤히 알기 어렵다. 그렇기 때문에 급료를 넉넉히 주고 서양인을 교사로 고용하여 배우니 지금까지 몇 년 사이에 일본인 중에 잘 판별하고 이해하는 사람이 있다. 시험하는 규칙이 세 종류로 나뉘는데 주의약(注意藥)·독약(毒藥)·극약(劇藥)이다. 광수(鑛水) 등으로 분리하기도 하고 변화시키기도 하여 백방으로 비교하고 헤아려, 그 효성(效性)의 완급(緩急)을 시험하고 제품의 진위(眞僞)를 살핀다. 세 가지 중에 약에 사용될 만한 것은 주의·독·극(注意毒劇) 등의 이름으로 용기에 상세히 기록하여 참고하기 편리하도록 한다. 약을 제조하고 판매하는 등 약포를 열어 영업하는 사람은 또한 의사에 대한 규례에 준하여 시험을 쳐서, 관의 허가를

---

15 염초(焰硝) : 옛날 진흙에서 구워내던 화약(火藥)의 원료로, 지금의 초석(硝石)을 달리 이르는 말이다.

얻은 뒤에야 비소로 영업할 수 있다. 환자가 의사의 처방서(處方書)를 가
지고 와서 약을 구입하면 약사가 반드시 연월일(年月日)과 환자의 성명을
약물의 봉투 및 증서(證書)에 상세히 기록하고 판매하는데, 이는 대개 약
을 잘못 제조할까 염려해서이다. 약포인(藥鋪人: 약사(藥師))이 만약 새로
만든 약이 있거나 외국에서 수입한 약품이 있으면 먼저 사약장의 시험을
거친 뒤에 사용하니, 한편으로는 위생상에 신중을 기하기 위해서이고,
한편으로는 그 시험수수료를 전부 받아내기 위해서이다. 또 책벌(責罰)
에 관한 법이 있는데, 규칙을 위반한 사람에게 각각 벌금 1원 이상 500
원 이하로 적절히 징수하고 또 징역(懲役)으로 벌을 시행한다. 대개 의약
(醫藥) 등의 제반 규칙은 실로 위생국의 가장 많은 사무이다.

열다섯 번째는 여러 병원에 관한 일이다. 대개 병원은 환자를 치료하
는 곳으로 의학인을 병원장에 임명하고 약리인(藥理人)을 약국장(藥局長)
에 임명하니, 관리와 국민 구분 없이 질병이 있으면 반드시 병원에 와서
증상을 의논하는데, 혹 입원하는 사람도 있다. 병원은 관립(官立)·공립
(公立)·사립(私立)의 명칭이 있으니 현재 전국에 모두 삼백서른일곱 곳이
있다. 두 곳은 도쿄대학교(東京大學校)에 소속되어 생도의 병을 치료하고,
한 곳은 해군성(海軍省) 한 곳은 육군성(陸軍省)에 소속되어 병졸(兵卒)의
병을 치료하고, 스물아홉 곳은 모두 경시청(警視廳) 및 개척사(開拓使)[16]에
소속되어 국민들의 병을 치료하니 이른바 관립이다. 관립은 정부에서
설치하여 병원장의 월급 및 기타 비용을 모두 대장성에서 지급한다. 백
쉰네 곳은 모두 각 부·현에 소속되어 있으니 이른바 공립이다. 공립은

---

16 개척사(開拓使) : 메이지 초기(1869~1882)에 홋카이도(北海道)의 행정·개척을 맡은 관
　청이다.

각 부·현이 의결하여 내무성의 허가를 받은 뒤에 설립하니 그 제반 비용은 지방세에서 지급한다. 백쉰곳은 사립이니, 사립은 군·구·청·촌의 국민들이 협의하여 각 지방관의 허가를 얻은 뒤에 설립하는데 제반 비용은 국민들의 협의비(協議費)에서 보충한다.

열여섯 번째는 온천장과 요양소 및 광천(鑛泉) 등의 시험에 관련된 일이다. 광천은 곧 온천이다. 물 안에 광물 및 염류(鹽類)를 포함하여 자연적으로 용출하니, 그 물은 온도가 뜨겁고 성질이 각각 다른데 혹은 질병을 치료하는 효과가 있다. 그곳 사람들이 온천이 나는 곳에 구조물을 설치하여 환자가 유숙하기에 편하도록 하니, 이것이 이른바 요양소이다. 이 또한 분석학·화학 등의 학술에 종사하는 사람들로 하여금 그 물의 성질이 어떠한가를 검사하게 하고 그 물이 포함하고 있는 물질의 많고 적음을 조사하게 하며, 또 증상에 실제로 효험이 있는지의 여부를 살피게 하여, 잡지로 편성하여 국민들에게 널리 알린다. 이 모두가 위생국 및 각 부·현의 일인데, 현재 전국에 광천의 숫자가 모두 육백아홉 곳이라고 한다.

열일곱 번째는 빈민을 구호하고 치료하는 데 관한 일이다. 대개 빈민과 환자들 중에 스스로 생존이 어려운 사람들을 구육(救育)하는 곳으로는 다섯 가지 명칭이 있다. 빈원(貧院)은 빈민 중에 의지할 데가 없는 사람들을 구제하는 곳, 맹원(盲院)과 농아원(聾啞院)은 맹인과 농아인들 중에 매우 가난하여 생존이 어려운 사람들을 거두어 길러주는 곳, 기아원(棄兒院)은 집이나 의지할 데가 없어 길에서 구걸하는 아이들을 구제하여 기르는 곳, 전광원(顚狂院: 정신병원)은 빈민 중에 정신병이 있는 사람들을 치료하는 곳이다. 이는 모두 공립인데 그 의식과 약료(藥料)에 드는 비용은 모두 지방세로 마련하여 지급하고, 각 병원에 의원(醫員)을 배치하여

수용된 사람들을 간호하게 한다. 비록 맹인과 농아인이라도 반드시 일
하게 하여 혹은 산학(算學)을 하는 사람이 있고 혹은 독서하는 사람이 있
으며, 기아(棄兒)와 어린이에게도 또한 새끼를 꼬거나 기물을 제조하는
일을 가르쳐 밤낮으로 부지런히 하게 하여 게으르거나 놀고먹지 않도록
한다. 1년 동안 들어가는 비용을 통계하면 거의 10만여 원이 되는데, 구
육받는 사람들의 작업으로 들어오는 수입을 계산하면 이 비용을 넉넉히
충당한다. 대개 이 법이 수년 전에야 설치되었기 때문에 다만 도쿄부와
교토부(西京府)에만 시행되고 지방에는 아직 실시되지 않는다고 한다.

열여덟 번째는 지방 위생회와 정·촌의 위생위원 및 군·구·정·촌의
의료에 관한 일이다. 대개 지방 위생회는 부·현의 청사 안에 개설되어
그 규례가 대략 중앙 위생회와 동일하다. 부·현의 위생과는 사무의 시
행을 전담하고 지방 위생회는 사무를 의논하여 정하는 일을 전담한다.
또한 의장과 의원이 있는데 의장은 부지사(府知事)와 현령이 맡고, 의원
은 국민들 중에 의업(醫業)을 하는 사람을 골라 정하고, 위원은 공립병원
장 및 약국장 중에 선출하여 위생과 관련된 중요한 사무를 의논하여 정
한다. 군·구·정·촌에 또 위원과 의사를 두니 그 월급은 지방의 협의비
로 지급한다.

열아홉 번째는 위생에 있어서 잘 시행하고 효과가 두드러진 사람에게
수당(手當)【공로에 보답하는 뜻이다.】을 상여하는 데 관한 일이다. 대개 국민
들 중에 효자(孝子)·절부(節婦)·의복(義僕) 등 탁월한 행실이 군·구에서
뛰어난 사람들은 그 지조를 지킨 연수(年數)를 계산하고 행실의 우열을
살펴서, 아래로 50전에서 위로 5원까지의 금액을 반드시 부·현에서 먼
저 시상한 뒤에 매월 말에 내무성에 보고하는데, 매우 뛰어난 명예가 있
는 사람의 경우는 먼저 보고한 뒤에 상여한다. 이는 대개 일본인이 장려

하는 방도이니 각 부·현이 전담하여 시행한다.

스무 번째는 사체를 해부(解剖)하는 데 관한 일이다. 대개 국민들 중에 혹 괴증(怪症)과 이질(異疾)로 인하여 죽는 경우와 혹 감옥에 수감되어 있다가 죽은 사람 중 수습하여 매장해줄 사람이 없는 경우에는 각 병원이 내무성에 보고한 뒤에 해부하기를 청하니, 이는 일본인이 이른바 "경험의 폭을 넓히는 기술"이라고 하는 것이다.

이는 모두 위생에 관련된 사무이니 위생국 안에 특별히 4과(課)를 설치하여 그 사무를 나누어 담당한다.

서무과(庶務課)는 제반 규칙의 포고 및 지방 공문의 조회(照會)를 전담한다. 다섯 가지 항목이 있으니 첫 번째는 국민들의 의식·직업·습속에 관한 일, 두 번째는 시가·도로·도랑·화장실·쓰레기장 등의 위치와 구조에 관한 일, 세 번째는 학교와 설교장(說敎場) 등의 곳을 조사하는 일, 네 번째는 시장과 제조장(製造場) 등의 곳을 심사하는 일, 다섯 번째는 묘지와 장장(葬場)의 위치에 관한 일, 여섯 번째는 병원 및 구제와 관련된 여러 원(院)의 폐지와 설립에 관한 일, 일곱 번째는 각 지방위생과 등을 검사하는 일, 여덟 번째는 제반 비용을 의논하여 정하는 일, 아홉 번째는 유행병의 예방 방법에 관한 일, 열 번째는 여러 병을 검사하는 일, 열한 번째는 여러 병에 들어가는 비용을 조회하는 일, 열두 번째는 여러 병을 예방한 사람에게 상여하는 일, 열세 번째는 빈민을 구원하여 치료하는 일, 열네 번째는 국민들 중에 의료에 관하여 효과가 두드러진 사람을 시상(施賞)하는 일이다. 서무과 안에 또 서기괘(書記掛)와 수부괘로 나누어 일을 본다.

의사과(醫事課)는 의료 사무를 전담한다. 열일곱 가지 항목이 있으니 모두 의사·약포인·산파 등의 시험과 면허에 대한 일이며, 약료·제조·

매매 등을 검사하고 심사하는 일이다.

통계과(統計課)는 위생 사항을 통계하는 사무를 전담한다. 열 가지 항목이 있으니 첫 번째는 전국 인구의 혼인·생사·수명·질병 등을 종류별로 통계하는 일, 두 번째는 위생 상황을 수집하여 연보를 편찬하는 일, 세 번째는 가종 통계를 기지고 도표를 제작하는 일, 네 번째는 잡지와 보고서를 발행하는 일, 다섯 번째는 편집하고 번역하는 일, 여섯 번째는 신문과 잡지 등을 수집하는 일, 일곱 번째는 위생국 안의 일체의 문서에 대한 일, 여덟 번째는 법령과 규칙을 종류별로 편찬하는 일, 아홉 번째는 도서와 장부를 출납하는 일, 열 번째는 서책을 간행하는 일이다.

계산과(計算課)는 또한 여덟 항목의 사무가 있으니 첫 번째는 국고(國庫)의 지출비의 연월표(年月表)에 대한 일, 두 번째는 위생국 안의 제반 비용을 예산하고 결산하는 일, 세 번째는 위생국 국원의 월급과 현금을 출납하는 일, 네 번째는 제약비(製藥費)와 작업비를 출납하는 일, 다섯 번째는 위생국 안에 필요한 물품을 구입하는 일, 여섯 번째는 제반 물품을 각 지방에 체송(遞送)하는 일, 일곱 번째는 위생국에 소속된 토지와 가옥 등을 검사하는 일, 여덟 번째는 경비출납표(經費出納票)를 제작하는 일이다.

경보국은 국내의 경찰의 사무를 전담한다. 경찰에 대한 법이 두 가지 있으니 하나는 행정경찰(行政警察)로 내무성 관할이고, 하나는 사법경찰(司法警察)로 사법성 관할이다.

행정경찰은 일본인이 이른바 "국민들이 흉해(凶害)를 입는 것을 예방하고 국가의 안녕을 보전"하는 곳이다. 네 가지 항목이 있으니 첫 번째는 국민들에게 해를 끼치는 사람을 막아주는 일, 두 번째는 국민들의 건강 등을 보호하는 일, 세 번째는 방탕하고 음란한 사람을 단속하는 일, 네 번째는 국법을 위반하려는 사람을 은밀히 탐색하는 일이다.

그래서 특별히 경찰의 관사(官司)를 각 지방에 설치하였으니, 도쿄에 있는 것은 경시청(警視廳) 한 곳이다. 관원은 3등 총감(總監) 1인, 주임관 53인, 판임관 670인, 어용괘(御用掛) 4인, 등외로서 순사(巡査)·출사(出仕)[17]·간수(看守) 등이 모두 3908인, 월급을 주고 고용한 사람이 73명, 외국인으로서 고용하여 법을 가르치는 사람이 1인이니 합계 4712인으로 경시청은 내무성 직할(直轄)이다. 경찰서(警察署)는 스물다섯 곳이다. 도쿄부 15군·5구에 매 군·구마다 각각 하나의 경찰서를 두었는데, 큰 군·구는 혹 두 곳의 경찰서를 두었기 때문에 스물다섯 곳이 된다. 경찰사(警察使)에서 순사까지 모두 216인이니, 경찰서는 경시청 관할이다. 순사 둔소(巡査屯所)가 서른 한 곳이다. 도쿄부 다섯 방면에 매 방면마다 여섯 곳의 순사 둔소를 두었는데, 조금 넓은 방면은 혹 일곱 곳의 순사 둔소를 두었기 때문에 서른 한 곳이 된다. 순사부장(巡査副長)에서 순사 등까지 1071인이니 순사 둔소 또한 경시청 관할이다. 순사 파출소(巡査派出所)는 삼백서른 곳으로 파견된 순사는 합계 2024인이니 이는 각 순사 둔소의 관할이다. 이상은 단지 도쿄부의 경우만 가지고 논한 것이다.

각 부와 각 현에는 경찰 본서(警察本署)가 삼백마흔두 곳, 경찰 분서(警察分署)가 천백아흔다섯 곳이 있으니 이는 각 부지사(府知事)와 현령의 관할이지만, 부지사와 현령이 내무성의 관할이기 때문에 경찰과 관련된 사무는 일괄 내무성의 규칙을 준수한다. 각 정과 각 촌의 시가와 도로에 순사를 파견하여 혹은 국법을 국민들에게 알리고 혹은 위생과 관련된

17 출사(出仕) : 메이지 초기에 관청의 사무가 바쁠 때 임시로 둔 원외관(員外官)이다.

방법을 구장과 호장에게 고시(告示)한다. 그리고 궁궐과 공해(公廨: 관아)
의 문을 밤낮으로 지키고 회사나 많은 사람이 모인 장소에서 시비를 판
별한다. 또 각국의 사람들이 일본으로 여행 오면 수행하여 국민들이 그
들에게 모여드는 것을 막고, 일본인이 다른 나라로 사신을 나가면 파견
하여 물품과 신변을 보호한다. 거기에 수재(水災)와 화재, 도적의 예방
및 총포와 약물의 검칙(檢飭)까지 모두 책임을 진다. 그리하여 날마다 각
처를 돌아다니며 풍속에 도움이 되는 것과 해가 되는 것을 탐문하고 때
때로 본청(本廳)에서 회의에 참가하여 직무상의 성실과 태만에 대해 상의
한다. 만약 순찰을 돌 때에 법령을 위반한 사람이 있으면, 가벼운 죄는
위경죄(違警罪)라고 하여 각 해당 경찰서가 재량으로 판단하고, 무거운
죄는 사법경찰에게 맡겨 한결같이 사법성의 정율(定律)에 의거하여 시행
한다.

각 지방에 경찰회(警察會)가 있으니, 관리와 국민들 중에 경찰에 있어
서 도움이 될 만한 의견이 있는 사람은 반드시 경찰회에 나가 의안을
세워, 모두 규칙으로 정하고 항목으로 만든다. 그리하여 순찰을 돌 때에
비록 허다한 규칙이 있으나 매번 폐단이 생기는 경우가 많아 온전히 시
행되지 못한다. 때문에 이번 여름에 육군성에서 특별히 헌병(憲兵)을 설
치하여 순사들의 성실과 태만을 감찰한다.

순사는 비록 병졸의 부류이지만 육군에서 징발하는 것과는 달라서,
매번 아래로 20세에서 위로 40세까지 자원하는 사람들 중에서 골라 뽑
는데 그 사람의 인품에 따라 네 등급으로 정한다. 매월 급료는 육군에
비해 조금 넉넉하니 위로 7원에서 아래로 4원까지 각 등급에 따르고,
또 동복비(冬服費)와 하복비(夏服費)를 지급한다. 정축년(1877) 이후로 주야
로 근무하게 되어 다시 월급을 정했으니 위로 10원에서 아래로 6원까지

이고, 이외에 또 제반 비용을 지급해주기 때문에 순사로 자원하는 사람들이 종종 있다.

경시청 내에 소방서(消防署)가 있다. 대개 도쿄부는 화재가 많이 나서 혹 수 리(里)를 불태우기도 하기 때문에 특별히 소방서를 설치하여 불을 끌 수 있도록 대비하는데, 이 또한 경찰에 있어서 가장 급한 업무라고 한다.

앞서 말한 사항들 중에 경보국이 관할하는 것은 16조에 불과하다.

첫 번째는 국사(國事)를 경찰하는 일이다. 만약 국사를 경찰해야할 사무가 생기면 반드시 태정대신(太政大臣) 및 참의(參議)의 영칙(令飭)을 받아 시행한다.

두 번째는 각 지방 경찰의 제반 규칙에 관한 일이다. 이는 곧 각 부·현 경찰의 규칙이니 경보국이 정한다.

세 번째는 경찰 관리 및 경찰서를 배치하는 일이다. 매번 경찰서를 배치하는 때에 반드시 내무성에 신청하여 시행한다. 또 경찰 관리 중에 판임관 이하는 비록 경시총감(警視總監) 및 부지사(府知事)와 현령이 자의로 배치하지만 주임관 이상은 반드시 내무경에게 신청하여 태정관에 전청(轉請)하여 배치한다.

네 번째는 지방의 민정(民情) 및 경찰의 실황(實況)을 살피며, 경찰리의 소집 및 국원을 파견하는 일이다.

다섯 번째는 풍속과 건강 등을 계칙하는 일이다.

여섯 번째는 총포와 탄약 및 기타 위험물을 계칙하는 일이다.

일곱 번째는 여러 집회를 단속하는 일이다. 여러 집회라는 것은 각 지방의 국민들이 만약 정치상에 회의할 일이 있으면 반드시 관할 경찰서에 청원하여 허가해주는 증문(證文)을 얻은 뒤에 시행하는 것이다. 이 또한 규정이 있어서 경찰관이 반드시 공복(公服)을 착용하고 집회장으로 가서 회의가 적절한지 아닌지를 살피는데, 적절하지 않다고 판단되면 집회를 중단하게 하고 또 혹은 벌금을 징수하기도 한다.

여덟 번째는 신문과 잡지 등을 검사하는 일이다.

아홉 번째는 신문과 잡지 및 번역 도서류 중에 세치(世治)와 풍속에 유해한 것을 처분하는 일이다. 일본의 국법에 처음부터 조정에서 발행하는 신문이 없었기 때문에, 국민들 중에 누구든지 신문을 발행하고자 하면 반드시 내무성에 신청하여 관의 허가를 얻은 뒤에 신문사(新聞社)를 설립할 수 있다. 대개 이는 신문을 발매하여 영업하려는 뜻이니 이 또한 관이 허가하는 증인(證印)에 정해진 세금이 있다. 현재 도쿄부에 신문지영업소(新聞紙營業所)가 서른여 곳이 있고 각 부·현에 백여 곳이 있으니, 혹 우편신문(郵便新聞)이라고도 하고 혹 조야신문(朝野新聞)이라고도 하여 그 명목이 한둘이 아니다. 각각 규정이 있어서 반드시 편집인과 인쇄인의 성명을 종이 끝에 상세히 기록하여 허위와 비방의 습속을 금지하는데, 이를 위반하면 그 벌금이 매우 무겁다. 비록 그렇다고는 하나 그 신문에 실린 내용을 보면 사실과 어긋나는 것들이 많다. 또 잡지 및 외국 번역서를 발행하는 등의 일은 또한 규정이 신문과 동일한데, 매번 법을 위반하는 폐단이 많다. 그래서 경찰관이 반드시 세치(世治)에 도움이 되는지의 여부를 검사하고 살핀 뒤 내무성에서 조처한다.

열 번째는 죄수를 호송하는 일이다. 죄수를 판결하는 것은 비록 사법성 재판소가 주관하지만 판결 뒤에, 감옥서(監獄署)로의 압송과 감옥서 밖에서의 징역은 전적으로 행정 순사(行政巡査)의 책임이므로 내무성의 소관이 된다.

열한 번째는 유실물을 취급하는 일이다. 어떤 사람이 자기의 물품을

잃어버리고 또 어떤 사람이 남의 물품을 습득하게 되면, 잃어버린 사람
은 잃어버린 물품과 잃어버린 장소를 증서에 상세히 기재하여 경찰서에
내어줄 것을 요청하고 습득한 사람도 또한 습득한 물건을 가지고 잃어버
린 사람의 예와 같이하여 경찰서로 가서 알린다. 그러면 경찰관이 두 사
람의 증서를 살펴 일치한 뒤에 물품 값의 100분의 5 이상 100분의 20
아래로 습득한 사람의 공로를 보상해주고 물품은 그 주인에게 돌려준다.
만약 습득한 사람은 증서가 있는데 잃어버린 사람의 증서가 없으면 반드
시 큰 거리에 방문(榜文)을 게시하여 널리 탐색한 뒤에 찾아주고, 잃어버
린 사람은 증서가 있는데 습득한 사람은 증서가 없으면 반드시 시가에서
증거를 찾아내 조사하여 물품을 훔친 것으로 보아 처벌한다. 이 때문에
국민들이 물품을 잃어버리는 경우가 없다고 하는데 과장된 말인 듯하다.
이 외에 또 습득한 물품을 습득한 사람에게 돌려주거나 관에서 몰수하는
규례가 있는데 그 조(條)가 한둘이 아니어서 일일이 거론하기 어렵다.

　열두 번째는 국민들의 직원서(直願書) 및 건백서(建白書) 등에 관한 일이
다. 경시청이 비록 국민들의 소송(訴訟)을 관리하지는 않지만 만약 유실
물 및 도둑 등에 관한 긴급한 원서(願書)가 있으면 혹 접수하여 심리한다.

　열세 번째는 경부(警部)에 드는 비용과 외국인을 고용하는 데 드는 비
용 및 경찰에 드는 제반 비용에 관한 일이다.

　열네 번째는 관비(官費)와 경찰비의 증감(增減) 및 예산보고서와 정산보
고서에 관한 일이다.

　열다섯 번째는 각 지방 경찰의 월보와 연보에 관한 일이다. 대개 도쿄
의 경찰비는 원래 액수 안에 그 반은 대장성의 국조(國租)에서 지급하고
그 반은 도쿄부의 지방세로 지급하며, 각 부·현의 경찰비는 전부 지방
세에서 지급하니 매 경찰서에서 혹 달마다 한 번 보고하는 것도 있고

혹 1년마다 한 번 보고하는 것도 있다. 연보의 경우 올해의 7월에서 내년의 6월까지【일력이다.】 경찰서 및 관리 등의 배치의 증감과, 관리의 월급비 및 경찰에 대한 상여금·연금·조제료 등의 제반 비용과, 사무의 번다함과 한가함, 경찰상의 사고(事故)나 실효(實效)로서 국민들의 물건·가축에 관련된 것과, 재난을 일으키고 범죄를 저지르는 사람을 체포한 숫자를 모두 합계하여 경보국에 보고하면 경보국에서 표로 제작하고 도(度)로 편집하여 열람하기 편하도록 제공한다.

열여섯 번째는 경찰 관리 중 유공자(有功者)의 포상(褒賞)·조제·부조(扶助)·치료에 드는 비용에 관한 일이다. 조제료와 부조료(扶助料)는 나라를 위하다가 전사하거나 부상을 당한 사람이 해당된다. 대개 순사를 둔 것은 비단 순찰의 뜻만이 아니니 매번 병졸을 동원하는 때에 육군으로 충원하기도 한다. 그러므로 계유년(1873)【일력(日曆)이다.】 6월에 사이고 다카모리(西鄕隆盛)의 난(亂)[18]을 진압한 이후로 이 규례가 제정되었다. 전사한 사람의 조제료는 30원이고, 그 부모와 처자식의 부조금(扶助金)은 100원이며, 그 외에 부상을 당한 사람의 치료비는 그 부상의 경중에 따라 위로 100원에서 아래로 50원까지 지급한다. 상여는 순사 중에 혹 도적 및 기타 잡기 어려운 범죄자를 잡은 사람에게 위로 10원에서 아래로 5원까지

---

18 사이고 다카모리(西鄕隆盛)의 난 : 사이고 다카모리(1827~1877)는 하급 사족(士族)의 집안에서 태어나, 자라면서 정치적 수완을 발휘하여 메이지 유신에 가장 중심적으로 활동한 인물이다. 도쿠가와 막부 시대를 종결시키고 천황 중심의 왕정복고를 성공시키는 데 절대적인 역할을 하였다. 때문에 메이지 유신의 3걸, 혹은 10걸 가운데 한 사람으로 일컬어진다. 메이지 신정부의 요직에 참여하다가 정한론(征韓論)을 주창한 것이 정부에 받아들여지지 않자 관직에서 물러나 귀향하였다. 그 후 중앙정부와의 대립이 격화되어 1877년 세이난(西南) 전쟁을 일으켰으나 패하여 자결하였는데, 1873년 6월에 진압되었다고 한 것은 착오이다.

순서대로 시상하는 것이다. 이런 일은 모두 내무성에 관계 되어 있으니 경보국의 관할이다.

경보국은 안에 5과(課)로 나누어 있는데 서무과는 경찰의 제반 규칙 문서에 관한 사무를 담당하고, 안녕과(安寧課)는 여러 집회 및 신문지와 잡지 등 국가에 해가 되는 것을 검사하는 등의 일을 담당하고, 편찬과(編纂課)는 경찰의 월보와 연보 등을 편찬하는 일을 담당하고, 회계과(會計課)는 경찰의 제반 비용의 예산과 결산 등을 점검하는 일을 담당하고, 수부과(受付課)는 경보국의 공문을 접수하고 왕복하는 등의 일을 담당한다.

호적국은 국내의 호적의 사무를 전담한다. 부·현의 아래에 군·구를 두고 군·구 아래에 정·촌을 두는데, 군 안의 정·촌에는 호장을 두고 구 안의 정·촌에는 구장의 서기(書記)가 호장의 일을 겸하여 행하게 한다. 각 관내의 정·촌에 매 호(戶)마다 번호를 붙여서 호수를 점검하기 편하게 하고, 또 호주(戶主)로 하여금 호장에게 식구의 숫자를 상세히 알리도록 한다. 그러면 호장은 매월 호적부책(戶籍簿冊) 세 건을 쓰는데, 한 건은 남겨 두고 한 건은 지방청(地方廳)으로 보내고 한 건은 곧장 내무성으로 보낸다. 내무성에서는 매 11월【일력이다.】에 모두 모아 편제하여 12월【일력이다.】안에 태정관에 보내니, 이것이 1년에 한 번 하는 규례이다. 또 6년에 한 번 개정하는 규례가 있는데, 이는 사무가 조금 번다하다. 매번 2월 1일【일력이다.】에서 5월 15일【일력이다.】까지 100일로 한정하여 편제하니 또한 무진년(1868) 이후로 생긴 새로운 제도이다. 무릇 국민들의 생사·가취(嫁娶)·출입·증감이 있으면 수시로 장부에 올려 빠지거나 중복되는 일이 없게 한다. 매 호마다 세금을 낼 책임이 있는데, 그 명칭이 호수할이니 지방세 중의 한 명목이다. 편적(編籍)하는 방법은 법에 해군과 육군 이외에 화족(華族)·사족(士族)·평민·사원(寺院)의 승려(僧侶) 중에 누구든지 모두 호주의 부모·형제·자매·처자로 동거하는 사람이 있으면 성명 및 생년월일을 상세히 장부에 등재하니 이것이 그 대략이다.

다만 기묘년(1879)과 경진년(1880) 두 해에 처리한 것으로 보면, 기묘년의 호수는 730만 2040호이고 인구는 합계 3576만 2209명인데 그 안에 남자 인구가 1813만 7670명, 여자 인구가 1762만 4539명이며, 경진년의 인구는 합계 3591만 7453명인데 그 안에 남자 인구가 1820만 6694명, 여자 인구가 1771만 759명이다.

현재 호적국이 관할하는 사무는 모두 14조다.

첫 번째는 호적 정리 및 통계표(統計表)를 정리하는 일이다.

두 번째는 족적(族籍) 및 성명을 변경하는 데 관한 일이다. 일본의 국법에 족적과 성명을 변경하는 규례가 있으니 비록 동성(同姓)이 아니라도 서로 후사(後嗣)를 세울 수 있다. 예를 들어 갑씨(甲氏)의 아들이 을씨(乙氏)의 후사로 들어가고, 을씨의 아들이 갑씨의 후사로 들어가는 것이다. 습속이 이미 오래되어 이런 일이 많이 있는데, 이럴 경우 족적과 성명을 변경하지 않을 수 없다. 그렇기 때문에 호적국에 신청한 뒤에 시행한다. 옛날 관백의 시대에는 성씨(姓氏)를 중요시하여 쉽게 변경하도록 허락해 주지 않았는데, 무진년 이후로 성을 변경하는 것은 금지하고 다만 씨관(氏貫)만 변경할 수 있도록 하였다.

세 번째는 가구(家口)의 생성·소멸·분리·통합에 관한 일이다. 일본의 국규(國規)에 매 호마다 번호가 있고 또 옥명(屋名)이 있으니, 만약 사고로 인하여 가구가 생성·소멸·분리·통합하게 되면 반드시 지방청 및 호적국에 신청한 뒤에 시행한다. 비단 옥명만이 아니라 한 사람이 갑구(甲區)에서 을구(甲區)로 옮겨가 살면 갑구의 호장은 그의 호적(戶籍)을 을구 호장에게 보내고, 을구의 호장은 그의 호적을 갑구에서 받아와 서로 누락되거나 중첩되지 않도록 하니 이것이 편적하는 규례이다.

네 번째는 친속의 호칭 및 가독(家督)【가산(家産)의 뜻이다.】의 상속과, 혼인과 양자녀(養子女) 등 신분에 관한 일이다. 일본의 국법에 이미 타인의 아들을 자신의 양자로 들이고 또 자기의 딸을 양자의 짝으로 삼는다면 이런 상황에 먼 친척들의 의심이 없을 수가 없다. 그래서 왕왕 소송을 거는 사람이 있는데, 이런 소송은 사법성 재판소가 관여하지 않고 호적국에서 관리하여 의심을 풀어준다. 무릇 부자간의 가산 상속과 혼인·양자·양녀(養女) 등과 관계되는 일은 또한 반드시 내무성에 신청하여 시행한다.

다섯 번째는 후견인(後見人) 및 대인(代人)에 관한 일이다. 호주가 어려서 일을 주간할 수 없으면 친척과 친구로 하여금 연한을 정하여 대신 호주의 일을 주간하게 하니, 이를 일본의 방언에서 이른바 후견인 혹은 대인이라고 부른다. 매번 이런 사람이 있으면 반드시 호적국에 신청한 뒤에 시행하니, 한편으로는 어린 호주의 호적을 입증하기 위해서이고, 한편으로는 다른 사람이 가산을 가로채서 소유할까 염려해서이다.

여섯 번째는 실종자·도망자·기아(棄兒)·유자(遺子)·호적을 회복한 사람 및 행려병인(行旅病人: 병든 채 떠도는 사람)과 도폐인(倒斃人: 길에서 쓰러져 죽은 사람)에 관한 일이다. 일본의 호적법은 소상하게 기록하는 것을 원칙으로 하여, 무릇 실종자와 도망자와 길가에 버려진 아이들에서, 타국에 나갔다가 다시 일본으로 돌아와 호적을 회복한 사람 및 행려병인과 도폐인에 이르기까지 모두 호장(戶帳: 호구를 등록하는 장부)에서 증감하여 해당 성(省)에 신청한다. 그러므로 이 조(條)가 있는데 일본에는 매번 이런 일이 많다고 한다.

　　일곱 번째는 내국인과 외국인의 전적(轉籍)[19]에 관한 일이다. 일본의 국법이 계유년에 외국인과의 결혼을 허가한 뒤로 비록 일본 여자라도 외국인에게 시집가면 일본의 호적에 편입하지 않고, 외국 여자라도 일본인에게 시집가면 그대로 일본의 호적에 편입한다. 그렇기 때문에 전적이라고 한다.

　　여덟 번째는 복기(服忌)에 관한 일이다. 대개 일본의 상복(喪服) 제도를 복기(服忌)라고 부른다. 식부료(式部寮)[20]로 하여금 제정하게 하였는데, 호적국은 국내의 국민들을 관할하기 때문에 복기에 대해서도 또한 관리하는 바가 있다. 무릇 상복의 제도는 5등급이 있으니 부모의 상은 기년(朞年), 그 다음은 5개월, 그 다음은 3개월, 그 다음은 1개월, 그 다음은 7일이다. 그 제도는 비록 이와 같으나 실제로는 그렇지 않다. 복기에서 기(忌)라고 일컫는 것은 곧 실제로 상복을 입도록 정해진 기간을 뜻한다. 예를 들어 기년복(朞年服)을 입는 상은 다만 50일을 입고, 오월복(五月服)을 입는 상은 다만 30일을 입고, 삼월복(三月服)을 입는 상은 다만 10일을 입고, 칠일복(七日服)을 입는 상은 다만 3일을 입는 것이다. 이것이 일본인이 이른바 상제(喪制)이니, 곧 관백의 시대 이래로 옛 규례가 그러하다.

　　아홉 번째는 자산의 증유(贈遺)·계약(契約)·대차(貸借)·유촉(遺囑) 등에 관한 일이다. 무릇 국민들이 자산집물(資産什物: 집안의 재산과 살림 도구)을 남에게 증유하거나 대차하면 주는 사람과 받는 사람이 반드시 집물증서(什物證書)로 내무성에 신청한 뒤에 시행하니, 이는 대개 훗날의 폐단을

---

19 전적(轉籍) : 호적(戶籍)이나 학적, 병적(兵籍) 따위의 문서(文書)를 다른 곳으로 옮기는 것을 말한다.
20 식부료(式部寮) : 메이지 정부의 태정관에 소속된 부서로, 내외의 의식과 관련된 사무를 관장한다.

막기 위해서라고 한다.

열 번째는 국민들이 소유한 땅의 지권의 수여(授與) 및 토지와 건물의 매매서·양도서(讓渡書)·질입서(質入書)에 관한 일이다. 국민들의 토지 지권은 이미 내무성 및 관할 청(廳)에서 발급한 것이니, 건물 중에 가옥 및 배와 수레 등의 종류도 또한 관의 장부에 기록되어 있다. 그러므로 매매·양여(讓與)·질입(質入)²¹할 적에 반드시 해당 청(廳)과 해당 국에 신청하여 시행하는데, 호적국이 관리하는 것은 이런 증서를 관에서 날인할 때에 내는 증인세(證印稅)를 수납하는 것이다. 대가(代價)의 원금을 계산하여 적절하게 세금을 정하는데, 아래로 50전에서 위로 3원 75전까지 세금으로 거둔다. 만약 몰래 매매하는 사람이 있으면 토지와 건물 및 대금을 함께 관에서 몰수하고, 또 벌금을 본촌(本村)의 간사인(幹事人)에게 내는데 국민들은 벌의 가혹함을 두려워하여 그 규례를 따른다. 관에 있는 사람은 이 제도가 국민들을 편하게 해준다고 하고, 국민들을 위하는 사람은 매번 이 제도가 괴롭다고 한다.

열한 번째는 사망자·도망자·실종자 및 가족이 없는 사람의 유산에 관한 일이다. 무릇 이런 유산에 대해서 구장과 호장이 사유를 갖추어 해당 청(廳)에 보고하면 해당 청은 이에 대해 혹 관에서 몰수 하는 경우가 있고, 혹 호주의 친척들에게 나누어주는 경우가 있다.

열두 번째는 상전(賞典)과 상여에 관한 일이다. 무릇 국민들에게 상전하거나 상여하는 것은 비록 부·현관의 책임이지만 매월 말에 반드시 내무성에 신청한 뒤에 시행하기 때문에 호적국의 소관이 된다. 만약 도로와 교량 등의 보수와 빈궁한 사람의 구제 등에 드는 비용을 보충하고

---

21 질입(質入) : 돈을 빌리기 위하여 물건을 담보로 맡기는 일을 말한다.

담당하는 사람이 있으면, 금액의 많고 적음에 따라 주는 상품이 있으니 상품은 곧 은배(銀杯)와 목배(木杯)이다. 100원 이하를 내는 사람은 모두 목배로 시상하고 100원 이상 4000원 이하를 내는 사람은 모두 은배로 시상하여, 각각 정해진 배(杯)의 숫자가 있는데 다만 3개를 넘지 못하도록 하니, 일본인은 이 배(杯)를 받는 것을 영광으로 여긴다. 4000원 이상을 내는 사람은 내무경이 반드시 태정관에 신청한 뒤에 잘 헤아려 알맞게 시행한다.

열세 번째는 곤궁한 국민들을 구휼하는 데 관한 일이다. 옛날에는 각부·현이 시의(時宜)에 따라 혹은 돈으로 혹은 곡식으로 구휼하였는데, 지방세에서 지출하여 그 비용을 보충하였다. 그런데 작년에 조정의 논의가 곤궁한 국민을 구휼하는 것이 국민들을 태만하게 만든다고 하여 흉년 외에는 구휼을 금지하고, 특별히 저축에 대한 법을 설치하였다. 이 또한 서양인이 일본인에게 권한 것이니 저축의 규례는 서무국이 주관한다.

열네 번째는 육군과 해군의 은사금(恩賜金)·부조료·은퇴료(隱退料)에 관한 일이다. 무릇 해군과 육군은 비록 호적국의 소관이 아니지만 군인들 중에 제반 공로를 세우거나 복무 기한이 다되어 은퇴한 사람과 혹 직무상의 원인으로 부상당하여 복무할 수 없는 사람은 해군성과 육군성이 참작하여 규정을 정하되 대장성에서 금액을 지출하여 시여(施與)한다. 육군은 이를 은급령(恩給令)이라고 하고, 해군은 이를 은퇴료라고 한다. 해군과 육군으로 이미 군무(軍務)에 복역할 수 없으면 국민들과 신분이 같아지므로 또한 내무성의 소관이 된다. 대개 일본의 국규(國規)가 군병(軍兵)을 중요시하기 때문에 이런 일에 매우 힘을 쓴다. 또 군인으로서 전사한 사람의 과부와 고아에게 또한 부조료가 있어 각각 금액을 정해 놓았으니, 한결같이 해군성과 육군성의 규례를 따르고 내무성은 다만 시행을 할 뿐이다.

호적국은 사무를 5괘(掛)로 나누었으니 인사괘(人事掛)는 국민들의 생사·승계·혼인·양자녀·족적·칭호 등의 일을 담당하고, 재산괘(財産掛)는 국민들의 재산의 상속·계약·매매·대차 등의 일을 담당하고, 호적괘(戸籍掛)는 호구의 통계와 체송인(遞送人)·기아(棄兒) 등에 관한 일을 담당하고, 편찬괘(編纂掛)는 호적의 편집 및 연보 등의 일을 담당하고, 제무괘(諸務掛)는 공문의 접수와 기록 등의 일을 담당한다.

토목국은 국내의 토목의 사무를 전담한다. 궁실과 공해(公廨: 관아)의 부역과 철도와 전선의 설비는 공부성(工部省)의 소관이다. 토목국의 소관은 곧 하항·도로·교량 등 국민들에게 관련된 것이니, 한편으로는 공역(工役)을 심사하고 감독하며 한편으로는 비용을 계산하고 보충한다. 무릇 토목의 사무가 또한 학술이 있는데, 토물(土物)과 목물(木物)의 계산과 수륙(水陸)과 지형의 측량 및 그 비용을 예산하는 등 공법이 갖가지이다. 이 또한 서양의 학술로 현재 준행(遵行)하는 것은 곧 네덜란드의 공법이다. 공부성 대학교에 별도로 토목학과(土木學科)를 설치하였으니, 생도로 수업 받는 사람들은 졸업 기한이 7, 8년인데, 졸업한 뒤에 비로소 내무성 토목과에 종사하는 것을 허가받는다. 그래서 일본인은 "토목 공학(土木工學)이 도리어 다른 기술보다 어렵다."고 한다.

대개 그 비용의 보충이 옛날 관백의 시대에는 도주(島主)와 번신(藩臣)이 각각 풍속이 달라 그 규례가 일정하지 않았고, 무진년 이후로 또한 그 법을 인습하여 각 지방이 동일하지 않았다. 그래서 혹 관에서 지급하는 것도 있었고, 혹 국민에게 세금을 부과하는 경우도 있었다. 작년에 비로소 규례를 정하였는데, 관에서 일으키는 큰 공역(工役) 외에 모든 국내의 제반 토목비는 애초에 관에서 지급하지 않고, 모두 각 부·현의 지방세와 협의비에서 지급한다. 또 교량·진항(津港)·도선(渡船)[22] 등에 각각 세금을 거두는 법이 있어 이는 지세(地勢)와 시의를 따르는데, 제언(堤堰)과 갑문(閘門)처럼 수해를 예방하는 것은 농민에게 과세하고, 교량과 도선 등 막힌 곳을 건너게 해주는 것은 행인에게 과세한다. 또 도로와 교량 등의 보수에 국민들이 스스로 비용을 내는 경우에는 반드시 내무성에서 특별히 면허(免許)하여, 행인에게 세금을 거두어 비용의 원금을 채우도록 한다. 관에서 감독하는 여항(閭巷)간의 제반 보수에 있어서는 부지런히 근처 도로에 사는 사람에게 세금을 걷는데, 심지어 행인에게까지 미치니 사람들이 혹 번거롭고 가혹하다고 한다.

토목국이 관할하는 사무는 모두 11조이니 첫 번째는 수계(水界)·유역(流域)·하맥(河脈)·수세(水勢) 등을 조사하는 일, 두 번째는 진항(津港)과 도로 등을 보수하는 일, 세 번째는 운하(運河)·급수(給水)·방수(放水) 등의 토공(土功)에 관한 일, 네 번째는 도선(渡船)에 관한 일, 다섯 번째는 진항·도로·교량·제방(堤防)·도랑·통관(桶管)·언(堰)·갑문 등을 설치하고 수리하는 일, 여섯 번째는 양수표(量水標)[23]를 건설하는 일, 일곱 번째는 급수·운하·항진(港津)·도로·교량 등의 제반 세법(稅法)에 대한 일, 여덟 번째는 관비로 보수하는 일, 아홉 번째는 제반 비용을 통계하는 일, 열 번째는 하항·도로·교량 등의 보존법(保存法)에 관한 일, 열한 번째는 모든 수해로 인한 발생하는 손실에 대한 일이다.

---

22 도선(渡船) : 강가나 내나 좁은 바다 목을 건너다니는 나룻배이다.

23 양수표(量水標) : 강이나 저수지 따위의 수위(水位)를 재기 위하여 설치하는 눈금이 있는 표지(標識)이다.

앞에서 말한 것들이 토목국의 소관이다. 그리고 도쿄와 오사카 및 요코하마와 고베(神戶) 등 각 항구의 외국인 거류지(居留地)[24]의 도로와 교량 등도 또한 토목국이 보수한다. 대개 거류지에서 거두어들이는 세금이 있는데, 그 세입(稅入) 중에 혹 얼마를 각국의 공사에게 그대로 두어 토목에 관한 일을 일임하는 경우에는 토목국에서 애초에 간섭하지 않는다. 토목국은 안에 2과(課)로 나누어 있으니, 전무과(專務課)는 하항·도로·교량·제방 등의 축조와 보수에 대한 일을 담당하고, 서무과는 경비(經費)·기계·편집·보고 등의 일을 담당한다.

지리국은 국내의 토지 측량의 사무를 전담한다. 비단 토지의 측량뿐만 아니라 측천(測天)과 측후(測候)도 모두 지리국의 소관이니, 지리국은 일본에서 가장 범위가 넓고 사무가 바쁜 부서라고 할 수 있다. 무진년 이후로 서양의 법을 따르니, 그 규칙이 아주 번다하고 그 이치가 매우 심오하다. 측천·측후·측지 등의 일에 모두 기계를 우선으로 사용한다. 때문에 일본인이 아직 그 일을 맡지 못하여, 매번 이런 사무가 있을 때면 반드시 급료를 넉넉히 주고 서양인을 고용하여 관리하게 한다.

대체로 측량하는 기계는 3종이 있으니 측천기(測天器)·측지기(測地器)·측후기(測候器)이다. 측천기는 일곱 가지로 자오의(子午儀)[25]·천정의(天頂儀)[26]·기한의(紀限儀)[27]·적도의(赤道儀)[28]·항성시진의(恒星時辰儀)·태양시진

---

24 거류지(居留地) : 조약(條約)에 따라 한 나라가 그 영토의 일부를 한정하여 외국인의 거주와 영업(營業)을 허가한 지역이다. 중국에서는 조계(租界)라고도 한다.

25 자오의(子午儀) : 천체(天體)의 자오선(子午線) 통과시각을 관측하고 항성의 위치를 측정하는 기계이다.

26 천정의(天頂儀) : 항성(恒星)의 천정(天頂) 거리를 측정하고, 그것으로 관측(觀測) 지점

의(太陽時辰儀)·인초기(印秒器)이고, 측지기는 여덟 가지로 경위의(經緯儀)[29]·수준의(水準儀)[30]·망원경(望遠鏡)·회광경(回光鏡)[31]·측향나반(測向羅盤: 박향 측정 나침반)·평면얼(平面臬)·저선측간(底線測竿)·측간비교기(測竿比較器)이며, 측후기는 열한 가지로 한난계(寒暖計: 온도계)·자기한난계(自記寒暖計: 자동 기록 온도계)·공조한난계(空罩寒暖計)·지중한난계(地中寒暖計)[32]·청우계(晴雨計: 기압계(氣壓計))·자기청우계(自記晴雨計: 자동 기록 기압계)·험진기(驗震器: 지진계(地震計))·험습기(驗濕器: 습도계(濕度計))·험전기(驗電器)[33]·풍력계(風力計)·양우계(量雨計)이다.

각종 기계 가운데 스스로 돌아가는 것도 있고 혹은 호환이 가능 한 것도 있으니, 비록 눈으로 보았지만 그 실체는 이해하지 못했다. 도쿄부에 관상대(觀象臺)가 세 곳인데 한 곳은 문부성 대학교에 있어 교육에 제공하고, 한 곳은 해군성 수로국(水路局)에 있어 항해를 돕고, 한 곳은 아오이초(葵町)의 측량과(測量課)에 있던 것을 이제 막 구성(舊城) 안에 개축했으니 이는 지리국의 소속이다. 측후소(測候所)는 통계하면 국내에 모두 열 곳이 있는데 한 곳은 교토의 야마시로국(山城國)에 있고, 한 곳은 기이노쿠국(紀伊國)의 와카야마(和歌山)에 있으며, 한곳은 아키노국(安藝國)의

---

의 위도(緯度)를 정밀히 결정하는 데에 쓰는 장치이다.

27 기한의(紀限儀) : 두 천체간의 각도를 측량하는 기계이다.

28 적도의(赤道儀) : 천체의 적경(赤經)과 적위(赤緯)를 관측하는 기계이다.

29 경위의(經緯儀) : 천체나 지상의 다른 물체의 방위각(方位角)과 앙각(仰角)을 재는 기계이다.

30 수준의(水準儀) : 수준(水準) 측량에 쓰는 계측기(計測器)이다.

31 회광경(回光鏡) : 햇빛을 반사경으로 반사하여 일정한 방향으로 보내는 광학 장치이다.

32 지중한난계(地中寒暖計) : 땅속의 온도를 측정하는 데 쓰는 온도계이다.

33 험전기(驗電器) : 전기(電氣)를 띠고 있는지의 여부를 검사하는 기구이다.

히로시마(廣島)에 있으니 이 세 곳은 부·현에 소속되어 있다. 또 세 곳은 홋카이도(北海道)의 삿포로(札幌)·루모이(留萌)·하코다테(函館)에 있으니 개척사에 소속되어 있다. 그리고 지리국의 직할은 다만 네 곳인데 도쿄·나가사키·니이가타(新潟)·노비루(野蒜)에 산재해 있어서 서로 비교하고 시험하여 달력을 만드는 데 제공한다.

무릇 일본이 달력을 만드는 법은 옛날엔 조선과 규례가 같았는데, 서양과 교통한 이후로 윤월(閏月)이 관리의 월급을 지급하는 데 불편하다는 이유로 계유년(1873)부터 서양의 역법(曆法)을 따른다. 그리하여 1년 12개월을 365일로 정하고 정월에서 7월까지 홀수를 대월(大月)로 짝수를 소월(小月)로 삼고 8월에서 12월까지 짝수를 대월로 홀수를 소월로 삼으니, 소월은 30일이고 대월은 31일이다. 2월을 평월(平月)로 삼으니 평월은 28일이다. 매년 그 규례가 일정한데 애초에 윤월을 두지 않고 4년마다 한 번 윤일(閏日)을 둔다. 윤일은 2월에 하루를 더하여 29일로 만드는 것이니 월삭(月朔)은 비록 조선과 다르지만 절후(節候)는 조선과 차이가 없다.

측후(測候)는 일본인이 "기상(氣象)을 측정한다."고 하는 것이다. 우청(雨晴)과 한난(寒暖)의 평균을 측정하여 달력의 매월 아래에 상세히 기록하고 또 일(日)·월(月)·금(金)·목(木)·수(水)·화(火)·토(土) 일곱 요일로 나누어 매월 아래에 기재하니, 이것이 일본이 달력을 만드는 법이다. 측지(測地)에 있어서 해정(海程: 바다의 길)은 해군성 수로국에서 주관하고 육지의 전정(田町)은 6년에 한 번 대장성에 특별히 지조개정국(地租改正局)을 설치하여 주관한다.

지리국의 소관은 산택(山澤)과 원야(原野)에서 군·구·정·촌까지 관할하지 않는 바가 없으니, 그 대략을 거론하면 16조(條)가 있다.

첫 번째는 토지와 관련된 사무에 대한 일이다. 이는 그 사무를 범칭(汎稱)한 것이다.

두 번째는 측량·관상(觀象)·측후 및 달력을 만드는 일이다. 관상과 측후는 이른바 달력을 만드는 것이다. 측량은 곧 측지(測地)에 관한 방법이다. 그 대개를 거론하면 대·중·소 삼각법(三角法)[34]이 있어, 혹은 해면(海面)에 임하여 산악의 높낮이를 측정하고 혹은 들판을 따라 도리(道里)의 원근을 측정한다. 계선(界線)이 있는데 계선은 부·현·군·구·정·촌의 시가의 경계와 관유지(官有地)와 민유지(民有地)의 경계를 모두 표시한다. 또 면적법(面積法)과 기부법(記簿法)이 있다. 앞서 말한 것은 측량의 대략이니 비록 조례(條例)와 강령(綱領)이 있지만 알 수 없다.

세 번째는 부·현·군·구·정·촌의 구역의 명칭에 관한 일이다.

네 번째는 부·현·군·구의 청사의 위치에 관한 일이다.

다섯 번째는 지소(地所)의 명칭 구별 및 지종(地種)의 변환에 관한 일이다. 대개 일본이 전에는 도주와 번신이 마음대로 토지를 세습하며 각각 지방에 웅거하여 스스로 법을 세웠기 때문에 원래 정해진 규례가 없었다. 그리고 무진년 이후로 도주와 번신이 모두 혁파되면서 국(國)과 주(州)를 칭했는데, 그 변경에 일정함이 없었다. 현재는 전국을 크게 5기(畿)·8도(道)로 구별하여, 홋카이도는 개척사에서 관할하고 그 나머지는 3부·37현으로 나누어, 부에는 지사를 두고 현에는 영을 두어 각각 나누어 관리하게 한다. 부·현 아래에 또 각각 군·구·정·촌이 있으니 국내

---

**34** 삼각법(三角法) : 삼각함수(三角函數)를 쓰는 삼각형(三角形)의 해법 및 그 응용을 통칭하는데, 측량 등과 밀접한 관련이 있다.

의 군 숫자는 709개, 구 숫자는 36개, 정 숫자는 1만 1851개, 촌 숫자는 5만 8046개이다. 군에는 군장을 두고 구에는 구장을 두어 각각 나누어 관리하게 하였으니, 이는 모두 지리국이 측량하여 구분한 것이다. 곡척(曲尺)으로 6척(尺)을 1간(間)으로 삼고, 60간을 1정(町)으로 삼고 100정을 1구(區)로 삼으니, 구는 군(郡)과 동일하다. 이정(里程)은 36정을 1리(里)로 삼는데 일본은 동서로 꺾인 길이가 500여 리이고 남북으로 폭이 30여 리이고 혹은 60여 리이니, 넓이가 2만 3740방리(方里)이고 둘레가 2512리 9정【이상은 일본의 이정(里程)이다.】이다. 대개 일본의 측지(測地) 규례는 각 도(道)와 각 부·현이 모두 나누어 측량한 뒤에 합쳐서 계산하는 방식이다. 때문에 넓이가 이와같이 광대해진 것이니 그 실제는 수치의 절반에 불과하다. 지명의 명칭에 있어서는 관유지와 민유지로 구별하는데 관유지는 궁성과 사사(社寺) 및 각 성의 청해(廳廨: 관아)가 있는 땅으로 조세가 없고, 민유지는 경지(耕地)·택지(宅地)·산림지(山林地)이니 조세가 있다.

여섯 번째는 지적(地籍)을 정리하고 지지(地誌)를 편찬하는 일이다. 지지는 을해년(1875)에 편찬되었는데 명칭은 『지지제요(地誌提要)』[35]이고 모두 77권이다. 이는 매 부·현의 구역·산천·호구·조세 등을 각각 나누어 기록한 것으로 그 명목은 강역(疆域)·경위(經緯)·폭원형세(幅員形勢)·지소연혁(地所沿革)·건치(建置)·군수(郡數)·호수(戶數)·사사수(社寺數)·인구(人口)·전포(田圃)·속지(屬地)·군진(軍鎭)·포대(砲臺) 등 각종이니 지금까지 7년 사이에 또 변경이 일정하지 않다. 이제 막 지적을 만들려고 하는데

---

**35** 『지지제요(地誌提要)』: 태정관 정원(正院)에서 1874년 발행한 근대 일본 초기의 관찬 지지(地誌)인 『일본지지제요(日本地誌提要)』를 가리킨다.

지적은 그 규례가 지지와 같으나, 지지는 다만 부·현으로 나누어 편찬하는 것이고, 지적은 또 각 군·구·정·촌으로 소분(小分)하여 편찬하는 것이다. 크고 작은 절목이 하나도 빠지는 것이 없으나, 사무가 심히 번잡하고 비용이 많이 든다. 작년에 처음으로 만들기 시작했는데 10여 년 뒤에나 완성될 것이라고 한다.

일곱 번째는 관용지(官用地)의 지권에 관한 일이다.

여덟 번째는 관용지를 수수(授受)하는 일이다. 비록 관용지라도 또한 수수와 매매의 규례가 있기 때문에 지권이 있다. 예를 들어 각 부·현관이 관유지를 매매하고자 하면 부·현관이 반드시 내무경에게 신청하고, 내무경은 태정관에 신청하여 허가를 얻은 뒤에 매매하는 것이다. 파는 규례에, 관유지를 팔겠다는 뜻으로 날을 정하여 국민들에게 고지하면 국민들이 그 날에 모이는데 국민들로 하여금 값을 정하게 한다. 국민들이 각각 자기의 의견으로 지가(地價)를 정하여 쪽지에 써서 작은 투표함에 넣으면 가장 높은 값을 쓴 사람에게 판매를 허가하니, 이는 일본인이 말하는 투표법이다. 판 뒤에 그 지가에 따라 2푼 5리로 세금을 정하는데, 세금을 정하는 것은 비록 대장성의 소관이나 이런 세금은 각 부·현관이 재량으로 정하기 때문에 그대로 내무성의 소관이 된다. 무릇 민유지를 관유지로 만드는 규례가 있는데 또한 앞서 말한 것과 유사하여, 값을 투표로 정하는 것과 세금을 덜어가는 것이 조금도 차이가 없다고 한다.

아홉 번째는 공용지(公用地)를 사들이는 일이다. 공용지는 관유지와 조금 다른데, 민유지 중에 공사(公舍)·도로·하천·제당(堤塘)의 부류는 공용(公用)에 속하지 않을 수 없는 땅이다. 이 또한 사들이는 조례가 있으니 내무성에서 정한다.

열 번째는 관유지나 민유지로 지종이 아직 정해지지 않은 땅 및 신사 (神社)·불사(佛寺)의 땅을 처분하는 일이다. 대개 일본의 국법에 옛날부터 반전법(班田法)이 있었는데, 반전(班田)은 관백의 시대에 비록 농민의 사유지라도 자식들이 이어받을 수 있게만 하고 일체의 매매를 금지하는 것이니, 전법(典法)에 기재되어 있다. 무진년 이후로는 토지를 심사하여 관의 소유가 될 만한 것은 관유지로 만들고 국민들의 소유가 될 만한 것은 지권을 지급하여 임의대로 매매할 수 있도록 하자, 관유지와 민유지가 분명하게 나뉘어졌다. 비록 그렇지만 깊은 산과 궁벽한 골짜기에는 아직도 혹 정해지지 않은 땅이 있으니, 이는 곧 내무성에서 심사하여 조처한다. 신사·불사의 땅은 관백의 시대에 신사·불사를 중요시했기 때문에 세습해온 토지가 있어 거기에서 나오는 조세를 독점하였다. 하지만 무진년 이후로 이 또한 관에서 몰수하였는데 내무성이 그 일을 주관한다.

열한 번째는 구적(舊蹟)과 명소(名所) 및 공원 등에 속하는 땅을 보존하거나 철거하는 일이다. 이 또한 내무성이 주관하는 것이다.

열두 번째는 해면 어장(海面漁場)을 구획하는 일이다. 관백의 시대에는 해민(海民)의 어업이 자유로워 애초에 정해진 세금이 없었는데, 무진년 이후로 이 또한 구역으로 나누었다. 예를 들어 어떤 어장이 어떤 한 촌에 소속되어 있거나 어떤 어장이 어떤 여러 촌에 소속되어 있는 것이다. 어장에 대한 세금은 부·현이 협의하여 정하기 때문에 내무성의 소관이 된다.

열세 번째는 토석(土石)을 채굴하는 일이다. 일본의 갱법(坑法)에 금·옥박(玉璞)·산염(山鹽)·인산(燐酸)·미석(美石)·석탄 등의 광물은 공부성의 관리에 속하고, 그 외에 연석(硯石)·지석(砥石)·판석(版石)·반석(盤石)·회석(灰石)·축석(築石)·비석(碑石)·점토(粘土)·사토(砂土)의 부류는 지리국의 관리에 속한다. 국민들 중에 갱(坑)을 열기 위해 관유지를 시험 삼아 채굴하려면 반드시 지방관을 경유하여 내무성에 신청한 뒤에 채굴의 허가를 받아야 한다. 세액(稅額)은 그 갱에서 나온 광물 값의 100분의 1 이상 100분의 20 아래로, 그 품류(品類)에 따라 지방관이 액수를 정하여 수납한다.

열네 번째는 수면을 매립하는 일이다. 천택(川澤)과 지소(池沼)의 땅에 혹 흙을 매워 전택(田宅)으로 만들고 혹 나무를 심는데 반드시 내무성을 거쳐 허가를 얻은 뒤에 시행한다.

열다섯 번째는 관유지의 생산물에 관한 일이다. 관유지의 과수·꼴· 버섯·죽순(竹筍)·연근(蓮根)·어별(魚鼈) 등의 종류는 그 소유주체에 따라 모두 국민들에게 공매한다. 도쿄부 안팎의 성과 해자에 연[荷蓮]이 많이 있는데, 그 뿌리와 열매를 또한 내무성이 관할하여 판매한다고 한다.

열여섯 번째는 외국인과 관련된 토지에 대한 일이다. 일본과 통상하는 각국의 국민들이 각 항구 및 도쿄와 오사카 등 일본의 경내에 많이 들어와 살고 있으니, 그곳을 거류지(居留地)라고 한다. 거류지에는 각각 경계를 정해놓아 경계의 밖에서는 외국인이 일본인과 섞여 사는 것을 허가하지 않는다. 또 거두어들이는 세금이 있는데, 그 규약은 비록 외무성의 소관이나 이는 토지에 관계된 사무이기 때문에 또한 지리국이 간섭하는 것이 있다. 앞서 말한 것은 그 사무의 대략이다.

지리국은 사무를 6과(課)로 나누어 있으니 각각 나누어 담당한다.

측량과(測量課)는 측량에 대한 일을 전담하는데, 안에 또 6괘(掛)를 설치하였다. 양지괘(量地掛)는 전국 토지의 측량과 계산을 담당하고, 기상괘(氣象掛)는 한난(寒暖)과 음청(陰晴)의 관측을 담당하고, 관천괘(觀天掛)는 천상(天象)과 여러 별들의 움직임의 추측을 담당하고, 편력괘(編曆掛)는 천체의 운행을 계산하여 달력을 만드는 일을 담당하고, 제무괘(諸務掛)는 도서 및 월보와 연보를 편찬하는 일을 담당하고, 회계괘(會計掛)는 측량과 안의 출납을 담당한다.

지적과(地籍課)는 전국의 지적에 대한 일을 전담하는데 2괘(掛)로 나누어 있다. 의안괘(議案掛)는 토지 등에 관계된 문서의 기초(起草)를 담당하고, 부기괘(簿記掛)는 지적의 등록 및 지종과 지목(地目) 등의 정리를 담당한다.

지지과(地誌課)는 편집에 대한 일을 전담하는데 안에 3괘(掛)를 나누어 설치하였다. 편집괘(編輯掛)는 지적의 편집을 담당하고, 제도괘(製圖掛)는 지도의 제작을 담당하고, 제무괘(諸務掛)는 지지과 안의 잡다한 도(圖)를 담당한다.

계산과(計算課)는 안에 또 4괘(掛)로 나누어 있다. 검사괘(檢査掛)는 관용지를 매매하는 일을 담당하고, 잡무괘(雜務掛)는 계산과 안의 수지 전표(收支傳票)의 일을 담당하며, 기부괘(記簿掛)는 계산과 안의 금액을 출납하는 일을 담당하고, 용도괘(用度掛)는 여러 물건을 출납하는 일을 담당한다.

문서과(文書課)는 안에 또 3괘(掛)로 나누어 있다. 본괘(本掛)는 문서를 정사(淨寫)하는 일을 담당하고, 편찬괘는 토지 등의 부서(簿書)를 담당하며, 수부괘(受付掛)는 공문의 왕복을 담당한다.

직원과(職員課)는 괘(掛)로 나누어 있지 않고 지리국 안의 여러 인원의 모든 사무를 감독한다.

사사국은 국내의 신사·불사의 사무를 전담한다. 무릇 신사는 관사(官

社)와 민사(民社)의 명칭이 있다. 관사 중에 신궁(神宮)이 있는데 신궁은 일주(日主)의 시조를 제사하는 곳으로, 제주(祭主)를 맡은 사람을 신관(神官)이라고 하니 곧 칙임관이다.

신궁 외에 또 7등급으로 구분하니, 관폐 대사(官幣大社)·관폐 중사(官幣中社)·관폐 소사(官幣小社)·별격 관폐사(別格官幣社)와 국폐 대사(國幣大社)·국폐 중사(國幣中社)·국폐 소사(國幣小社)이다. 관폐 신사(官幣神社)는 일주(日主)가 직접 폐백을 받드는데, 모두 일주의 역대 선조 및 개국(開國) 신인(神人)을 제사 지내는 곳이다. 국폐 신사(國幣神社)는 지방관이 폐백을 받드는데, 모두 일본의 장군과 재상으로 훈로(勳勞)가 있는 사람을 제사 지내는 곳이다.

민사(民社)는 4등급이 있으니 부사(府社)·현사(縣社)·향사(鄕社)·촌사(村社)이다. 모두 국민들이 폐백을 받들어 제사하는 곳인데, 한 부에 공로가 있는 사람은 한 부의 국민들이 제사를 지내고, 한 촌에 공로가 있는 사람은 한 촌의 국민들이 제사를 지낸다. 민사의 신관은 비록 국민들 가운데서 선발하지만 반드시 지방관의 허가를 얻은 뒤에 시행한다. 관사의 신관은 또한 주임과 판임의 구분이 있는데 관폐대사는 내무경이 주청한 뒤에 직임을 허가하고, 관폐중사 이하 국폐에 해당하는 여러 신사까지 모두 내무경이 스스로 판단해서 위임한다.

무릇 불사는 또한 4등급으로 구분하는데, 국내의 불사를 모두 관할하는 것을 총본사(總本寺)라고 하니 일본인이 이른바 불가의 종파(宗派)이다. 그 다음을 중본사(中本寺), 또 그 다음을 소본사(小本寺), 또 그 다음을 말사(末寺)라고 하니 이른바 소파(小派)이다. 그 주직승(住職僧)【혹은 주지승(住持僧)이라고 한다.】의 진퇴는 총본사의 경우에는 내무경이 허가 여부를 결정하고, 그 나머지는 지방관이 허가 여부를 결정한다. 대개 신사·불사는 곧 관백 시대의 옛 제도를 인습하였는데, 조금 변경된 것도 있다.

관백의 시대에 비록 신도(神道)와 불도(佛道)를 가장 중요한 종교로 여겼지만, 두 종교가 정무(政務)에는 간섭한 적이 없었기 때문에 정부에서도 또한 신사·불사를 관리하지 않았는데, 그래도 신관과 주지의 권세는 번신과 비견할 만했다. 당시에 모든 신사와 불사 소유의 땅은 다 떼어주고, 조세로 거둔 것을 전적으로 소유하게 하였다. 하지만 무진년 이후로는 각 도주와 각 번신의 규례를 따라 그 땅을 모두 국가에서 몰수하여 10분의 1로 조세를 정하여 신사·불사에 지급하니, 신사와 불사의 녹봉도 또한 그대로 내무성의 관할에 소속되었다. 현재 전국의 신사는 합계 십칠만 구천쉰한 곳 안에 사사국 직할 관사가 백스물네 곳이고, 불사는 합계 칠만 이천 곳 안에 사사국 직할 불사는 백스물세 곳이다.

신사와 불사의 사무 중에 내무성의 소관은 모두 13조이다. 첫 번째는 관사의 창건과 개혁 및 명칭의 변경과 경비(經費)에 관한 일, 두 번째는 관사에서 출납하는 여러 기구(器具)의 제도를 새롭게 하는 것 및 기부에 관한 일, 세 번째는 관사의 규칙으로 제전(祭典)에 관련된 것 및 신사·불사의 표(表)에 관한 일, 네 번째는 신관·교도직(教導職)·주직(住職)의 진퇴 및 관사의 고용인과 사제원(司祭員)에 대한 일, 다섯 번째는 신사·불사의 집물(什物)과 고문서 등 재산으로 유서(由緒)가 있는 것 및 신사·불사에 소재한 관에서 설치한 가옥의 폐철(廢徹)과 신사·불사의 창건·보수·폐지·통합·이전 등의 일, 여섯 번째는 신사·불사에 대한 규례의 개정 및 새로운 규례를 제정하는 일, 일곱 번째는 파서(派緖: 종파의 계통) 및 교의(教義: 교리(教理))에 대한 일, 여덟 번째는 부사와 현사 이하 신사의 격(格) 및 직할 불사에 대한 일, 아홉 번째는 신사·불사의 명세서(明細書)【곧 기부(記簿)이다.】의 작성 및 교도직·신관·주직승 등의 통계표에 대한 일, 열 번째는 관유지와 공원지(公園地)에 연관 있는 신사·불사에 대한 일, 열한 번째는 종군(從軍)하다 순국한 사람의 분묘에 대한 일, 열한 번째는 나무를 벌채하거나 심는 일, 열세 번째는 관사의 창건과 보수 및 그 규모를 바꾸는 일이다.

이런 모든 사무는 다 사사국이 내무경의 판단을 받은 뒤에 시행하는 것이다. 그리고 앞서 말한 것 중에 교도직과 교정(敎正)은 곧 교사여서 또한 내무성이 주청한 뒤에 진퇴를 시행하는데, 그들의 설교(說敎)가 신사·불사마다 있기 때문에 사사국의 소관이 된다. 지금 설교하는 곳이 국내의 신사에는 통계 이만 구백쉰아홉 곳이고, 불사에는 혹 한 불사에 두 곳이 설치되기도 하여 합계 칠만 사천칠백서른여덟 곳이라고 한다. 대개 신사와 불사의 기구 하나, 물건 하나, 규례 하나, 법 하나가 사사국 소관이 아닌 것이 없다.

사사국은 안에 5부(部)로 나누어 있다. 1부는 신사·불사의 예격(例格)의 정행(定行)과 신관과 교도직의 진퇴에 관한 일을 담당하고, 2부는 공문의 접수에 관한 일을 담당하고, 3부는 신사·불사의 명세서의 기록 및 통계표를 작성하는 데 관한 일을 담당하고, 4부는 문안을 검토하는 일을 담당하고, 5부는 비용을 계산하고 잡무를 조처하여 마련하는 일을 담당한다.

취조국은 내무성 안의 사무와 문서 등의 취조(取調)와 의정(議定)을 관리하는 곳이다. 일본인은 "내무성에 취조국이 있는 것은 나라에 원로원이 있는 것과 같다." 라고 한다. 내무성 안의 각 국의 문서와 법제를 혹 심사하여 재량으로 판단하기도 하고, 혹 의견을 세워 개진하기도 한다. 때문에 관련 사무를 2조로 나누었다. 하나는 내무성이 주관하는 사무

중에 관리의 진퇴와 관금(官金)의 출납을 제외하고 기타 제반 회의(回議) 및 체결된 여러 계약 등을 의논하고 비평하는 일이고, 하나는 법제와 규칙에 대해 혹 자의로 문안을 발행하는 일이다. 대개 취조국은 의논하여 판단하는 곳이므로 비록 성경(省卿)에 대한 일이라도 반드시 박의(駁議: 논박하여 의논함)하여 오직 의논과 심사를 책임으로 삼기에, 전담하여 관할하는 사무는 없다. 그래서 과(課)나 괘(掛)로 나누어 있지 않다.

감옥국은 국내의 감옥서의 사무를 전담하는 곳이다. 일본의 국법에 범인의 체포는 경찰관이 담당하고, 소송의 판단은 상·하(上下) 재판소가 담당하여 사법성에 소속되어 있다. 그리고 사법성에서 형법에 의거하여 범인의 죄를 판결한 뒤에 감옥서(監獄署)로 이송하니, 감옥서는 마땅히 사법성의 소속이 되어야 하나 지금은 내무성에 소속되어 있다. 대개 일본인이 "감옥서는 불량한 사람을 징계하여 죄수로 하여금 잘못을 깨닫게 하는 곳이다."라고 하니 이 또한 하나의 행정상의 사무여서 내무성에 소속되어 있다. 내무성에 특별히 감옥국을 설치하여 그 사무를 관할하게 하는데, 그 형법에 사죄(死罪)와 도류(徒流)에서 작은 실수나 잘못까지 애초에 태형(笞刑)이 없어서, 혹 벌금을 징수하고 혹 징역을 살게 한다. 징역은 짧게는 5일에서 길게는 종신(終身)까지이니, 모두 감색의 죄수복을 입히고 각 죄수가 가진 기예에 따라 일을 시킨다. 의복과 음식은 비록 감옥서에서 준비해 지급하지만, 죄수들의 공업(工業)에서 나온 이익은 전적으로 관의 소유가 된다.

감옥서를 널리 설치하여 전국에 통계 백아흔일곱 곳 안에 백구십네 곳이 각 부와 각 현에 산재해 있고, 도쿄에 세 곳이 있는데 이시와카지마 옥(石川島獄)·이치가야 옥(市谷獄)·가지바시 옥(鍛冶橋獄)이니 각각 소재지의 지명을 따라 감옥서의 이름을 정한 것이다. 이 세 곳은 도쿄 지사의 관할이 아니고 경시청의 소속이기 때문에, 그 관리는 경시청의 관원 중에 전옥(典獄: 교도소장) 1인을 파견하여 감옥서 안의 사무를 담당하게 하는데 8등 판임관이다. 경시총감이 자의로 배치하는 부전옥(副典獄)·서기·간수장(看守長) 아래의 옥리(獄吏)는 모두 35인이고, 감옥서의 규례는 어디나 별반 다른 것이 없다. 또 기묘년(1879)에 집치감(集治監)[36] 두 곳을 설치했는데, 한 곳은 도쿄부에 있고 한 곳은 무쓰주(陸奧州)의 미야기현(宮城縣)【도쿄에서 300리 거리이다.】에 있다. 이는 곧 내무성의 직할이어서 그 관리는 내무성에서 옥사(獄司) 1인을 파견하는데, 서기 아래로 등외까지 모두 29인이다. 집치감은 각 부·현에서 이미 판결을 받은 중죄인으로 징역 2년 이상인 사람들을 모두 모아서 다스리는 곳이다.

대개 감옥서의 사무는 그 조(條)가 천백 가지인데, 내무성의 소관은 다만 13조다.

첫 번째는 집치감에 대한 일이다. 집치감 관리의 출척과 경비의 지급은 모두 감옥국의 소관인데, 그 사무는 상하 2관(款)으로 나누어 놓았다.

상관(上款)은 반드시 성경(省卿)의 재가를 얻은 뒤에 시행하는 것인데, 일곱 가지 항목이 있으다. 첫 번째는 옥사(獄舍)의 건축 및 노역장(勞役場)을 증감하는 일, 두 번째는 감옥서에 관계되는 제반 규정을 개정하는 일, 세 번째는 보수로 인해 발생하는 규정 이외의 비용을 더 청구하는 일, 네 번째는 일하는 죄수들의 공업으로 인하여 소속 관원을 각지에 파견하

---

**36** 집치감(集治監) : 메이지 시대 설치된 감옥의 일종으로 도쿄·미야기(宮城)·후쿠오카(福岡)·홋카이도에 있었고 내무성의 직할이다. 도형(徒刑)·유형(流刑)·종신징역(終身懲役)을 선고받은 사람들이 수감되었다.

는 일, 다섯 번째는 죄수 중에 이전의 잘못을 뉘우치고 공예(工藝)에 부지
런히 힘쓰는 사람에게 규정 이외로 포상하고 시여(施與)하는 일, 여섯 번
째는 다른 죄수가 도망하려는 기미를 보고 알리거나 혹 화재를 진압하는
데 노력하여 효과를 보인 사람에게 특별한 은전(恩典)을 내리는 일, 일곱
번째는 죄수가 만약 형기(刑期) 안에 위독한 병에 걸리면 반드시 의원에
게 검사하게 한 뒤에 진료서(診療書)로 신청하여 그 죄수를 석방하는 일
이다.

　하관(下款)은 옥사(獄司)가 자의로 시행하는 것인데, 스물세 가지 항목
이 있다. 첫 번째는 이미 완성된 감옥서의 규례를 옥사(獄舍)에 게시하는
일, 두 번째는 노역장에 있는 죄수를 백방으로 징계하여 공을 부지런히
하게끔 만드는 일, 세 번째는 죄수들 중에 형기가 찬 사람을 방면할 때에
본관(本管)의 청사에 통지하는 일, 네 번째는 죄수들 중에 노력하는 사람
을 규정에 따라 시상하는 일, 다섯 번째는 옥칙(獄則)을 위반한 죄수에게
규례에 의거하여 벌을 시행하는 일, 여섯 번째는 죄수들 중에 병으로 죽
은 사람을 친척에게 인도하고 사안(事案)이 해당하는 재판소 및 본적지(本
籍地)에 통지하는 일, 일곱 번째는 본적지가 없는 사람의 시신을 직접 매
장하는 일, 여덟 번째는 교도직을 고용하여 죄수들을 교육하는 일, 아홉
번째는 공업하는 사람을 고용하여 죄수를 가르치는 일, 열 번째는 죄수
들을 위해 서적을 구입하는 일, 열한 번째는 노역장의 공업을 새로 일으
키거나 옛것을 폐지하는 일, 열두 번째는 감옥서의 정액금(定額金)을 예
산하고 보고하는 일, 열세 번째는 감옥서 안의 제조품을 판매한 뒤에 죄
수에게 그 수수료를 지급하는 일, 열네 번째는 공작(工作)에 유익한 것을
정액금으로 그 재료나 기계를 구매하는 일, 열다섯 번째는 옥사(獄舍)의
파손된 곳을 보수하는 일, 열여섯 번째는 죄수들 중에 공업과 기예가 뛰

어난 사람에게 특별히 품삯을 지급하고 그 죄수가 가족에게 송금하고자 하면 자의로 허가하는 일, 열여덟 번째는 감옥서에 관계된 월보를 도표로 제작하여 보고하는 일, 열아홉 번째는 반란(反亂) 및 기타 비상사태가 일어나 옥리의 힘으로 제압하기 어려워지는 경우 근처의 경찰서에 알려 도움을 요청하는 일, 스무 번째는 일요일을 제외하고 공역(工役)을 시행하는 날을 임의로 늘이고 줄이는 일, 스물한 번째는 지방청의 조회를 받아 죄수 등을 모아 토목공사를 시행하는 일, 스물두 번째는 가벼운 죄를 지은 죄수들 중에 유능한 사람이 있으면 별도로 품삯을 지급하는 일, 스물세 번째는 죄수가 숨기고 있는 물건 중에 당연히 금지해야 하는 것을 혹 없애거나 혹 영치(領置)하는 일이다. 이는 모두 집치감의 사무이니 감옥국의 소관은 단지 상관(上款)에만 해당한다.

두 번째는 부·현의 감옥서 및 징치감(懲治監)[37]에 대한 일이다. 각 부·현의 감옥서는 또한 집치감과 동일하지만, 징치감은 국민들 중에 부랑(浮浪)하거나 불량한 자제(子弟)가 있으면 그 부형(父兄)된 사람이 잘못을 뉘우치게 하려는 목적으로 옥사를 담당하는 관리에게 고소하여 징치(懲治)해 달라고 자원하는 곳이다. 감옥서 안에 별도로 징치감이라는 명칭을 두는데, 앞서 말한 사람들을 가두는 곳으로 옅은 푸른색의 죄수복을 입히고 한결같이 죄수의 규례를 따라 징역을 살게 한다. 그런데 다만 의복과 음식의 절목에는 약간의 차이가 있으니, 매번 스스로 판단하여 먹고 입을 수 있다. 때문에 품삯으로 받을 돈 중에 감옥서에서 드는 제반 비용을 빼고 계산하여, 남은 것을 석방하는 날에 내어준다. 감옥서는 사

---

37  징치감(懲治監) : 옛 형법에 형사책임(刑事責任)이 있는 미성년자나 농아인(聾啞人)을 징치(懲治)하기 위해 수감하는 감옥이다. 징치장(懲治場)이라고도 한다.

람들이 싫어하는 곳인데도 일본인은 자식을 교육하는 곳으로 생각하니 종종 이런 이유로 수감되는 죄수가 있다. 또 징치감은 다른 감옥서에 비해 조금 관대하고 편하기 때문에, 국민들 중에 경범죄를 저질러 벌금을 내면 면죄될 수 있는데도 능력이 안 되는 사람이나 혹 경범죄로 수감되어 있다가 노역의 기간이 다 되었지만 가난하여 돌아가도 생업이 없는 사람이 있으면 옥관(獄官)이 반드시 보고하여 감옥국과 재판관을 경유한 뒤에 그대로 징치감에 수감하는데, 모든 감옥서의 규례가 이러하다.

세 번째는 감옥서의 경비에 대한 일이다. 감옥서의 경비는 옥관의 월급과 죄수의 의식료(衣食料)를 모두 회계한 것이다. 그 지출은 또한 두 종류가 있으니, 지방의 감옥서는 각 부·현의 지방세에서 경비를 지급하고, 도쿄와 미야기에 있는 집치감은 대장성의 국세에서 경비를 지급한다. 다만 경진년(1880) 6월【일력이다.】에 처리한 것으로 보면 도쿄 집치감에 든 비용은 4만 1342원이고, 미야기 집치감에 든 비용은 5만 5965원이며, 각 부·현의 감옥서에 든 비용은 135만 6418원이니, 이는 그 비용의 대략이다. 도쿄 집치감의 1년 조(條)의 계산은 징역인의 품삯과 공작물을 대신 판매해서 거둔 수입이 합계 7만 872원 32전 5리이고, 거기에 비용을 빼고 계산하면 잉여 조(條)가 3만여 원인데 모두 대장성으로 들어간다. 이를 미루어 따져보면 죄수의 음식과 의복에 들어가는 비용에 대해 비록 관에서 지급한다고 하지만 그 실제는 그렇지 않다.

네 번째는 감옥서의 창건과 보수 및 그 위치를 정하는 일이다. 감옥서의 위치는 그 지방의 크고 작음에 따라 정하는데 교토·오사카·효고(兵庫)·나가사키 등은 개항(開港)이 모인 곳이기 때문에 혹 한 현에 예닐곱 곳의 감옥서를 설치하고, 혹 한 부에 네다섯 곳의 감옥서를 설치하며, 기타 각 현에도 또한 널리 설치하였다. 다만 도쿄의 감옥서 중에 직접

본 것으로 논하면 그 옥우(屋宇)의 규모는 혹 십자(十字) 모양이고 혹은 일자(一字) 모양인데 모두 그 안에 수천 칸을 만들었다. 각각 정해진 이름이 있으니 미결자(未決者)[38]가 수감된 곳은 미결감(未決監), 이결자(已決者)[39]가 수감된 곳은 이결감(已決監), 여러 죄수가 모여서 밥 먹는 곳은 식당(食堂), 가벼운 죄를 저지를 죄수가 지내는 곳은 징치감, 여자가 수감된 곳은 여감(女監), 죄수들이 휴식하는 곳은 운동장(運動場)이다. 이 밖에도 욕실과 병감(病監)이 있어 죄수들이 매번 노역을 정지한 뒤에 때때로 목욕하고, 만약 환자가 있으면 반드시 병감으로 보내 의약으로 치료한다. 노역장이 또한 구별되어 있으니 가벼운 죄를 지은 죄수는 관역장(寬役場)으로 가서 일하고, 중한 죄를 지은 죄수는 징역장(懲役場)으로 가서 일한다. 옥리가 거처하는 관서(官署)는 감옥서의 정중앙에 위치하여 좌우로 순시(巡視)하게 편하도록 한다. 감옥서의 구조에 관한 법이, 담장은 모두 목판을 서너 장(丈) 높이로 세우고 거기에다 쇠못을 거꾸로 촘촘하게 박아 죄수들이 담을 넘는 일이 생기는 것을 막는다. 둘레가 4, 5리쯤 되는데도 오히려 좁다고 하여 이제 막 증설을 시작했다.

다섯 번째는 옥사를 담당하는 관리의 인원수 및 봉금과 상벌에 대한 일이다. 대개 전옥(典獄) 아래로는 원래부터 관원에 정해진 숫자가 없으니, 매번 죄수의 많고 적음을 계산하여 때에 맞게 증감한다. 간수장의 경우에는 죄수가 200명 보다 적으면 2명을 두고, 200명 보다 많으면 150명이 늘 때마다 한명씩 더 둔다. 간수의 경우에는 죄수 50명마다 1명

---

38 미결자(未決者) : 법적 판결이 나지 않은 상태로 구금되어 있는 피의자 또는 형사 피고인이다.
39 이결자(已決者) : 범죄의 판결을 이미 받아 형을 집행하기 위하여 자유의 구속을 받고 있는 죄수이다.

을 두고, 압정(押丁)[40]의 경우에는 죄수 10명마다 1명을 두며, 여감(女監)
의 경우에는 40세 이상의 노련한 여자로 혹 옥사를 담당하는 관리의 부
인을 감독(監督)으로 삼아 여자 죄수 20명마다 1명을 둔다. 월급은 그 등
급에 따라 위로 50원에서 아래로 10원까지 도쿄의 경시총감과 각 부·
현의 지방관이 재량으로 알맞게 정한다. 매번 옥리의 성실과 태만으로
각각 속한 장관(長官)이 신청하면 내무경이 상벌을 시행한다.

여섯 번째는 옥사를 맡은 관리를 불러 모아 회의하는 일이다. 매번
제규의 개정과 비용의 계산으로 인하여 혹 내무성에서 불러 모아 회의하
기도 하고 혹 감옥서 안에서 때때로 회의를 열기도 한다.

일곱 번째는 옥사(獄舍) 및 쓸모없는 기물을 판매하는 일이다. 일본인
은 오로지 새롭고 좋은 것을 좋아하여, 옥사(獄舍) 안에 조금이라도 파손
된 곳이 있으면 매번 버려진 물건처럼 보아 곧 팔아버린다. 이는 관의
소유물이기 때문에 반드시 내무성에 신청하여 시행한다.

여덟 번째는 죄수를 노역시키는 방법과, 포상과 징벌 및 품삯에 대한
일이다. 범죄의 경중과 노역의 기한은 한결같이 사법성의 판결을 따르
는데, 징역에 관한 법이 또한 5조의 등급으로 나뉘어 있다. 가장 무거운
일은 제 5등이니 토석을 운반하고 황무지를 파고 쌀을 찧고 기름을 짜고
돌을 부수는 등 힘을 쓰는 노역을 하고, 그 다음은 제 4등이니 사옥(舍屋)
을 짓고 가로(街路)를 보수하며 기와를 굽고 돌을 다듬고 땅을 고르고 김
을 매는 노역을 하고, 그 다음은 제 3등이니 목공(木工)·죽공(竹工)·등공
(藤工)·단공(鍛工)·석공(石工)·통공(桶工)·와공(瓦工)·혁공(皮革)·녹직(鹿織)

---

압정(押丁) : 옛날 감옥의 관제에서 간수장이나 간수를 보조하던 하급 관직이다. 메이지
24년(1909)에 폐지되었다.

등 공장(工匠)의 노역을 하고, 그 다음은 제 2등이니 대략 제 3등과 비슷한데 혹 취부(炊夫)나 문지기[門番]의 노역을 하고, 가장 편한 노역은 제 1등이다. 등급마다 정해진 기한이 있는데 제 1등의 경우에는 형기가 차면 그대로 석방을 허가해 준다. 무릇 노역을 부과하는 방법에, 비록 등급마다 노역의 징해진 명칭이 있지만 모두 죄수의 기예의 수준을 따르고 또 죄수의 노약(老弱)을 살펴 시행하니 혹 새끼를 꼬는 사람도 있고 혹 기물을 만드는 사람도 있다. 매일 오전 7시에 노역장으로 갔다가 오후 5시에 노역을 멈추고 각자 자신의 감방으로 돌아가는데 혹은 책을 읽는 사람도 있고 혹은 글자를 베껴 쓰는 사람도 있어서 한 사람도 한가롭게 놀지 않는다. 여자 죄수들이 또한 모두 직기(織機)로 실을 뽑는 등 각자 자기 일을 한다. 감옥서가 꽉 찰 정도로 화륜(火輪)과 수륜(水輪) 등의 여러 가지 기계를 설치하니 곧 공장(工場)을 이루게 되었다. 죄수들 중에 만약 기예가 특별히 우수하거나 공역(工役)에 힘쓴 사람이 있으면 옥사(獄司)가 반드시 내무경과 사법경(司法卿)에게 신청한다. 그들에게 물품으로 상여하는 것은 내무경이 전담하고 죄의 등급을 감면해주는 것은 사법경이 판단하여 각각 일정한 규례가 있다. 만약 탈옥과 반란을 일으키거나 공역(工役)에 태만한 죄수가 있으면 반드시 그에 따라 정해진 벌이 있으니 여섯 가지이다. 첫 번째는 봉쇄(棒鎖)이니 철봉(鐵棒)으로 양쪽 발에 단단히 묶어 놓아 정해진 시간동안 서있게 하는 것이고, 두 번째는 폄등(貶等)이니 그 징역의 등급을 낮추는 것이고, 세 번째는 철환(鐵丸)이니 무거운 철환을 죄수의 손에 들려 탁 트인 곳을 왕복하게 하는 것이고, 네 번째는 담중(擔重)이니 무거운 물건을 짊어지게 하여 넓은 곳을 왕복하게 하는 것이고, 다섯 번째는 암실(暗室)이니 죄수를 어두운 방에 가두어 7일 밤낮을 나오지 못하게 하는 것이고, 여섯 번째는 징편(懲鞭)이니 감자(廿字) 모양의 틀에 죄수의 팔다리를 묶어 놓고 채찍질을 하는 것이다. 이런 여섯 가지 벌에 각각 일정한 규정이 있는데 작년부터 개정되거나 폐지되어 지금은 탈료벌(奪料罰)을 시행하는데 탈료(奪料)는 매일의 음식비를 빼앗아 줄이는 것이다. 이 때문에 이런 벌을 받을까 두려워하며 노역장에 나가니 감히 태만하거나 게으르지 않게 된다. 감옥서 내에서 노역을 하는 경우에는 옥리가 감독하고 감옥서 밖에서 일하는 경우에는 순사가 압송하는데 품삯은 모두 관고(官庫)에 귀속된다. 혹 제조물을 판매한 뒤에 약간의 돈으로 솜씨가 조금 뛰어난 사람에게 지급하는데 이를 별급(別給)이라고 한다.

아홉 번째는 감옥서와 관련된 사항을 계산하고 표로 만드는 일이다. 전국의 감옥서에 범죄의 과목(科目)과 죄수의 실수(實數)를 날로 계산하고 달로 계산하는데, 매번 6월과 12월【일력이다.】에 반년의 합계를 취합하고 통계를 내어 두 번 내무성에 보고하여 참고하기 편리하도록 한다. 다만 경진년 6월【일력이다.】에 처리한 것으로 보면 도쿄부의 감옥서 및 집치감의 죄수는 모두 4835명이고 각 부·현의 죄수는 모두 2만 6120명인데, 경진년 6월에서 1주년이 지난 지금까지 죄수가 더 증가하여 현재 도쿄의 죄수가 거의 8천여 명이 되었다고 하니 각 부·현에서도 해가 지남에 따라 죄수가 늘었음을 미루어 알 수 있다. 그래서 일본인은 "형법이 가혹하고 촘촘해서 국민들 중에 범죄를 저지르지 않은 사람이 없다."고 한다. 죄인은 이처럼 많은데 징역의 연한은 길고 국민들의 범법(犯法)은 끝이 없으니 옥사(獄舍)를 매년 증설하는 것이 당연하다고 하겠다.

열 번째는 죄수들의 급여의 규칙에 대한 일이다. 죄수들 중에 죄가 이결(已決)된 사람들에겐 반드시 음식과 의복을 주는데 의복에는 통상복과 취역복(就役服)이 있고, 문주(蚊幬)와 수건 및 베개 등 몸에 딸린 여러 물품까지 갖추어지지 않은 것이 없다. 음식은 위로 7홉[合]에서 아래로 3홉까지의 양으로 쌀이 4할이고 보리가 6할로 구성되어 있는데, 복역하는 사람의 건강과 근태(勤怠)에 따라 매일 지급한다. 또 반찬값으로 1전 5리를 더해주는데, 각각 일정한 규정이 있어 내무경이 재량으로 정한다.

열한 번째는 죄수의 호송(護送) 및 교육에 대한 일이다. 감옥서 안에 교사 몇 사람을 두어 공학과 산학 등의 학술을 죄수 각자의 재주에 따라 교육하는데, 서적과 기계를 종류별로 창고에 구입해 두고 상고하거나 열람한다. 그래서 죄수들 중에 혹 형기가 찬 뒤에 그대로 옥리가 되는 사람도 있다.

열두 번째는 죄수들을 감옥서 밖의 노역장으로 파견하거나 여러 곳으로 나누어 보내는 일이다.

열세 번째는 금옥인(禁獄人)의 취급 방법에 대한 일이다. 금옥(禁獄)은 국사(國事)에 범죄를 저지른 죄인이기 때문에 나머지 보통의 징역인과는 차이가 있다. 옥에서 금옥인을 처우하는 방법에 12조가 있다. 첫 번째는 감방을 구분하여 다른 죄수에게 접근하지 못하도록 하는 것, 두 번째는 음식과 의복을 스스로 마련하게 하는데 빈곤하여 그렇게 할 수 없는 사람은 경범죄를 저지른 죄수의 규례에 따라 지급하는 것, 세 번째는 감옥서에 들어갈 때 반드시 검사하여 자신을 해칠 수 있는 물품을 숨겨 들어오는 것을 막는 것, 네 번째는 건강을 위해 매일 감방 밖에서 한정된 시간 동안 운동을 할 수 있도록 하되 다른 죄수를 가까지 하지 못하도록 하는 것, 다섯 번째는 친척들이 보내준 물품을 반드시 옥리가 검시(檢視)한 뒤에 들여보내 신문지 등 시사(時事)와 관련된 서적들이 섞여 들어오지 못하게 하는 것, 일곱 번째는 만약 혹 스스로 징역을 원하는 경우가 있으면 단지 감옥서 안에서의 일만 허락하는 것, 여덟 번째는 가족이 면회를 요청할 때 반드시 옥리가 곁에 있는 것, 열 번째는 금옥인 중에 환자가 생기면 병감(病監)으로 옮기되 비록 간호하는 사람이라도 서로 말을 주고받지 못하게 하는 것, 열한 번째는 금옥인의 병이 위독해지면 의사의 진료서로 내무경과 사법경에게 보고하는 것이다. 대개 금옥인은 죄가 무거운 사람들이어서 자해(自害)할 염려가 있기 때문에 앞서 말한 여러 조의 규정을 둔 것이다.

감옥국은 감옥서의 사무를 전담하여 관리하지 않고 다만 거느리고 있을 뿐이다. 감옥국은 3과(課)로 나누어져 각각 관장하는 사무가 있다. 서무과는 안에 또 3괘(掛)로 나누어 있으니 기안괘(起案掛)는 각 감옥서의 제반 규정 등에 관하여 왕복하는 문서를 기초하는 일을 담당하고, 편찬괘는 법령에 관한 문서를 종류별로 정리하는 일을 담당하고, 용도괘(用度掛)는 감옥국 안의 물건과 비용에 관한 일을 담당한다. 계표과(計表課)는 감옥서 사무의 통계표를 감독하여 제작하는 일을 담당한다. 수부과는 제반 공문서의 접수를 담당한다.

# (부)농상무성

농상무성은 농업과 상공업을 권장하기 위해 설치한 것이다. 내무성 구내(構內)에 있었는데 경진년 12월【일력이다.】에 내무성 안의 권농국(勸農局)에서 한 성으로 나뉘어졌다. 경(卿)은 1인인데 고노 도가마(河野敏謙)[41]

이고, 대보(大輔)도 1인인데 현재 비어있으며, 소보(小輔)도 1인인데 시나가와 야지로(品川彌二郞)[42]이다. 서기관에서 등외까지는 모두 680여 인이다. 그 직제와 월급은 대략 내무성과 동일하고, 관리하는 사무는 8국으로 나뉘어 있다. 그 중에 농무국(農務局)·산림국(山林局)·박물국(博物局)·역체국(驛遞局)은 내무성에서 이전해온 것이고, 상무국(商務局)은 대장성에서 이전해온 것이며, 공무국(工務局)·회계국·서기국은 농상무성에서 새로 설치한 것이다. 각 국에 국장이 있으니 나누어 맡은 사무는 아래와 같다.

서기국은 서기관의 관방(官方)이다. 온 성의 사무와 관련하여 각 국에서 경과 보에게 보고하는 것과 경과 보가 각 국에 알리고 계칙하는 것을 모두 서기국에서 처리하고 심사한다. 서기국 안에 3과(課)로 나누어 있으니, 직무과·서무과·기록과이다. 직무과는 관인(官印)을 보관하는데, 판임 이하의 직원의 진퇴와 출척에 관련된 사무를 반드시 경과 보의 명령을 받아서 맡아 처리한다. 서무과는 서기관의 명령을 받는데, 반드시 서기국을 경유하는 모든 문서를 살핀 뒤에 시행하고 또 각 항목의 공문을 발송하거나 수령하는 것을 모두 맡아 처리한다. 기록과는 농상무성의 도서와 기록 등의 일을 전담한다. 대개 서기국은 농상무성의 핵심이고 사무가 가장 많다. 농상무성의 농업·상공업·산림·박물 등의 제반

---

41　고노 도가마(河野敏謙) : 1844~1895. 일본 사쓰마 번(土佐藩) 무사 출신의 정치가이다. 제7대 농상무대신(農商務大臣), 제3대 사법대신(司法大臣), 제9대 내무대신(內務大臣), 제5대 문부대신(文部大臣) 및 초대 농상무경(農商務卿)을 역임하였다.

42　시니가와 야지로(品川彌二郞) : 1843~1900. 일본 조슈 번(長州藩) 무사 출신의 정치가이다. 내무 소보(內務少輔)·농상무 대보(農商務大輔)·내무대신을 역임하였다.

업무를 모두 서기국에서 관리하는 이유는 경과 보가 담당하는 바를 모두 서기관이 조정하기 때문이다. 여러 과에 문서가 산적하고 날마다 일이 분주하지만, 농상무성이 설치된 지 얼마 되지 않았기 때문에 아직 확정된 규칙은 없다고 한다.

농무국은 국내의 농업을 권장하는 사무를 전담하는데, 경작과 수확처럼 농업 한 가지 일만이 아니라 국민들이 삶을 의지하는 생업(生業)으로 개간(開墾) 및 어업이나 수렵 등의 일을 모두 농무국에서 주관하니, 권장하는 뜻이다. 농무국은 사무를 5과(課)로 나누었으니, 보고과(報告課)·육산과(陸産課)·수산과(水産課)·지질과(地質課)·서무과이다. 보고과는 농업상의 통신·보고·통계·번역 등의 일을 전담한다. 식물 중에 벼·곡식·차·사탕수수와 동물 중에 누에·물고기·소·말과 기타 인조물(人造物)로 제사(製絲)와 방적(紡績) 등 국민들의 의복과 음식에 관련된 물건에 대해 혹 외국의 신문을 번역하기도 하고 혹 국내에서 보고된 것을 고지하기도 하는데, 그 이해(利害)에 따라 모두 일본의 언문(諺文)으로 국민들에게 널리 알린다. 때문에 비록 궁벽한 거리와 외딴 촌에 사는 어리석은 국민들일지라도 모두 훤히 알 수 있게 하니, 국민들은 이를 통해 이익이 되는 것은 따르고 손해가 되는 것은 피한다. 또 각 부·현에서 보고하는 것을 수집하여 국민들이 매년 수확하는 양을 통계하는데, 이를 표를 만들고 해마다 비교하여 생산물의 증감에 대해 검증한다.

기묘년(1879)의 통계표로 보면 전국의 농업 인구 중에 남자가 823만 7682명, 여자가 739만 8431명이고, 멥쌀이 2443만 8336석(石), 찹쌀이 214만 9619석, 보리가 503만 1724석, 밀이 176만 5633석, 패맥(稗麥)이 282만 3142석, 조[粟]가 140만 8473석, 기장이 17만 834석, 피[稗]가 99

만 7416석, 콩이 188만 2331석, 메밀이 52만 7391석, 수수[蜀黍]가 9만 4122석, 옥수수가 993만 836근, 고구마가 298만 9021근 남짓, 감자가 3784만 3880근, 기타 차(茶) 종류가 또한 3000여만 근을 초과한다. 제사(製絲)는 근으로 셀 수 없는데, 국내에 10인 이상이 모여서 제사(製絲)하는 곳이 모두 육백예순여섯 곳이니, 모두 화륜과 수륜으로 기계를 설치해서 조업하는 곳이다. 기르는 소는 107만 4645두(頭), 기르는 말은 122만 8068두이다.

양잠(養蠶)의 농사에 있어서는 봄과 여름과 가을의 종류가 각각 다른데, 갑술년(1874)【일력이다.】 3월에 처음 양잠을 시험하는 곳을 설치하고 안팎으로 각국의 누에 종류와 뽕나무 종류를 수집하였다. 그래서 뽕나무를 심고 누에를 기르는 사무에 백방으로 시험하여 이익을 얻는 데 보탬이 되도록 하니 이를 관설 시험장(官設試驗場)이라고 한다. 비단 양잠뿐만이 아니라 농업상에 관련되어 시험장을 설치하지 않은 것이 없으니, 현재 전국의 시험장을 모두 계산하면 양잠소(養蠶所)가 세 곳【교토·아이치현(愛知縣)·오이타현(大分縣)이다.】, 방적소(紡績所)가 3 세 곳【모두 도쿄에 있다.】, 목축·양어(養魚)·제사(製絲)·제다(製茶) 등에도 많은 시험장이 부·현에 널리 흩어져 있다. 각각 관리를 정하여 판매도 함께 하는데, 비록 시험이라고는 하나 그 실제는 이익을 늘리는 한 가지 방법이다. 그렇지만 그 비용을 계산하여 수입과 비교하면 서로 엇비슷하니 또한 농민을 권장하고 산업을 권장하는 방법이 된다. 그 사무가 매우 번잡하고 갈래가 많기 때문에 농무국 안의 육산과(陸産課)·수산과(水産課)·서무과가 각각 그 사무와 문서의 출입을 담당한다. 조수(鳥獸)의 수렵과 어별(魚鼈)의 조업은 관의 허가를 얻지 못하면 일을 할 수 없는데, 각각 정해진 규정이 있고 관의 허가를 얻을 때 또한 납부하는 세금이 있다.

도쿄부의 고마바(駒場)에 농학교(農學校)가 있는데, 농상무성의 관할이다. 교장 1인과 교사 1인을 두는데, 교장은 학교의 사무를 담당하고 교사는 생도의 수업을 담당한다. 교수(敎授)의 법에 각각 조례가 있고, 농학(農學)은 5과(科)로 나뉜다. 첫 번째는 보통 농학과(普通農學科)이니, 보통(普通)은 초학(初學)을 말한다. 이 농학은 모두 서양을 본받았기 때문에 서양의 언어와 문자 및 농리(農理)와 지리(地理)의 대의(大意)를 우선하여 가르친다. 두 번째는 농학 본과(農學本科)이니 동물과 식물의 생리(生理)와 병리(病理) 및 토목의 측량 등을 실습하는 학문이다. 세 번째는 농예 화학과(農藝化學科)이니 여기의 화학은 곧 동물과 식물 중에 부드러운 것을 강하게 하고 강한 것을 부드럽게 하는 학문이다. 수의과(獸醫科)는 크게는 소와 말에서 작게는 개와 양까지 그 질병을 치료하는 학문이다. 다섯 번째는 실시 농예과(實施農藝科)이니 모든 농예(農藝)에 대해 실습하고 실시하는 학문이다. 이 5과(科) 안에 또 많은 과목이 있는데, 그 가르침이 여러 갈래이고 그 이치가 심오하여 일일이 거론할 수 없다.

입학하는 순서를 소개하자면, 화족·사족·평민의 구분 없이 18세 이상 22세 이하인 사람이 보증인(保證人)을 얻어 농학교에 지원하면 입학을 허가한다. 우선 보통농학과를 2년 동안 가르치는데 시험을 쳐서 졸업한 뒤에는 원하는 대로 4과(科) 중에 한 곳에 지원하니, 대개 이 4과를 전문과(專門科)라고 한다. 또 3년 동안 수업 받고 학술을 완성한 뒤에, 교장이 권농국 국장에게 갖추어 보고하면 국장이 졸업증서를 발급하는데, 졸업증서를 받은 사람을 학사(學士)라고 일컬으니 세상 사람들이 이를 영화롭게 여긴다고 한다.

보통농학과에 입학하여 전문과를 졸업하기까지 5년 동안 관에서 비용을 지급하는지 사적으로 비용을 들이는지에 따라, 사비(私費)로 다니는 생도는 임의대로 학교를 그만 둘 수 있고, 관비(官費)로 다니는 생도는 그 재학 연수를 계산하여 졸업한 뒤에 농무국에서 복무한다. 만약 사비로 다닌 생도이면서 농무국에 복무하면 반드시 월급을 추가로 지급한다. 관비는 생도가 학교를 다니는 중에 드는 경비를 관에서 지급하는 것인데, 매월 학자금 6원 50전으로 의복·모자·신발·음식에 들어가는 제반 비용을 보충하고, 기타 필묵(筆墨) 및 책상과 의자에 들어가는 제반 비용도 또한 수시로 마련해준다. 만약 졸업하여 농무국에 복무하기 전에 마음대로 학교를 그만두면 반드시 학교에 다닐 때 관에서 지급한 제반 비용을 일일이 계산하여 관에 다시 돌려줘야 한다. 사비로 다니는 생도의 경우에는 매번 입학하는 초기에 먼저 매달 조(條)로 6원 50전을 마련해서 납부한다. 생도들이 입학할 때 관비를 쓰려고 하지 않는 것은 나중에 농무국에 복무해야 되기 때문이다.

학교에서의 모든 행동에 각각 일정한 규례가 있으니, 입학·퇴학·휴업·졸업·급양(給養)·시험 등의 일에 규례를 따르지 않음이 없다. 학과에 있어서는 비단 농학서(農學書)뿐만 아니라 화학·분석학·물리학·기부수학(記簿數學)·화학(畵學) 및 기타 해부학(解剖學)과 곤충학(昆蟲學)에 대한 책들도 모두 구비되어 있다. 학교 안에 대부분 도서실을 설치하여 학생들이 참고하도록 제공하고 별도로 식물장(植物場)을 설치하여 생도들이 시험하는 곳으로 삼는데, 현재 재학 중인 생도는 모두 83인이라고 한다.

도쿄에서 10리 거리의 미타(三田)에 농구 제작소(農具製作所)가 있으니 세계 각국 농기구의 옛 제도와 현재 만들어진 것들을 수집해 놓았다. 농기구를 알맞게 시험하여 모범을 만드는데, 한쪽에서는 나무를 깎고 한쪽에서는 철을 두드리니 이 또한 화륜으로 기계를 설치한 곳이다. 갈고[耕] 김매는 도구와 베고 갈며[磨] 찧는 기구를 쌓아서 저장해 놓았다가 농민들에게 판매하는데, 모두 서양의 제도로 만들어졌다. 현재 쓰는 것도 있고, 버려두고 쓰지 않는 것도 있다. 그 중에 땅을 가는 기구는 비록 기교가 있다고 할 만하나 그 몸체가 많이 무겁고 날이 너무 둔해서, 소한 마리의 힘으로는 감당해내지 못하기 때문에 두 마리 말로 멍에를 멘다. 이는 부드러운 흙을 가는 데에는 알맞지만, 단단하고 차진 논이나 험하고 메마른 산밭[山田]에는 적당하지 않다. 베는 기구도 또한 두 마리 말이 멍에를 메는데, 두 바퀴를 베는 기구의 아래쪽에 붙이고 사람이 그 위에 앉되, 양 옆에 기계를 설치하여 자동으로 돌아가면서 베게 한다. 기교가 없는 것은 아니나, 이는 들판에서 잡초를 제거하는 데에나 알맞다. 누렇게 익은 벼나 보리에 있어서는 비록 짧은 낫으로 주의를 기울여 베더라도 오히려 떨어지는 낱알이 있을까 걱정하는데, 하물며 이처럼 아무렇게나 베어서 섞이게 만드는 것을 어떻게 쓰겠는가? 또 가는[磨] 도구와 찧는 도구를 가지고 논하건대, 기계를 만드는 데 들어가는 재료와 비용을 계산하여 사용하여 효과를 거두는 것과 비교하면 아마도 재료와 비용을 보충하지 못할 듯하다.

지질과는 농상무성의 구외(構外)에 있는데, 국내의 지질(地質)이 돌인지 모래인지, 성근지 빽빽한지, 토성(土性)이 고운지 차진지, 부풀어 오른 것인지 푸석돌이 많이 섞인 것인지, 지형이 높은지 낮은지, 넓은지 좁은지를 측량하고 조사하는 제반 사무를 모두 전담한다. 그리하여 각종 토성을 분석하고 각종 곡식이 자라기 알맞은 토양을 분정(分定)하여 국민들이 경작하는 데 편하도록 한다. 이런 측량과 조사에는 각각 사용하는 기계가 있지만, 그 방법이 매우 어렵기 때문에 일본인이 또한 스스로 일을 주관하지 못한다. 경진년 이후로 서양인을 고용하여 비로소 측량과 검사를 시작했는데 올해까지 측량한 범위는 몇 군에 지나지 않고 비용은 거의 10만여 원이 들었다. 앞으로 15, 6년은 지나야 일이 끝날 것이라고 한다. 지질과에 가서보니 안에 각지의 토석품(土石品)을 나열하여 참고할 수 있는 자료로 삼는데, 갖가지 색의 흙과 많은 종류의 돌이 갖추어져 있다. 모두 유리함 안에 보관되어 있는데 각각 그 함 위에, "어느 군에서 나온 것이다." 또는 "어느 정(町)에서 나온 것이다." 라고 써 놓았다.

상무국은 국내의 상업을 권장하는 사무를 전담한다. 통신·보고·번역 등의 일은 대략 권농국과 일반인데, 상민(商民)들의 회사나 해민(海民)들의 시업(試業)처럼 모든 상법상의 문서를 관할한다. 상무국은 내부에 6과로 나누었는데 각각 맡은 일이 있으니, 회사과(會社課)·관선과(管船課)·권도과(權度課)·통계과·조사과(調事課)·서무과이다.

회사과는 각 상회사(商會社)의 사무를 전담한다. 위로는 미곡과 화폐부터 아래로는 술과 음료 및 차와 채소까지 상업의 명목에 있어서, 그 신설에 대한 허가 여부와 그 매매가의 소통을 모두 관리한다. 회사를 설립하는 데 관한 법에, 각 부·현의 국민들 중에 10이상의 사람들이 3만원 이상의 금액을 모아 원서(願書)로 지방관에게 요청하면 지방관은 상무국에 보고한다. 그렇게 하여 면허표증(免許標證)을 받은 뒤에 비로소 회사를 설립할 수 있다. 관에서 면허를 내어줄 때 반드시 세금을 거두니, 이른바 면허세(免許稅)이다.

각 회사 중에 주식취인소(株式取引所)[43]와 미상회사(米商會社)가 있는데 이는 모두 일본의 가장 큰 상회(商會)이다. 주식취인소는 부유한 상인 몇

43 주식취인소(株式取引所) : 지금의 증권거래소이다.

사람이 각각 본금(本金) 몇 백원을 출자하여 회사를 창립하는데, 오로지 금권(金券)을 매매하는 것으로 업을 삼는다. 대개 공채증서·사채증서(私債證書)·지권·가권(家券)이 모두 매매하는 규례가 있는데, 공채 증서 한 건으로 논하건대 증서의 원금이 만약 1000원이라면 6~700원으로 시가에 따라 사들이고 그 판매하는 바에도 또한 많은 이익을 남긴다. 사채증서·지권·가권 등의 종류도 또한 규례가 동일하다. 일본 정부의 공채증서는 국내에 널리 퍼져 있어 국가와 밀접하게 관련되어 있기 때문에 대장성 국채국(國債局)에서 매번 많이 간섭하지만, 면허 등의 일은 상무국이 주관한다. 또 각 권(券)을 매매할 때에 반드시 상무국에 허가를 신청한 뒤에야 파는 사람과 사는 사람이 관에서 묻는 책임이 없게 되는데, 비록 "매매에 있어서 증거를 세운다."고 하지만 그 실제는 매 권마다 각각 얼마의 금액을 세금으로 거두기 위한 것이다.

미상회사(米商會社)는 오로지 미곡의 무역을 업으로 삼는데 이 또한 많은 사람들이 모이는 곳이다. 일본은 토지가 매우 척박하여 항상 곡식의 생산에 곤란을 겪는데, 이 때문에 선박으로 타국의 쌀을 사 와서 영업한다. 쌀은 4말[斗] 2되[升]를 1석으로 삼는데 조선의 화인(火印)[44] 42되에 해당하고, 피곡(皮穀: 겉껍질을 벗겨 내지 않은 곡식)은 말로 양을 헤아리지 않고 저울을 사용하니 18관(貫) 600목(目)을 1석으로 삼는데 조선의 저울로 환산하면 116근 4냥쭝[兩重]에 해당한다. 쌀값은 매번 상무국에서 각 항구와 시장에서 통행하는 값에 견주어 참작하여 정하는데, 상민들이 혹 시가(時價)가 높아지거나 낮아지면 상무국에 보고하여 개정하도록 청하기

---

44 화인(火印) : '장되'를 달리 이르는 말이다. 관부(官府)에서 만들어 낙인을 찍어서 시장에 나누어 주었기 때문에 이렇게 이른다.

도 한다. 올해 5월의 시가(市價)는 8되가 1원이니, 이것이 일본의 평균적인 시가(時價)라고 한다. 각 회사는 본점과 지점의 명칭으로 나누어 있다. 국내의 주식취인소는 세 곳이고 미상회(米商會)는 열다섯 곳인데, 모두 대장성 상평국(常平局)과 은행국(銀行局)의 소관이었다가 현재는 상무국에 소속되어 있다.

관선과는 국내의 상선(商船)과 해원(海員) 등에 관련된 일체의 사무를 담당한다. 군함(軍艦)을 제외하고 선박의 크기와 상관없이, 위로는 증기선(蒸氣船)에서 아래로 회조선(回漕船) 및 부선(艀船)과 어선(漁船)까지 모두 해당한다. 새로 배를 건조하는 경우에 형태의 편의 여부에 대해 모색하고 배가 손상된 경우에 보수에 드는 보조비에 대해 모색하는데, 한결같이 회의를 거쳐 협동하여 해결한다. 각 항구에 출입하는 상선은 또한 관선과에서 검사하여 상업의 성쇠를 징험하기 때문에 매번 선박이 모여드는 곳에는 관에서 허가한 여관을 설치한다. 그리고 선박의 번호에 따라 각각 정해진 주인이 있어, 만약 어떤 배가 와서 정박하면 반드시 그 배에 실린 물품이 얼마나 되는지 상무국에 보고한다.

또 국민들 중에 상선을 타는 것을 업으로 삼는 사람은 위로 선주와 선장에서 아래로 화수(火手)[45]와 수수(水手)[46]까지 반드시 농상무성의 시험을 거친 뒤에야 비로소 영업을 허가해 주는데, 매월 두 번 화요일에 18살 이상인 사람을 대상으로 학술을 살펴 허가 여부를 결정한다. 그 시험 과정에 5조(條)가 있으니 첫 번째는 측량학(測量學), 두 번째는 선구 운용학(船具運用學), 세 번째는 나침반 사용법[羅針用法], 네 번째는 해상충돌 예

---

45 화수(火手) : 기관(機關) 따위에 불을 때거나 조절하는 일을 맡은 인부(人夫)를 말한다.
46 수수(水手) : 배를 부리거나 배에서 일을 하는 선원을 말한다.

방법(海上衝突豫防法), 다섯 번째는 해로·지세·등대(燈臺)·초표(礁標)[47]·부표(浮標)의 위치에 대한 방법이다.

권도과는 국내의 도량형(度量衡)에 관련된 사무를 관장한다. 자[尺]에는 두 종류가 있으니 곡척(曲尺)과 경척(鯨尺)[48]이다. 경척은 현재 포백(布帛)을 계산하는 데 사용하는 자이다. 경척 8촌의 길이가 곡척 1척에 해당한다. 곡척은 조선의 주척(周尺)과 길이가 같은데, 이는 다만 목기(木器) 등을 제조 할 때나 정리(程里)를 잴 때 사용한다. 말[斗]·되[升]·홉[合]에는 일곱 가지 종류가 있다. 되를 가지고 계산해보면 그 사방이 곡척으로 4촌 9푼이고 그 깊이가 곡척으로 2촌 7푼이니, 이것을 가지고 미루어 계산하면 말과 홉도 같은 비율로 헤아려 볼 수 있다. 저울은 열여섯 종류가 있는데, 크기가 비록 다르나 중량을 재는 데 있어서는 조선의 저울로 재는 것과 마찬가지이다. 도량형 세 기구의 제조와 판매는 반드시 관의 허가를 얻은 뒤에 시행한다. 때문에 을해년(1875)에 대장성에서 제규를 새로 정하였는데, 각 부·현에 한 가지 기구마다 제작소는 각각 한 곳을 설치하고 판매소는 각각 네다섯 곳을 설치하며, 한 사람이 제작과 판매를 겸하지 못하도록 하고 또 두 가지 기구를 함께 제작하지 못하도록 하였다. 기구마다 원기(原器)[49] 2본(本)으로 검사하는데, 도장[印] 2본을 지방청에 보내면 1본은 지방청에 그대로 두고 1본은 제작하는 사람에게

---

47 초표(礁標) : 바닷길의 안전(安全)을 위하여 설치한 경계 표지로 암초(暗礁) 같은 곳에 세운다.

48 경척(鯨尺) : 일본(日本) 자의 한 가지로, 피륙을 재는 데 쓰며 그 한 자는 곡척(曲尺)의 한 자 두 치 닷 푼이 된다. 지금은 대나무로 만드나 원래 고래 뼈로 만들었으므로 이렇게 부른다.

49 원기(原器) : 도량형(度量衡)을 정하는 표준이 되는 그릇을 말한다.

내어준다. 무릇 제작하는 때에 반드시 번호를 상세히 기록하고 또 검인 (檢印)을 찍는데, 가격은 관에서 규례를 정해 놓았으니 전국에 동일하다.

또 판매할 때에 반드시 세금이 있으니, 제조하는 데 든 재료 및 제반 비용을 원가로 정하고, 거기에다 원가의 10분의 2푼 4리로 값을 더하고 또 더한 값의 24분의 1을 세금으로 매긴다. 예를 들어 한 기구의 원가가 1원이라면 더한 값이 24전이니, 23전은 제작인과 판매인의 이익이 되고 1전은 관에 세금으로 내는 것이다. 지방관이 때때로 장부를 점검하여, 사사롭게 제조한 적이 있는지 없는지를 조사하며 실제 제조한 수량을 살피며 판매한 금액을 확인하며 시가의 높고 낮음을 판단한다. 만약 법을 어기면 반드시 무거운 죄에 처하는데, 한편으로는 국내의 도량형을 균일하게 유지하기 위해서이고 한편으로는 제조와 판매에서 나오는 이익을 독점하기 위해서이며, 한편으로는 세금을 빠짐없이 거두기 위해서이다.

통계과는 상업상의 모든 문서를 빠짐없이 모아 통계를 내고 표를 제작하여 참고하기에 편하도록 한다. 혹 각국에 파견된 영사관이 보고한 것을 통해 혹은 국내의 각 항구의 시가(時價)에 근거하여, 이 항구의 물가를 저 항구에 통지하고 저 항구의 물가를 이 항구에 고지하여 없는 것과 남는 것을 유통하게 하니 이른바 권장하는 뜻이다. 근래의 상황으로 논하더라도 상업 업황의 이익과 손해가 오직 수출하고 수입하는 물품이 무엇인지에 달려 있다. 일본의 경우 수출하는 품목은 다만 쌀·보리·잠사(蠶絲)·차(茶)·동(銅)·연초(煙草) 등인데 이를 일본인은 천조물(天造物)이라 하고, 수입하는 물품은 면직물·설탕·석유 등의 허다한 종류인데 이를 일본인은 인조물(人造物)이라고 한다. 인조물은 무한하고 천조물은 유한한데, 유한한 물품을 수출하여 무한한 물품과 바꾸어 들여오니 여기에서 이익과 손해가 판연히 나누어진다. 일본의 상업인들은 매번 이 때문에 근심하고 탄식한다.

조사과와 서무과는 앞서 말한 여러 일들을 살피는 곳이다. 대개 일본은 오로지 상업을 중요하게 생각하기 때문에, 상업인들이 상학교(商學校)를 각 촌과 각 정에 설립하여 상업의 요령을 학습한다. 이는 비록 관에서 설립한 것은 아니지만 또한 농상무성에서 십분 권장하고 있다. 각 항구와 각 장(場)에서 수출하고 수입하면서 거둔 세금에 있어서는 각 세관의 장(長)과 각 부·현관이 대장성에 수납하니, 농상무성의 소관은 한결같이 권장하는 것일 뿐이다.

공무국은 장인들이 물건을 제작하는 곳이 아니니, 공업을 권장하는 뜻으로 설립하였다. 그 권장하는 방법에 누구든 만약 처음 새로운 물품을 만든 것이 있다면 이를 발명품(發明品)이라고 하여, 특별히 10년 동안 전매하여 이익을 독점할 수 있는 권리를 허가한다. 국민들 중에 공업을 업으로 삼는 사람은 이익을 욕심내어 자신의 기술을 연마하는 데 십분 공을 들이고 백방으로 연구한다. 비단 공부성(工部省)만 그러한 것이 아니라 각 부·현과 각 촌·구에 왕왕 사설(私設) 공학교(工學校)가 있어서 온 힘을 다하여 능력을 향상시키는 것을 일삼으니, 그 조예가 날로 넓어지고 그 기교가 날로 진전된다. 도쿄부에 권공장(勸工場)이 있으니 곧 물품을 판매하는 곳이다. 공민(工民)들이 만든 새롭고 신기한 물건이 모두 이곳에 모여 있는데, 한 번 농상무성의 시험을 거친 뒤에 이어서 이곳에서 전매하는 것을 허가해 주고, 혹은 은배(銀杯)와 목배(木杯) 등으로 때때로 포상(褒賞)한다. 이 때문에 일본의 기물(奇物)·완품(玩品)·구제(舊制)·신모(新模)가 모이고 나열되어 있어서 곧 박물관과 다름이 없게 된 것이다.

공무국 안에 비록 일정하게 정해진 사무가 있으나, 신설되었기 때문에 현재 시행하는 일은 없다. 공무국은 내부에 4과(課)로 나누어 있으니, 조사과(調査課)·권공과(勸工課)·통계과·서무과이다.

산림국은 관유지와 민유지의 구분 없이 수림(樹林)상에 관련된 사무로서 심고 보호하는 절차와 재배하고 벌목하는 규정을 모두 관할한다. 국 안에 5과(課)로 나누어 있으니 임제과(林制課)·학무과(學務課)·관림과(官林課)·통계과·서무과이다.

임제과는 산림의 제규와 구획에 대한 사무를 전담한다. 깊은 산과 넓은 들판이 관의 소유와 국민들의 소유로 나뉘어 있으니, 관이 소유한 산림은 국원을 파견하여 관리하고, 국민들 소유의 산림은 국민들로 하여금 협회를 결성하게 하고 관에서 규칙을 정해주어 산림을 보존하는 방법으로 삼는다.

학무과는 산림상의 학술과 시험의 사무를 전담한다. 세계 각국에서 출간된 종수(種樹)와 식목(植木)에 관한 책들을 모두 수집하고 혹 번역하여 국민들에게 배포하거나, 혹 시험하여 나무에 시행하기도 한다. 도쿄부에서 북쪽으로 30리 거리에 서금원 수목시험장(西今原樹木試驗場)이 있는데, 4, 5년 전에 처음 만들어졌다. 시험하는 방법은 여러 가지인데, 그 규정에 씨앗을 심는 것도 있고 묘목을 심는 것도 있다. 소나무·측백나무·뽕나무·과실나무의 종류 외에 모든 잡목들을 종류별로 구분하여 나란히 심어 놓았다. 모든 나무에 심은 연월과 일시를 기록하여 성장이 빠른지 느린지 시험하고, 또 혹 나무를 해부하여 재목으로 쓸 수 있는지의 여부를 관찰한다. 또 작은 나무 패(牌)에 각각 나무의 이름과 원산지를 기록하여 열람하기 편하도록 제공하는데 대부분 서양에서 온 것들이다.

관림과는 국내의 관유림(官有林)에 관한 사무를 전담한다. 각 부·현에 소재한 용재림(用材林: 재목을 이용할 목적으로 가꾸는 나무숲)이 육만 사천스물 일곱 곳인데 넓이가 거의 569만 3337정(町) 남짓이니, 각 지방 관사의 영선 및 교량과 제방 등 재목(材木)을 사용해야 할 때에는 반드시 농상무 성에 신청한 뒤에 벌채한다. 금벌림(禁伐林: 나무를 베지 못하게 하는 숲)이 이만 오천오백쉰다섯 곳인데 넓이가 합계 7만 7618정 남짓이니, 관리나 국민이 모두 벌채할 수 없다.

통계과와 서무과는 산림에 관한 모든 사무를 통계하기 위해 설립했다. 옛날에는 일본의 풍속이 산림에 대해 신경 쓰지 않았고 재목(材木)을 중요하게 생각하지 않았기 때문에 마음대로 벌채했었는데, 10년 전부터 비로소 산림을 가꾸는 데 힘쓰고 있다.

박물국은 박물관의 사무를 전담한다. 대개 천산물(天産物)과 인조물(人造物)로서 옛 기물(器物)과 지금의 물건을 수집하여 견문을 넓혀주기 때문에 박물국이라고 한다. 임신년(1872) 2월【일력이다.】에 비로소 도쿄의 야마시타(山下)에 설립하였는데, 우선 국내의 신사·불사에서 전해오는 물건과 관고(官庫)에 소장하던 물품에서 각국에서 나온 것들까지 빠짐없이 진열해놓아 국민들의 교육과 학술을 발전시키는 바탕으로 삼는다. 그 교육과 학술의 방법은 문부성이 담당하지만, 그 수집하는 사무는 박물국에 소속되어 있다. 정축년(1877)에 도쿄의 우에노엔(上野園)에서 박람회를 개최하였으니 이를 권업박람회(勸業博覽會)라고 부른다. 4년마다 한 번씩 개최하는데 3월 1일【일력이다.】에 시작하여 6월 30일【일력이다.】에 끝난다. 이런 박람회가 열릴 때마다 박물관의 물품을 박람회장에 모두 꺼내서 진열하고, 국내에 박람회의 개최를 확실하게 알려서 각 지방의 사람들로 하여금 모두 물건을 출품하여 상(賞)을 청할 수 있도록 허락한다. 일주(日主)가 매번 박람회가 끝나기 전에 직접 박람회장을 찾아와 물품이 훌륭한지의 여부를 살피고, 모형(模形)의 우열을 상고하여 상여하고 권장하는 의식을 거행한다. 국내의 국민들은 이를 출세하는 기회로 간주하여 서로 기능을 자랑하는데, 자신이 가진 평생의 기예를 다하고 자신이 보고 들은 것을 모두 쏟아 부으니, 신기한 색상의 물건과 기이한 형태의 물건이 모두 갖추어져 있다. 그리하여 비록 신기한 돌 한 덩어리라도 천 리 떨어진 곳에서 가져와 출품하고, 기교를 부린 나무 한 조각이라도 열흘을 걸려서 가져와 들여놓으니, 일본에서 제일 성대한 박람회이다.

올해가 박람회를 개최하는 해여서 박람회장에 가서 보니 구경하는 사람들이 시장처럼 많았다. 모두 박람회장으로 입장하는 세금이 있는데, 이는 정해진 규정이 그러한 것이다. 물품에 정신을 빼앗기고 눈이 현란하여 일일이 거론할 수가 없다. 그 안은 본관(本館)·농업관(農業館)·기계관(機械館)·미술관(美術館)·원예관(園藝館)으로 구성되어 있다. 예술관은 식물로 보통의 화초나 신기한 꽃 및 기이한 나무와 신기한 품종, 날짐승으로 공작(孔雀)·황새·무소·여우·살쾡이 등을 재배하고 기르는 곳이다. 미술관은 고금의 그림과 전서(篆書)·해서(楷書)·예서(隷書) 등을 소장하고 있는 곳이다. 기계관은 그 안에 혹 공장(工匠)의 기계도 있고 혹 방적(紡績)의 기계도 있고 또 혹 농사를 짓는 기계도 있고 군사용의 기계(器械)도 있다. 수륜과 화륜이 각각 모본(模本)이 있어서 시험 삼아 가동해보니 한쪽에서는 실을 켜고 한쪽에서는 피륙을 짜고 이쪽에서는 벼를 자르고 저쪽에서는 쌀을 찧어, 깎고 자르는 동작이 마음대로 오르내려 기계 안에서 나오지 않는 것이 없다. 관(館)을 가득 채운 기계 때문에 마치 세계를 돌아보고 온 듯하다. 농업관은 농구(農具) 중에 가래·따비·쟁기·호미 등 경작하고 베는 기구가 모두 그 안에 진열되어 있다. 곡식의 종류로 벼·기장·콩·찰벼·볏짚·줄기·쭉정이·여물에 있어서는, 모두 생산지와 적합한 토질로 기록한 것을 그 위에 나열하여 보관한다. 본관에는 자연물로 석탄과 옥석, 인공물(人工物)로 그릇과 노리개를 차례대로 배열하는데, 바람이나 먼지에 쉽게 손상되는 것과 작고 미세한 물품이어서 분실의 우려가 있는 것은 모두 유리함에 넣어서 보관한다. 그 중에 혹 공물(公物)이 있고 혹 민물(民物)이 있으니, 민물은 모두 주인의 성명 및 가격과 사용처와 내력을 표면에 기록해 놓았다가 전시가 끝난 뒤에 주인에게 돌려준다.

각 부·현과 오사카와 교토 등에도 종종 박물국이 설치되어 있으니, 매번 이런 박람회장을 열면 혹 본관(本館)에서 물품을 빌려오는 규례가 있다. 부·현의 박람회 가운데 지방관이 주간(主幹)하고 농상무성이 관할하는 것은 야마시타 박물관(山下博物館) 및 우에노(上野)에서 개최하는 박람회만 해당한다. 일본인은 이를 두고 "권업(勸業)에 있어서 가장 큰 사무이다."라고 하니, 특별히 소보(少輔)로 하여금 박물국의 사무를 총괄하여 살피게 한다.

박물국은 사무를 9과로 나누어 놓았다. 천산과(天産課)는 천산물(天産物)의 수집과 그 편찬을 전담하고, 농업과는 농기구의 수집과 그 편찬을 전담하고, 공예과는 공예 물품의 연구와 그 편찬을 담당하고, 예술과는 예술에 관한 사무를 전담하고, 사전과(史傳課)·도서과(圖書課)·병기과(兵器課)·교육과·서무과는 각각 그 명칭에 따라 사무를 나누어 담당한다.

역체국은 혼무라키초(本村木町)에 있는데 국내 관민(官民)의 서신 및 공문 등을 체전(遞傳)하는 사무를 전담한다. 그 사무가 매우 번잡하고 바쁘기 때문에 별도로 구외(構外)에 역체국을 설치하고 총관(總官) 1인을 두니, 3등 칙임관으로 소보(少輔)와 관질(官秩)이 동일하다. 4등 직임인 주임관에서 등외(等外)까지 높고 낮은 직위의 관원이 모두 237인이다.

역체국은 설치된 역사가 오래되었으니 천여 년 전에 역체(驛遞)에 대한 법을 만들어 혹 2, 3리마다 혹 4, 5리마다 역참(驛站)을 두었다. 그리고 매 역마다 약간의 밭을 지급하고 또 혹 조세를 면제하여 사람들의 녹봉과 말을 먹이는데 들어가는 비용을 충당하게 하였다. 정부가 발송하는 공문과 관리가 운송하는 물건과 국민들의 서신을 모두 체송하였는데, 그 뒤 관백의 시대에는 역참의 폐단이 더욱 심해져서 관리의 서신은 전국 어디든 배달하지만 국민들의 서신은 배달해주지 않았다.

무진년(1868)에서 신미년(1871)까지 정부에서 규제를 개정하여 역전(驛田)의 명목을 폐지하고 새로 우표[切手]에 대한 법을 시행하였다. 그리하여 도쿄에서 각 부와 각 현에 이르기까지 비록 후미진 골목이나 외진 마을이라도 각각 우편 선로(郵便線路)를 정하고 우편국을 설치하여 관민의 서신을 체전(遞傳)하는 방편으로 삼았다. 거리를 계산하고 서봉(書封)의 무게를 재서 비용을 정했는데, 임신년 3월【일력이다.】에 이르러 새로 만든 규정을 개정하여 거리는 계산하지 않고 서봉의 무게만을 재서 비용을 정했다. 다만 현재 시행되는 법으로 논하면 해로(海路)에는 각 상사(商社)에서 운영하는 우편선(郵便船)이 있고 육로에는 우편국이 있다. 우편국은 그 지세(地勢)의 크고 작음에 따라 5등급으로 나뉘는데 1등 우편국은 서른여덟 곳, 2등 우편국은 쉰네 곳, 3등 우편국은 백 곳, 3등과 4등 우편국은 사천이백일흔세 곳이다. 그중에 혹 역체국에서 관리를 파송하여 근무하게 하는 곳도 있고, 혹 각 지방에서 관리를 배치하여 근무하게 하는 곳도 있다.

매번 역체국에서 우표를 인출(印出)【우표는 대장성 인쇄국에서 인출한다.】하
는데, 그 액수를 조회하여 각 우편국에 나누어 보내 국민들에게 판매한
다. 무릇 우표는 그 형태가 일본의 지폐 모양과 유사한데 크기는 그보다
조금 작다. 아래로 5리 위로 10전까지의 금액이 있어, 보내려는 서봉(書
封)의 무게를 헤아려 해당하는 금액의 우표를 풀로 붙이니, 이것이 서봉
에 대해 세금을 거두는 규정이다. 비록 정부의 공문과 국민들의 서신에
대해 일괄 세금을 거두나 각각 규정이 있어 모두 16조(條) 233절(節)이다.
만약 이를 위반하면 관리와 국민의 구분 없이 모두 벌금을 물린다.

각국과 조약을 맺을 때 또한 우편에 관한 규정을 설치하였는데, 전에
는 영국·프랑스·미국의 사람들이 일본의 경내에 우편국을 개설하여,
일본인 중에 서신을 서양의 각국과 주고받는 사람에게, 또한 세 나라의
사람으로 하여금 세금을 거두게 하니 그들이 이익을 독점하였다. 그러
다가 을해년 정월【일력이다.】에 요코하마항(橫濱港)에 만국우편국(萬國郵便
局)을 설치하여 각국의 우편에 관한 사무를 전담하게 하였다. 그에 따른
세금의 규칙과 출납의 절목은 모두 외무성과 각국의 공사가 서로 의논하
여 약정하니 현재 시행하고 있다.

역체국 안에 또 위체국(爲替局: 환전국(換錢局))과 저금소(貯金所)의 명칭
이 있는데 이 또한 을해년에 처음 설치된 것이니, 서신 이외에 하나의
중요한 사무이다. 위체국이 담당하는 것은 국민들 중에 먼 곳에 돈을 붙
이는 사람의 환표(換標)[50]를 전송하는 방법인데, 조선에서 돈을 환전(換錢)

---

50 환표(換標) : 먼 곳의 사람과 금전 거래를 할 때 지정된 제삼자에게 돈을 주라고 써 보내
던 편지이다.

하는 규례와 마찬가지이다. 일본 국민들이 환전하는 곳은 은행과 회사
가 그 사무를 전담하니, 역체국에서는 다만 30원 이하 3원 이상의 금액
만 취급한다. 역체국에서 환전하는 것에 또한 규정이 있어서 한 사람이
하루에 두 번 환전할 수 없고, 또 환전금은 30원을 넘을 수 없으며, 각각
의 금액에 따라 환전에 대한 세금과 수수료가 있다. 국민들 중에 만약
쓰고 남은 적은 금액의 돈이 있으면 반드시 저금소가 소속된 역체국에
맡기는데 이 돈을 역체국이 관리하고 보관하니, 반환을 요청하면 이자
를 붙여서 돌려준다. 대개 맡긴 돈에 이익을 늘리는 방법이 매년 원금의
6푼으로 정해져 있으니, 예를 들어 10원을 저금소에 맡기면 1년의 이자
가 60전이 되는 것이다. 역체국에서 국민들이 맡긴 돈을 가지고 있다가
혹은 은행에 보내주고 혹은 대장성의 국채국(國債局)에 보내서 매년 9푼
5리로 이자를 받는데, 국민들에게 돌려줄 때는 6푼의 규례로 이자를 지
급하니 그 사이에서 역체국이 얻는 수수료가 3푼 5리이다. 전국의 저금
소가 사백서른 곳이고, 위체국이 오백일흔한 곳이다.

　서신에 대한 세금은 매 1문(匁)[51] 마다 1전으로 세금을 정하고, 신문지
및 정기적으로 간행하는 문서는 매 33문마다 1전으로 세금을 정한다.
이밖에도 또 서류료(書留料: 등기(登記) 요금)·엽서세(葉書稅)·수수료·배달
료(配達料) 및 위약 벌금(違約罰金)의 규정이 있다. 물건의 종류에 대한 세
금은 무게의 가벼움과 무거움 및 물품의 중요도에 따라 각각 달리 세금
을 정한다. 다른 세세한 명목은 일일이 거론할 수 없지만 역체국의 1년
수입과 지출은 세관(稅關)에 버금간다. 경진년(1880)과 신사년(1881) 조(條)
로 논하더라도 기묘년 7월【일력이다.】에서 경진년 6월【일력이다.】까지 수입

---

51 문(匁) : 일본의 중량 단위로 약 3.75g이다.

이 117만 3692원이고 관리의 월급 등 비용이 109만 1900원인데, 수입에서 비용을 계산하면 잉여금 8만 1792원이며, 경신년 7월【일력이다.】에서 신사년 6월【일력이다.】까지 수입이 141만 원이고 경비가 126만 원이니 수입에서 비용을 계산하면 잉여금이 15만원이다. 역체국이 처음 설립된 해에서 올해까지 매년 세금이 증가하여, 잉여금도 점진적으로 늘어날 것이라고 한다.

국 안에 10과(課)로 나누어 놓았는데 과마다 각각 부(部)가 있어 사무를 나누어 담당한다.

첫 번째로 규획과(規畫課)는 해로와 육로에 설치된 우편선로의 신설과 폐지 및 그 구분과, 우편국·우편함·우표판매소의 위치와, 각 지방의 우편국에 여러 기계들을 지급하는 것과, 서신과 물품의 체송 및 집배(集配)와, 역부(役夫)와 집배원의 임명과 면직 및 감독과, 기타 문서의 접수와 도표의 제작을 모두 부로 나누어 담당한다.

두 번째로 조정과(調整課)는 모든 문안을 다루는데 사무가 너무 번잡하기 때문에 과(課) 안에 5부(部)·4과(科)로 나누어 각각 그 일을 담당하니 규칙과 벌칙의 개정과 증보, 보첩(報牒)과 의안의 심사와 조정을 모두 관리한다. 그 중에 몰서부(沒書部)가 있는데 몰서(沒書)는 보낸 곳과 받는 곳을 알 수 없는 서봉(書封)을 가리킨다. 그대로 몰서로 보아 조사하여 처리하니, 혹은 신문지에 서봉을 열어 게시하기도 하고 혹은 큰 거리에 게시하기도 하여 그 발신자와 수신자를 찾는다. 그래도 찾지 못하면 반드시 총관이 보는 앞에서 소각하고, 그런 물품 중에 값이 나가는 것이 있으면 정부에 알린 뒤에 조처한다.

세 번째로 발착과(發着課)는 서신의 발송과 도착에 관한 사무를 전담한다. 13부(部)로 나누어 있으니 본부(本部)·점사부(點査部)·날인부(捺印部)·

구분부(區分部)·도우카도부(東海道部)·도오산도부(東山道部)·리쿠우도부
(陸羽道部)·리쿠젠도부(陸前道部)·사고서신부(事故信書部)·배치부(配致部)·
횡문서신부(橫文信書部)·영수부(領受部)·절수판매부(切手販賣部)이다. 본부
는 발송과 도착에 관한 사무를 총괄하여 살핀다. 점사부는 발송하거나
도착하는 서신과 물품을 점검하고 조사한다. 날인부는 날인하는 일을
전담하니 도착하는 서신마다 반드시 날인하여 나중에 다시 확인할 수
있는 근거로 삼는다. 구분부는 서신을 종류별로 구분하여 여러 도부(分
部)로 나누어 보낸다. 여러 도부는 각각 해당 도(道)의 서신의 배달을 관
장한다. 배치부는 단지 도쿄부의 사무만을 관리한다. 사고서신부는 문
제가 있어 배달하기 어려운 서신을 심사하고 처리한다. 횡문서신부는
서양 각국의 서신 등의 검사를 관리하는 곳이다. 서양의 문자는 모두 가
로로 쓰기 때문에 횡문(橫文)이라고 한다. 영수부는 서신과 물건을 수령
하는 곳이다. 절수판매부는 우표의 판매 액수를 계산하고 표를 만드는
등의 일을 담당한다.

네 번째로 계산과는 안에 8부(部)로 나누어 있으니, 각각의 부가 역체
국 및 각 우편국 일체의 금액의 출납을 담당한다.

다섯 번째로 위체과(爲替課)는 안에 8부(部)로 나누어 있으니 환전의 사
무를 전담한다.

여섯 번째로 저금보관과(貯金保管課)는 안에 7부(部)로 나누어 있으니,
저금의 사무를 전담한다.

일곱 번째로 사계과(査計課)는 안에 3부(部)로 나누어 있으니, 금재의
출납을 관리하여 계산과와 하는 일이 비슷하다.

여덟 번째로 만국우편과(萬國郵便課)는 한결같이 외무성이 맺은 연합
조약(聯合條約)을 준수하여 만국 우편의 사무를 관리한다.

아홉 번째로 외국문서과(外國文書課)는 외국 문자와 관련된 일체의 사무를 관리한다.

열 번 째로 서무과는 안에 7부(部)로 나누어 있으니, 역체국 안의 서무 및 역로(驛路)에서의 수송과 비신(飛信: 급한 편지)을 체송하는 사무를 관리한다.

대개 이는 역체국은 비록 역(驛)으로 명명(命名)하였지만 실제로 역마로 쓰는 말은 없다. 현재 역체국 안에는 말 13필(匹)이 있어 한 필마다 매월 먹이에 들어가는 비용이 10원인데, 도쿄부의 서신을 수령하는데 이용한다.

회계국은 농상무성의 금전 출납을 전담한다. 회계국 안에 5(課)로 나누어 각각 그 사무를 담당하니, 검사과(檢査課)·출납과·조도과(調度課)·주계과(主計課)·서무과이다. 검사과는 회계국 문서의 기초와 회의(回議)의 가부를 모두 검사하고 또 부기(簿記)의 예산과 전표(傳票) 등의 사무를 관리한다. 출납과는 단지 금전 출납의 사무를 관리한다. 조도과는 관사의 영선과 물품의 구입을 모두 관리한다. 주계과는 수입과 지출에 관련된 사무를 정산하고 주계(主計: 회계를 맡아 봄)하는 곳이다. 서무과는 회계국 공문의 왕복과 국원의 진퇴와 국무(局務)의 보고 및 타 과(課)에 속한 사무까지 모두 관리하는 곳이다. 대개 농상무성은 신설된 지 얼마 되지 않았기 때문에 비록 회계국이 설치되었지만 회계와 관련된 사무는 아직 산정(算定)된 것이 없다. 현재 농상무성을 새로 설립하는 일이 앞으로 몇 달 뒤에나 완료될 예정이어서 들어가는 비용을 정확하게 계산하기는 어렵다고 한다.

농상무성 안에 자순회의(諮詢會議)라는 명칭이 있는데 그 명목이 세 가지이니, 첫 번째는 상등 회의(上等會議), 두 번째는 부·현 회의(府縣會議), 세 번째는 구·정·촌 회의(區町村會議)이다. 대개 농업과 상공업의 득실과 이해에 대해 자문하고 회의하는 곳이다. 농상무성이 설치된 지 얼마 되지 않아 비록 당장 실시하는 것은 없지만, 그 규례로 논하건대 상등 회의는 농업과 상업 및 공업의 이해가 관련된 사무로 인하여, 혹 태정대신 및 농상무경이 각 성(省)의 장관(長官)에게 자문하기 위해 회의를 여는 경우가 있고 혹 각 성의 장관이 의논을 요청하여 회의를 여는 경우가 있다. 이는 곧 장관이 참여하는 회의이기 때문에 상등 회의라고 하는 것이다. 의장은 농상무경이 스스로 맡고, 의원은 각 성의 관리 중에 농업과 상업 및 공업의 사무에 능한 사람을 선임하는데 또 혹은 각 부·현과 각 구·정·촌 회의 위원을 불러서 맡기기도 하고, 회원은 농무국·상무국·공무국의 국장이 맡는다. 매번 회의장에 내각의 참의와 각 성의 장관이 의례 참석하는데 만약 일이 있으면 혹 다른 사람을 대신 참석시키기도 한다. 정기회(定期會)와 임시회가 있으니 임시회는 매번 사무로 인하여 임시로 회의를 여는 것이고, 정기회는 1년에 한 번 정기적으로 회의를 여는 것이다.

부·현 회의와 정·촌 회의는 또한 앞서 말한 상등 회의와 유사한데, 부·현 회의의 의장은 곧 부지사(府知事)와 현령이 스스로 맡고, 회원은 본적지(本籍地)의 25세 이상인 사람을 골라서 정한다. 구·정·촌 회의의 회원도 또한 부·현 회의와 동일한 규례로 골라 정한다. 부·현 회의와 구·정·촌 회의는 혹 성경(省卿)의 자문으로 인하여 성경에게 의견을 올리기도 하고, 혹 국민들의 의견으로 인하여 국민들에게 자세히 설명하기도 한다. 모든 농업과 상공업에 관련하여 의논해야할 안건과, 안팎으

로 무역하는데 관한 조약과, 해관(海關)의 세칙(稅則)과 회사와 상선 등의
면허와, 직공(職工)과 해원(海員)의 시험과, 그 밖에 도로를 내고 해만(海
灣)의 시설들을 보수하는 등 허다한 사무에 대해 규정이 있지만 아직 실
시하는 것은 없다. 대개 농상무성은 사무를 주장하여 맡는 성(省)은 아니
지만 국민들을 권장하는데 핵심적인 역할을 하기 때문에 위로는 각 성에
서 아래로 부·현까지 곳곳마다 묻고 조사하여 이익을 넓힌다고 한다.

# 日本國內務省職掌事務全 附農商務省

## 日本國內務省職掌事務全

內務省, 在東京中城外, 大手町一丁目廿番地。凡關國內事務無不管理, 故曰內務省。全國地理戶籍之測量計算, 官民土木之施役費用, 衛生察俗等百般事務, 幷自該省掌理且三府、三十七縣知事、令之進退黜陟, 以至神社佛宇之凡務, 摠係內務卿管轄, 日人所謂行政之司也。

設省始於癸酉十一月【日曆】, 至於甲戌正月【日曆】而開省, 于今八年之間, 局課職制之沿革無常 政規法令之變更不一, 尙無定則, 第以現行者論之, 自一等, 至三等, 日人稱曰勅任, 勅任者, 日主之命除而特任也。自四等, 至七等, 稱曰奏任, 奏任者, 各省長官奏請後任之也。自八等, 至十七等, 則謂之屬官, 而稱曰判任, 判任者, 各省長官自判委任也。十七等以外, 則稱曰等外, 等外則至於四等而止矣。此外又有御用掛之稱, 此則官員之定額外, 特因事務而權設者也。

本省官員, 則卿一人, 一等職也, 見今松方正義, 正四位, 月給五百圓。大輔一人, 二等職也, 見今土方久元, 正五位, 月給四百圓。少輔

一人, 三等職也, 見今闕窠。自大書記官, 至權少書記官, 奏任官也,
月給各隨等級而有定。凡一省內官吏摠額, 上自卿、輔, 下至等外, 合
五百八十四員, 小使七十八名, 各有分掌之事務。

　省中分置十二局曰內局,　庶務局、圖書局、會計局、衛生局、警保
局、戶籍局、土木局、地理局、社寺局、取調局、監獄局是也。各局,
各有局長, 局長, 皆是書記官之兼任, 而局中, 又分爲課爲掛, 各有所
掌事務, 列錄于左是白齊。


　內局者, 卿、輔之官房也。　卿者, 統率一省事務, 輔者, 輔助其卿。
凡關省內事,　或有卿之自意處之者,　或有申請於太政官後處之者。夫
申請之事務, 凡七條, 其一行政察俗等規法變更, 其二因地理、土木等
事務, 派遣部下官吏於外國, 其三各局之廢置, 局長之任免, 其四各局
處務規程之制定,　其五凡關重大事務之布達於各省各府、縣,　其六外
國人傭入解傭等, 其七新事之創始舊規之變更也。

　大抵此省, 專管一國事務。故若有地理土木等事, 則派遣官吏於西
洋各國而學術焉,　或傭入西洋人而視務焉。至於制規之變更,　政法之
布達, 局員奏任官之進退黜陟, 俱係重大, 故或陳意見於太政官, 或與
議席於元老院, 以爲裁斷, 所以太政官中別設內務部, 若有此等議案文
書, 則必自內務部調理也。

　大書記官, 常在內局, 一從卿、輔之指導而行之, 故亦有所掌事務,
其條有四。第一曰各局文書調理事也。無論何局, 欲爲申請於卿, 則必
以文書先送於內局書記官, 書記官審查其可否, 可者進之於卿, 否者自
意退之。又或有回議之例, 回議者, 回示於各局局長, 局長詳審其可
否, 而可者則以紅印署之, 否者則以黑印署之, 此謂之傳票回議也。第

二曰本省官吏及府、縣官奏任以上進退黜陟賞與懲戒等文書調理事
也。本省官吏之任期, 初無定例, 惟以奉務之勤慢, 考績進退, 至於府
知事、縣令, 則每以三年爲一期, 十二年爲一任, 每於一期, 內務卿,
考其治績, 否則黜之, 可則仍爲續期。而每一期加給月俸五十圓, 至十
二年一任, 則元俸月給二百圓加俸金一百五十圓, 合計爲三百五十圓,
與三等勅任之月俸一般, 故仍升爲三等勅任官。十二年滿任後, 若其
辭職者, 以月俸之十倍三千五百圓賞賜之, 若其續任者, 每年只以月俸
之半額一百七十五圓賞與, 更無加俸之例。而係是勅任官, 故內務卿,
雖不得考績, 至於事務, 則必爲內務卿管轄。而各府、縣亦有大、小書
記官, 此亦六等、七等奏任官也, 其進退黜陟, 亦係內務卿 奏請後施
行, 其任期, 亦以三年, 考績定規, 自己卯以後因廢其規, 而姑無定例
云。至若官吏之懲戒, 則亦有條例凡三, 曰譴責、曰罰俸、曰免職, 免
職者, 免其職, 罰俸者, 隨其罪過輕重, 以半月以上, 三月以下之俸給
奪之, 譴責者, 只以譴責書付之。第三曰府、縣判任官以下賞與弔祭料
等事。府、縣之判任官者, 自郡長以下, 至于區、戶長是也。此任之進
退黜陟, 盡委於知事、令而判任, 故雖非內務卿所轄, 至於弔祭料賞與
之典, 必自內務卿具陳于太政官後施行, 蓋其斃于職務者追褒之意
也。於府、縣庶務, 其條不一, 而各有所管之各局, 故其事務, 則庶務
局掌之, 本局所管, 只據其直報文案而論之也。第四曰本省內機密文
書調理事。本局書記官專任卿、輔之指揮, 故凡於機密緊急之文書, 無
不掌理也。大抵日本一國, 無論官吏民人, 憎簡好煩, 自成習俗, 雖尋
常汗漫之事, 必爲製表製圖, 或以刊行, 或爲書謄, 文書如山, 事務極
煩。雖以內務一省論之, 官員之數, 恰爲六百餘人, 而上自卿、輔, 下
至等外, 每日赴省, 無時不執筆, 尙患不足, 每備得他人而任役。

局中又設往復課, 往復課者, 一省內諸般文書往復之所也。無論何
等文書, 欲送于內局者, 先送于此, 內局之欲布于各局者, 亦送于此,
所以往復課中分爲六部。第一部, 掌各府、縣受付之公文, 第二部, 掌
各局回議布達等文案, 第三部, 掌各府縣人民之建白直願等書 第四部,
掌各部諸文書之郵送及府、縣官吏出入東京之事, 第五部, 掌局中事
務稽緩之看督, 月表所製之點檢等事, 第六部, 掌需用物件之整備及諸
印刷事是白齊。


庶務局者, 專管各府、縣之庶務。大抵本省庶務, 則內局總理; 府、
縣庶務, 則此局主幹。凡關官吏之職務, 以至收入支出等, 無不管掌,
其條有十二。第一曰府、縣會事。蓋府、縣會者, 卽日國之最大會也。
自昨年倣西洋之法, 創立此會, 三府、三十七縣, 各設一會, 人民中如
有府、縣事務利害之意見, 則必就此議決。自各郡、區, 特設選擧會,
而募集人民, 使二十歲以上者, 各書一郡、區內解事可堪人之姓名, 投
之缻中, 稱曰投票法。 而取其最多數 二十五歲以上者四五人, 送于
府、縣官, 選爲議員, 議員中又以投票法, 選得議長、副議長各一人,
以幹一會之事務。每年一度以三月【日曆】, 開通常之會, 又或因事而開
臨時之會, 凡關一府、縣內, 政令制規之便否, 收入支出之措辦, 地方
官與人民互相協議, 每從半數以上之議而決行。若或地方官之意見, 與
議員不同, 牴牾相爭, 則地方官及議長各爲申報於政府, 請其裁斷。且
此會之設, 係是一國之大政, 故每於會議之時, 無論細大, 必以議案,
申由於內務卿, 而如或事關於地方稅等議案, 則亦以一例 具報於大藏
卿, 此其會規之定例。而又有常置委員之稱, 以議員中五人以上, 七人
以下選定, 或因緊急之事, 則不可倉卒開會, 故特置此員, 每與地方

官, 時時開會於廳內, 先爲議定, 後報告於府、縣會。是故一國內政法制定之際, 官民共有其權, 而至於會議及議員之多般費用, 自會席議定, 以地方稅中支給也。第二曰地方稅事。蓋地方稅者, 地租外, 別收以補地方之費用者也。其目有五, 曰地租割、曰戶數割、曰營業稅、曰雜種稅、曰採藻稅是也。地租割者, 地租三分一之徵稅也。大抵地租, 以地價百分之二分五厘爲定, 而地租割, 則取其三分一, 故假如地價百圓, 則地租二圓五十錢, 而地租割八十三錢三厘也。戶數割者, 課稅於戶數也。此亦有二目, 市街上戶價高騰之地, 則以戶價百分之二分五厘, 每年一度收捧, 窮巷間戶價稍廉之地, 則以間數, 每間或五十錢或三十錢或十錢, 隨其上中下三等, 每年六月十二月, 兩度排捧也。營業稅者, 各商會社及卸賣商、雜商等, 并以商業營生者, 每年金十五圓以內, 隨等課稅也。雜種稅者, 各工匠製造所, 及織工等, 亦每年金十五圓以內, 舿、漁船、回漕船、馬車、人力車、荷積車之類, 亦有大藏省國稅之收納, 故每年計其國稅之半額而收入。市場、演劇場、遊覽所等處, 則計其一年營利之數, 以百分五以內收納, 遊技等圍碁、吹矢之類, 以每年二十圓以內, 料理屋、茶屋、旅店、飮食店、湯屋、理髮屋等, 上自二十圓, 下至五圓, 而每年收納。俳優幇間藝妓之類, 各有身稅, 每年以六十圓以內收捧。至於牛、馬屠畜等, 各皆有稅, 而漁業、採藻之稅, 則必以府、縣會協議定額, 而申請於內務大藏兩卿後施行, 或排月排日而捧之, 或合計一年而摠收。此外又有零零瑣瑣之許多稅目, 而第以今年四月【日曆】所調者觀之, 各府、縣合計地租割, 六百二十八萬四百三十三圓七厘, 戶數割, 二百六十四萬七千五百五十八圓十錢三厘, 營業稅、雜種稅, 并三百十六萬三千三百九十五圓九十九錢五厘, 漁業稅、採藻稅, 并十八萬一千五百五十九圓七十五

錢三厘, 外他雜收入, 三十五萬七千三百十九圓十四錢六厘, 而此外又有賦金之名, 卽娼妓等之收稅者, 而合爲八萬四千三百七十七圓四十一錢四厘也。第三曰府、縣官及郡、區、町、村吏之職務事。蓋郡長、區長、戶長之任, 雖係知事、令之黜陟, 知事、令旣係內務省, 故此局亦有所幹也。第四曰諸會社之申請願狀事。蓋銀行及米商等會社, 必得官許後設行, 故各府、縣官, 必爲申報 而此則今屬於農商務省。第五曰備荒儲畜法事。在前則每當荒年, 或有窮民賑助之規, 或有租稅延期之規, 自庚辰幷爲停廢, 更定新法, 以二十年爲限。蓋其法有中央儲蓄所, 有地方儲蓄所, 每歲自政府支出一百二十萬圓內, 三十萬圓以中央儲蓄金, 置諸大藏省, 九十萬圓, 分排於各府、縣, 以爲地方儲蓄金。而又使府、縣人民, 隨地租之幾分, 府、縣會議決後, 各自出金, 總額必要不少於政府支出之金, 折其半額, 或以米穀糴置, 以爲備荒之資, 其半額, 則以公債證書交換以置。細究其由, 雖曰:"政府之支出。" 還以公債證書, 交換其半, 則其實不然也。其儲蓄金備荒之法, 每當荒歲, 或貸與於民, 或救助於民, 以補地租之不得納者, 又給三十日以內食料, 若其不能構屋者, 則捐以十圓, 以爲構屋之資, 農具不備者, 則給以二十圓, 以補農具之資, 以外樣觀之, 便同官捐, 而其實則, 以民財反助民産也。第六曰府、縣官舍事。蓋官舍之修繕, 在前則以地方稅及地租互半支出, 自今年不以地租中支出, 而專以地方稅補充也。第七曰府、縣經費事。蓋府、縣之每年經費, 自府、縣會算定, 而報于大藏、內務兩省, 則兩省協議後 登記於大藏省簿帳也。第以今年四月【日曆】所調整者觀之, 警察費, 二百七十九萬一千三百二十六圓八十三錢二厘, 河港、道路、隄防、橋梁等建築修繕諸費, 一百九十三萬九千四百十三圓八十二錢七厘, 府、縣會議費, 十三萬四百十

五圓十三錢二厘, 衛生及病院費, 六十五萬四十二百六十一圓十錢一厘, 府、縣立學校費及小學校補助費, 一百三十二萬七百八十二圓二錢三厘, 郡、區廳舍建築修繕費, 六萬八千七百三十一圓五十五錢五厘, 郡、區吏員給料等諸費, 二百六十一萬七千七百八十圓二十一錢四厘, 救育費, 三萬九千六百圓六十三錢二厘, 浦役場及難破船諸費, 二千一百三十二圓七十二錢三厘, 外他戶長以下給料及諸公文揭示等費及勸業豫備之費, 幷爲五百餘萬圓, 統以計之, 則恰爲一千四百四十六萬餘圓, 而此皆地方稅中支出者也。若其不足, 則更付府、縣會而加徵, 若其有剩, 則留置以補明年之費用, 其人民之便否, 雖不可攄知, 而費用之浩大, 從可知也。第八曰府、縣判任官月給額事。蓋郡、區長以下之月給, 則以地方稅中, 議決於府、縣會, 隨宜支給 而雖郡長之月給, 每月無踰八十圓也。第九曰人民建白及直願狀事, 每因該事務, 有人民訴書, 則必經此局然後, 報于省卿。第十曰府、縣賦金之給與方法事。蓋賦金者, 在關白時, 凡係營業稅、雜種稅, 幷稱賦金矣, 今則分而爲營業、雜種之稱, 而獨娼妓之稅金, 謂之賦金, 此則補充於病院救育等費云。第十一曰府、縣無用之器物鬻賣事。蓋此等器物之賣下者, 必以價文, 經由於此局, 而轉送于大藏省也。第十二曰外國公使、領事轉免之報告等受理事。每有此等轉免之事, 則自外務省, 通知於內務省, 內務省必爲報知於開港場之地方官, 故有此一條也。大抵此局, 專係各地方之事務, 故曾無分課之定名, 每隨府、縣之務, 而各有分掌是白齊。

圖書局者, 專管圖書事務, 分爲八條。第一曰省中公文及年報事。凡係府、縣公文之來報者, 或編纂而置於省中, 自各局相報者, 或蒐集而

送于太政官, 每月而修月報, 每年而修年報, 蓋其便於參考而然也。第二曰制度法令之沿革類輯事。凡於法令制度, 自太政官布告者, 自本省廣布者, 并爲類別纂輯者也。第三曰出板之板權, 寫眞之板權事。凡一國內人民, 如欲著書刊行, 則必申請於內務省, 內務省又請於太政官, 得許可後, 特許三十年專賣之權, 而其寫眞亦然也。第四曰飜譯外國書信及新聞紙事。蓋西洋之書信及新聞紙, 必自本局飜譯也。第五曰古今圖書記錄事。第六曰關於獻本賞與褒詞事。一國人民如有獻納圖書於官省, 則其賞與褒詞之節, 必自本局參量施行也。第七曰曆書之編次及其發賣人許否事。蓋曆書之校訂, 地理局管之, 其編次頒行, 則爲圖書局所關, 而若有人民中願爲發賣者, 則必請本局, 而得許可後營業也。第八曰省中刊行書類事。凡關省中文書之刊行, 雖是此局所掌, 及其印刷之節, 必付大藏省印刷局而刊行也。

區分局中事務爲六掛, 曰編纂掛, 掌省中一切公文編纂之事, 曰出板掛, 掌官民之著譯圖書及板權檢查之事, 曰飜譯掛, 掌各國書籍及書柬等飜譯之事, 曰庶務掛, 掌文書之受付, 國費之計算及刊行書籍, 寫字寫圖等雜務, 曰保存掛, 掌古今圖書及人民獻本, 蒐集保存之事, 曰編曆掛, 掌曆書編製之事是白齊。


會計局者, 專管一省內金財出納之事務。本省各局官吏之月俸, 各府、縣之許多經費, 自各該局計算以來, 則并自此局管理。每月之初, 以一月費額, 豫爲取來於大藏省, 以供當月之費用, 而其不足與剩餘, 則每於翌月, 并爲會計。且本省內一年收入之數, 亦爲較算其費用之額, 剩與不足間, 以爲會計於大藏省, 此其局務之所掌。而計算之法, 有豫算決算之稱, 豫算者, 合計甲、乙、丙三年之額, 取其折衷, 而豫

定其丁年之額也，決算者，決其已過之算也，每年六月【日曆】，一度合算，謂之年度。

第以己卯條觀之，一年經費豫算之額，本廳官吏月俸及諸費，爲三十一萬八千四十三圓九十三錢二釐，琉球出張所三萬八千二十二圓，小笠原島出張所一萬六千四百九十五圓，勸農費，三十六萬六千三百圓，驛遞費，一百九萬九千圓，勸商費，六萬三千二百圓，博物費，三萬四百圓，地理費，九萬一千九十一圓一錢三釐，土木費，五萬八百圓，衛生費，七萬二千圓，山林費，四千一百八圓九十八錢七釐，監獄費，二萬四百七十三圓七十六錢九釐，合計爲二百十六萬九千九百三十四圓七十錢一釐，而及其決算爲二百八萬九千一百二十圓十七錢，則餘剩爲八萬八百十四圓五十三錢一釐，納于大藏省。且一年收入之豫算額，官祿稅，四千八百二十圓，郵便稅，八十萬圓，海員試驗手數料，二千八十圓　森林收入，十一萬二千一百八十三圓八十錢八釐，官有物賣下代，四萬九千九百十三圓七十四錢四釐，官有物貸下料，一千五百五十六圓九十九錢二釐，罪囚懲役等雜入，六千圓。合九十七萬六千五百五十四圓五十四錢四釐，及其決算爲一百十三萬五千六百三十九圓五十三錢七釐，以收入較諸費用，則一年不足條爲九十五萬三千四百八十圓六十三錢三釐，取來於大藏省，此其內務省一年費用之大略。而局中事務，分爲十條，第一曰出納省中之金錢事，第二曰省中之收入經費豫算決算事，第三曰府、縣之警察、土木、營繕、三官費豫算決算事，第四曰作業費、起業基金及諸下貸金豫算決算事，第五曰各場、各局經費出納檢查事，第六曰各局資用之器物購入及鬻下事，第七曰本省所屬建物營繕事，第八曰戒飭省中事，第九曰本省所管用地及地券事，第十曰各府、縣遞送金穀費用事。此其局務之大要，

局中設置五課, 分掌事務。曰檢查課, 其中又分四掛, 調查掛, 掌金錢出納之回議起草之事, 豫算掛, 掌收入支用等豫算之事, 傳票掛, 掌收入支用等傳票之事, 簿記掛, 掌金貨出納製表之事。曰用度課, 其中又分四掛, 調度掛, 掌省內需用物購入敗損物賣下之事, 營繕掛, 掌廳舍等修築之事, 取締掛, 掌省內官吏監督之事, 廐掛, 掌省內車馬檢督之事。曰文書課, 其中又分爲三掛, 庶務掛, 掌文書上雜務及吏員等查理之事, 受付掛, 掌文書受付之事, 記錄掛, 掌公文往復及編輯之事。曰出納課, 專掌金錢出納之事, 而無分掛。曰支給課, 亦無分掛, 而專掌費用金支辦考準之事是白齊。

衛生局者, 日人所謂: "專爲保民衛生而設者也。" 在內務省爲衛生局, 在府、縣爲衛生課, 在郡、區置衛生吏, 在町、村置衛生委員。以議定人民之衛生要務, 故又設衛生會, 在內務省中曰中央衛生會, 在各府、縣曰地方衛生會。會期有定, 每月一回者曰通常會, 有事故而別設者曰臨時會。其衛生之法, 有二類焉曰間接衛生法, 曰直接衛生法。衣食家屋等人民資生之業, 屬于直接法, 定醫檢藥等疾病治療之方, 屬于間接法。其事之議定, 衛生會掌之; 其法之制定, 衛生局管之; 其效之實行, 警察官掌之。

此是西法之倣行者, 而方今衛生局中設置事務二十條, 蓋統擧衛生事而包括者也。第一曰關於衛生諸規則事。 蓋中央衛生會, 係是元老院管轄, 而會長則元老院幹事【官名】兼任之, 屬於內務卿管理。又有副會長諸委員, 并以醫學、化學、工學之人任之, 凡係利民之方, 或諮詢於府、縣, 或各陳委員之意見, 決議於內務卿, 而制定規則, 頒行於府、縣, 公告於人民, 故第一條 汎稱衛生諸規則也。第二曰疾病、生

死等事。蓋全國人民之某疾某病，一生一死，自各府、縣每月申報，則
自衛生局，每於六月十二月【日曆】，兩度統計，以爲製表，一以驗衛生
事項之實施與否，一以察疾病症祟之根委源由也。第三日年報報告，雜
誌等發行事。蓋全國內人民生死、疾病諸般各目，編成年報，報告於
人民。又或本國與他國官民中若有益民之術可以爲補於衛生事項者，
則或爲譯成，或爲編誌，刊行頒布，屬之書肆，許民買賣廣告於各地方
也。第四日風土、氣像、習俗、職業、食飲、水液之關於人身健康利
害事。蓋風土、水液，或隨地方而有異，每驗疾病之類別；習俗、職
業，或有健康之傷害，必設改良之方法。至於飲食之節，亦必檢查其品
味，以人身上利害者，諭示於一國，而且巡查行察於市街旅店之間，以
禁食物隤敗品之發賣，所以日人以淡食爲務，初無餘滓之留存也。第
五日學校、救濟院、諸工場、囚獄、旅舍、劇場、舟、車、公園、浴場
等之關於健康利害事。蓋全國內學校，雖係文部省所轄，此乃教育之
所，而且是衆人聚集處，故警察吏以勸獎之意，時時往探，諭以衛生之
術。至於救濟院及各製作工役之場，亦使巡查檢察，俾無職業上惰怠
之習。而罪囚之獄，尤是戕民易病之地，故獄舍構造十分檢察，其房室
之寬敞，區劃之大小，極力精淨。且設醫院於獄內，以救囚人之疾病。
旅舍、劇場，衆人往來稠雜之處，則使無喧囂損害，而舟車、公園浴場
等處，亦爲戒飭，以導便利，務從衛生之實施也。第六日街市、屠畜
場、溝渠、厠圂等潔淸方法事。蓋此等場所，係是腥羶不潔之地，或有
觸臭而生疾，又或媒穢而傳病，所以百般掃除，必爲淸潔，此皆警察官
之職務，而實係衛生之事項也。第七日埋葬法火葬法墓地火葬場事。
蓋日本葬法，自昔有埋葬、火葬之法。夫埋葬者，每於各村，各區必設
葬場，互相聚埋，不成墳形，只以短碣立表。火葬之法，亦有一定之場

所, 而戊辰以後, 雖爲禁止, 習俗已久, 尙多行之, 故此等葬場, 必使不
近於人家, 不逼於泉脈者, 蓋爲觸穢生病之慮也。第八曰傳染病、流
行病、風土病豫防等事。蓋日本傳染、流行之病, 其種有六曰虎列剌
【怪疾】、曰腸窒扶私【傷寒泄病】、曰赤痢、曰實布垤里亞【馬脾風】、曰發
疹窒扶私【傷寒發毒】、曰痘瘡, 此皆日本風土之病, 而日本最忌者也。
若有此等病盛行, 醫師診察後, 必詳記其病狀, 通知於村、町之衛生委
員, 委員速爲通知於郡、區長、郡、區長申報于地方官, 地方官申報于
內務省。而又爲傳布於隣近地方及接近船舶來往之處, 以爲豫防之術。
而必以病名及症狀詳錄, 貼付於病者門戶上, 使絶外人之交通, 廣施豫
防消毒之術。又於町、村, 設避病院, 先設消毒法, 而使病者移居, 使
不得傳染於人。又於各港口, 設立檢疫所, 每値此等病流行之時, 則必
爲檢察船舶之往來。至於豫防之法, 其規不一, 而此其事務之大槩也。
官吏、醫師、委員、人民中, 若有違背定行之規則者, 則必以罰金百圓
以下一圓五十錢以上, 隨宜而責捧, 所以雖一家一人之病, 或以新聞,
或以雜誌, 具其病類之症名, 藥用之效驗, 告諭於全國內, 深山窮谷之
間, 無使一人不知。至於痘瘡之病, 日本近有牛痘之術, 設立牛痘種繼
所於東京府下, 以施其方, 而係是新設, 人民或有不信者, 故每年二
回, 令飭於各府、縣, 使之接種, 而現今多有試驗云也。第九曰獸畜病
之危害於人體事。凡於六畜, 皆有治療之方, 而今屬於農商省, 農學
校, 非內務省所管云。第十曰醫師產婆之開業試驗等戒飭事。蓋醫師
之營業者, 必經試驗, 請得官許後施行。其試驗之法, 自各府、縣置試
驗場, 每年二月五月八月十月【日曆】, 四度開場, 而以開場之時日, 豫
爲廣告於管內, 凡醫學人年二十以上者, 以其醫學之修業履歷及教授
之卒業證書, 自願醫學中一科而赴場, 地方官以其由, 申報於內務省而

請問題。自內務省各隨醫學之科目，每一學科，或以一問再問三問，定題付送，則地方官每選公立病院長中醫學人一名，定爲委員，以問題次第出給於應擧人，使不得出場，必於面前，限以二時，或筆記，或口述，卒畢後，受取答記，送于內務省，內務卿考察其可否後，出給免許狀。若夫文部省醫學部中生徒，只以卒業證書來請，則不爲試驗，而卽許免狀。蓋其醫學部生徒，則術業精明然後，始受教師之卒業證書，故不爲試驗也。日本人民生産之際，必有救濟之老婆，雖無試驗之法，自官必察其成跡可否後，許其營業，見今東京府下，往往有産婆出張所也。第十一曰針炙、按摩營業事。蓋針炙按摩，亦係衛生事務，必得內務省許可後營業也。第十二曰藥鋪開業營業等戒飭事。第十三曰藥物、毒物、危險物及毒藥、劇藥、贋敗藥等檢查戒飭事。第十四曰製藥及賣藥事。蓋火藥、焰硝、砲銃、刀劍等危險物，係是衛生上損傷之物，故買賣營業者，必得官許，而特使警察吏，百方檢查，嚴立課規，以禁其濫賣與私賣。至若藥物，一自各國通商以後，每多藥品之自各國輸來，而就其中或有不知種名者，故別立檢查之規，特設司藥場於東京、大阪、橫濱、長崎四處，幷自內務省管轄，而以詳明藥性之人，定置官員，以算術學、物理學、化學、藥物學、處方學等術，多般試驗，其術甚博，猝難通曉，故厚給雇價，備得西洋人，以爲敎師，于今幾年之間，日人中或有辨解之人。試驗之規則，分爲三類曰注意藥、曰毒藥、曰劇藥是也，以鑛水等，或分或化，百方較量，驗其性效之緩急，察其品製之眞贋，若其三類中，可供藥用者，以注意·毒·劇等名，詳記於其器，以便考覽。至於製藥賣藥等開鋪爲業者，亦依醫師之例，而經試驗得官許後，始可營業。凡有病者，持醫師之處方書來購，則必以年月日及姓名，詳錄於藥物之封器及証書而賣與者，蓋爲其贋製之慮。所以藥鋪

之人, 若有新發之種, 他國輸來之品. 則先經司藥場之試驗後爲用, 一則爲其衛生上審愼也, 一則爲其試驗時手數料之全捧也。又有責罰之法, 犯違規則者, 各以罰金一圓以上, 五百圓以下, 量宜徵捧, 又或以懲役施罰, 蓋此醫藥等諸般規則, 實係衛生局之劇務也。第十五曰諸病院事。蓋病院者, 病人療病之院, 以醫學人, 任爲病院長; 以藥理人, 任爲藥局長, 無論官吏與人民, 有疾病者, 必就院議症, 或有來留者。而病院有官立、公立、私立之稱, 現今全國內合爲三百三十七處內, 二處屬于東京大學校, 以救生徒之病, 一處屬于海軍省, 一處屬于陸軍省, 以療兵卒之病, 二十九處, 并屬于警視廳及開拓使, 以療人民之病, 此所謂官立, 官立者, 自政府設置, 而其院長之月給及外他費用, 并自大藏省支給。一百五十四處, 并屬於各府、縣, 此所謂公立, 公立者, 各府、縣議決, 受內務省許可後設立者, 而其諸般費用, 自地方稅中支給。一百五十處, 係是私立, 私立者, 郡、區、町、村人民協議, 得各地方官之許可後設立者, 而其諸般費用, 以人民協議費中充補也。第十六曰溫泉場、療養所及鑛泉等試驗事。蓋鑛泉者, 卽溫泉也。內含鑛物及鹽類, 自然湧出, 其水溫熱, 性質各殊, 或有病疴之療治, 故土人隨處構造, 以便病人之留宿, 是所謂療養所也。此亦使分析學、化學等術業人, 檢査其性質之如何, 量察其含物之多寡, 又按其對症效驗之實否, 編成雜誌廣告人民, 此皆衛生局及各府、縣之事務, 現今全國內鑛泉總數合爲六百九處云。第十七曰救療貧民事。蓋貧民及病者之不能自存者救育之所, 其名有五, 曰貧院, 貧民之無依無賴者救濟之處也, 曰盲院、曰聾啞院, 人民之盲啞聾至窮難保者收養之處也, 曰棄兒院, 稚兒之無室無依, 而丐乞於道路者救育之處也, 曰顚狂院, 貧民之有顚狂病者救療之處也。此皆公立者, 其衣食藥料之費, 自各府、縣

地方稅中辦給, 而各院定置醫員, 以爲看護。雖盲啞聾之人, 必使執業, 或有算學者, 或有讀書者, 棄兒稚兒, 亦敎以絢索造器之業, 晝宵勤勵, 俾不得惓惰遊食。而統計一年費用, 恰爲十萬餘圓, 計其救育民作業之所入, 足當此數。蓋此法之設, 始在數年以前, 故只於東京、西京二府行之, 地方姑無實施云。第十八曰地方衛生會, 町、村衛生委員及郡、區、町、村醫事。蓋地方衛生會者, 開設於府、縣廳中, 其規略與中央衛生會相同, 而府、縣衛生課, 則專掌事務之施行, 地方衛生會, 則專掌事務之議定。亦有議長議員, 而議長則府知事、縣令自任之, 議員則以人民中醫業者擇定, 委員則以公立病院長及藥局長選擧, 以議衛生要務。郡、區、町、村, 亦置委員及醫師, 而其月給, 則以地方協議費中支用也。第十九曰關於衛生篤行奇特者賞與手當【卽酬勞之意】事。蓋人民中, 或有孝子、節婦、義僕等, 卓行秀於郡、區者, 計其持操之年數, 察其實行之優劣, 下自五十錢, 上至五圓, 必自府、縣先爲施賞後, 每月終申報內務省, 而如其絶倫之名譽者, 則先爲申報後賞與, 此蓋日人勸獎之道, 而此則各府、縣專行也。第二十曰解視死體事。蓋人民中, 或因怪症異疾而死者, 或囚獄中死尸無人收瘞者, 則各病院, 申於內務省後, 請剖割解視, 此日人所謂:"經驗博覽之術也。"

此皆衛生之事務, 而該局中特設四課, 分掌其事。曰庶務課者, 專管告達之諸規則及地方照會之公文。其目有十四, 其一人民衣食、職業、習俗之事, 其二市街、道路、溝渠、厠圊、芥溜等位置構造事, 其三學校、說敎場等處查看事, 其四市場、製造場等處審查事, 其五墓地、葬場之位置事, 其六病院、救濟諸院之廢立事, 其七各地方衛生課等檢察事, 其八諸費用議定事, 其九流行病豫防方法事, 其十諸病檢查事, 其十一諸病之費用照會事, 其十二諸病豫防者賞與事, 其十三貧民救

療事, 其十四人民之有奇特者施賞事。課中又分書記、受付二掛, 而視務焉。曰醫事課者, 專管醫務。其目有十七, 而皆是醫師、藥鋪人、産婆等試驗免許之事, 藥料製造買賣等檢査審按之事也。曰統計課者, 專管衛生事項銃計之務。其目有十, 其一全國人口之婚姻、生死、壽夭、疾病等, 類別統計之事, 其二蒐集衛生景況, 編纂年報事, 其三各種統計製表成圖事, 其四雜誌報告等發行事, 其五編輯飜譯事, 其六新聞雜誌等蒐集事, 其七局中一切文書事, 其八法令規則類纂事, 其九圖書簿帳出納事, 其十書冊刊行事。曰計算課者, 亦有事務之八目, 其一國庫支出費年月表事, 其二局中諸費豫算決算事, 其三局員之俸給, 與現金出納事, 其四製藥費、作業費出納事, 其五局中需用物品購入事, 其六諸物品遞送於各地方事, 其七本局所屬土地、家屋等檢查事, 其八製經費出納表事是白齊。

警保局者, 專掌一國內警察事務。凡警察之法有二, 一則行政警察, 內務省管轄, 一則司法警察, 司法省管轄。其曰行政警察云者, 日人所謂: "豫防人民之凶害, 保全一國之安寧。"其目有四, 一曰人民之妨害者防護事也, 二曰人民之健康等看護事也, 三曰放蕩淫逸者禁除事也, 四曰將犯於國法者隱密中探索事也。所以特設警察之司於各地方, 在東京者, 警視廳一處, 官員則三等總監一人, 奏任官五十三人, 判任官六百七十人, 御用掛四人, 等外之巡查、出仕、看守等, 并三千九百八人, 月給雇人七十三名, 外國人傭入教法者一人, 合計四千七百十二人, 此則內務省直轄也。警察署二十五處, 蓋東京府下十五區、五郡, 每郡、區各置一署, 郡、區之稍大者, 或置二署, 故爲二十五處。而自警察使, 至于巡查, 合爲二百十六人, 此則警視廳管轄也。巡查屯所三

十一處, 蓋東京府下五方面, 而每方面分置六屯所, 方面之稍大者, 或
置七所, 故爲三十一處。而自巡查副長, 至巡查等, 一千七十一人, 此
亦警視廳管轄也。巡查派出所三百三十處, 而派出巡查, 合計二千二
十四人, 此則各屯所管轄。以上只擧東京府下而論之也。在各府各縣
者, 警察本署三百四十二處, 警察分署一千一百九十五處, 此則各知
事、令管轄, 而知事、令, 係是內務省所轄, 故於警察事務, 一遵內務
省規則。而派出巡查於各町各村市街道路之上, 或以國法, 告諭於人
民; 或以衛生之術, 布示於區、戶長, 宮闕、公廨之門守直不撤, 會社
集衆之場是非或辨, 各國人旅行於境內, 則隨行而防人民之雜遝; 本國
人出使於他邦 則派遣而掌行李之保護, 以至水火盜賊之防察, 砲銃藥
物之檢飭, 并皆責任, 日日行走於各處, 探察風俗之利害; 時時參會於
本廳, 商議職務之勤慢。若於巡邏之際, 或有背法違令之人, 則罪之小
者, 謂之違警罪, 而各該署裁斷之, 其重者, 則付之於司法警察, 一依
司法省定律而施行。且各地方, 有警察會者, 凡官民中如有警察上可
以助益者, 則必就會立議, 此皆定規成目者, 而其於巡邏之際, 雖有許
多規則, 每多生弊, 不能實踐, 故今夏自陸軍省, 特設憲兵之稱, 以察
巡查之勤慢。夫巡查者, 雖是兵卒之類, 而不似陸軍之拔募, 每以自願
人二十歲以上, 四十五歲以下者擇取, 而隨其人品, 定爲四等。每月給
料, 則比於陸軍稍優, 上自七圓, 下至四圓, 各隨等級, 又有冬夏衣服
之備給矣。丁丑以後, 爲其晝夜勤務, 更定月給, 上自十圓, 下至六圓,
此外又有諸費之備給, 所以巡查之自願者, 種種有之。且警視廳中, 有
消防署, 蓋東京府下, 每多火災, 或至數里焦土, 故特設此署, 以爲消
滅之備, 而此亦警察上最急務云。
　　就其中警保局所管者, 不過爲十六條。第一曰國事警察事。若有國

事上警察之事務，則必受太政大臣及參議之令飭而行之也。第二曰各
地方警察諸規則事。卽各府、縣警察之規則，自該局定給也。第三曰警
察官吏及警察署之配置事。每於警察署配置之時，必爲申請於內務省
而施行。且警察官吏判任以下，則雖是警視總監及各府、縣知事、令
之專行，至於奏任以上，則必請於內務卿，轉請太政官而行之也。第四
曰爲察地方民情及警察實況，招集警察吏及流送局員事也。第五曰風
俗健康等戒飭事也。第六曰砲銃彈丸及外他危險物戒飭事也。第七曰
諸集會檢察事也。夫諸集會者各地方人民，若有政治上會議之事，則
必爲願請於管轄之警察署，得其聽許證文後設行。此亦有定規，而警
察官，必着公服，往赴會場，察其會議之可否，而如有不可者，則必使
停會，又或有罰金之徵收也。第八曰新聞紙、雜誌等檢查事也。第九
曰新聞紙、雜誌及著譯圖書類有害於世治風俗者處分事也。日本國
法，初無朝廷定行之新聞紙，無論某人民，若有願行者，則必請於內務
省，得官許後設業，蓋是發賣營業之意也，此亦有官許證印之定稅。而
現今東京府下新聞紙營業所，爲三十餘處，各府、縣爲百餘處，或曰郵
便新聞，或曰朝野新聞，其目不一。各有定規，必以編輯人、印刷人之
姓名，詳錄於紙尾，以禁其虛僞誹訕之習，有一違犯，其罰甚重，雖然
就其中多有所聞之爽實。且雜誌及外國文著譯發行等事，亦與新聞紙
一般，而每多違法之弊，故警察官，必爲檢查探偵其利害於世治，而自
內務省措處也。第十曰護送囚人事。罪人之裁決，則雖是司法省裁判
所主管，而裁決以後，則獄署之押送，監外之懲役，專係行政巡查之職
責，故爲內務省所管也。第十一曰遺失物取扱事。凡有一人遺失自己之
物，又有一人拾得他人之物，遺失者，必以遺失之物品及所失場所，詳
明記載於証書，願出於警察署，拾得者，亦以拾得之物品，依失者之例，

而往訴於警察署, 警察官較看其兩人之證書合符後, 以其物價百分之五以上, 百分之二十以下, 報償其得者之勞, 而物品則還給其主。若或得者有証書, 而無失者之証書, 則必爲揭榜於通衢, 期於廣探後覓給, 失者有証書, 而得者無証書, 則必爲警探於市街, 期以搜覓, 以盜贓懲勘, 所以國人無遺失之物品云, 而似涉浮誇之說。此外又有得者還給之例, 物品官沒之規, 而其條不一, 有難枚擧。第十二曰人民之直願書及建白書等事。警視廳雖不管人民之訴訟, 若其緊急如遺失物及盜警等願書, 則或有聽理也。第十三曰警部之費外國人雇入費及警察諸費事。第十四曰官費警察費之增減及豫算精算報告書事。第十五曰各地方警察月報、年報事。大抵東京警察費, 則元額內, 其半自大藏省國租中支給, 其半自東京府地方稅中支給。各府、縣警察費, 則全自地方稅中支給, 而每自警察署, 或有每月一報, 或有一年一報。年報者, 自今年之七月, 至翌年之六月【日曆】, 警察署及官吏等排置之增減也, 官吏月給費警察上賞與、恩給、弔祭等諸費也, 事務之繁間也, 警察上事故實效之係於人民及物件、獸畜也, 賊難罪犯等拿捕實數也, 幷爲合計申報于本局, 則本局或爲製表, 或爲編度, 以供便覽也。第十六曰警察官吏之有功者褒賞、弔祭、扶助、療治料等事。弔祭、扶助料者, 指其爲國戰死傷痍者也。蓋巡査之設, 非但巡邏之意, 每當動兵之時, 或充陸軍之兵隊, 故曾在癸酉六月【日曆】, 西鄕隆盛亂勦減後, 定此規例。死者之弔祭料三十圓, 其父母妻子扶助金百圓, 其餘傷痍者之療治料, 隨其輕重, 而上自百圓, 下至十五圓。夫賞與者, 巡査中, 或有獲捕其盜賊及外他難捕者, 則上自十圓, 下至五圓, 而次第施賞者是也。此等事皆係內務省, 警保局所轄。

所以警保局, 中分置五課, 曰庶務課, 掌警察諸規則文書事務, 曰安

寧課, 掌諸集會新聞紙、雜誌等爲妨國家者檢查等事, 曰編纂課, 掌警察月報、年報等編纂之事, 曰會計課, 掌警察諸費豫算決算等點檢之事, 曰受付課, 掌該局公文之受付往復等事是白齊。

戶籍局者, 專管一國內戶籍事務。府、縣下置郡、區, 郡、區下有町、村焉, 郡內之町、村, 則置戶長, 區內之町、村, 則以區長之書記, 兼行戶長事。各其管內町、村, 每戶貼付番號, 以便戶數之點檢, 又使各戶主, 詳報其人口於戶長, 戶長每月寫戶籍簿冊三件, 一件留置, 一件送于地方廳, 一件直送于內務省, 內務省每於十一月【日曆】, 都聚編製, 趂十二月【日曆】內, 送于太政官, 此則每年一度之規也。又有六年一度改正之規, 此則事務稍煩, 每自二月一日【日曆】, 至五月十五日【日曆】, 限以百日間編製, 此亦戊辰以後新制也。凡有人民之生死、嫁娶、出入、增減, 則隨時登簿, 不使遺漏重複。每戶必有責稅, 名曰戶數割, 此是地方稅中一目。而夫編籍之法, 除其海陸軍外, 無論華、士族、平民、寺院僧侶, 幷以戶主之父母、兄弟、姊妹、妻子, 隨其同居, 詳記其姓名及生年月日而登簿, 此其大略。而第以己卯、庚辰兩年所調者觀之, 己卯戶爲七百三十萬二千四十戶, 人口合三千五百七十六萬二千二百九口內, 男口一千八百十三萬七千六百七十口, 女口一千七百六十二萬四千五百三十九口, 庚辰人口三千五百九十一萬七千四百五十三口內, 男口一千八百二十萬六千六百九十四口, 女口一千七百七十一萬七百五十九口。

現今本局所管之事務, 凡十四條。第一曰整理戶籍及統計表事。第二曰族籍及姓名變更事。日本國法, 有族籍、姓名變更之例, 雖非同姓, 互相立續, 假如甲氏之子, 入嗣於乙氏; 乙氏之子, 入嗣於甲氏。

習俗已久, 而若有此等事, 則族籍、姓名, 不得不變更, 所以申請於本
局後許施。在昔關白之時, 重其姓氏, 不許輕改, 自戊辰以後, 禁其姓,
而只以氏貫用之。第三曰家名之興廢分合事。日本國規, 每戶有番號,
又有屋名, 若因事故而興廢分合, 則必請於地方廳及戶籍局然後施行,
非但屋名, 凡一人自甲區, 移居於甲區, 則甲區戶長, 以其籍, 移送於
乙區戶長, 乙區戶長, 以其籍, 受來於甲區, 互無漏疊, 此編籍之例規
也。第四曰親屬之稱號及家督【卽家産之意】相續, 婚姻、養子女等身分
事。日本國法, 旣以他人子, 養爲己子, 又以己女, 配其所養之子, 則
於斯之際, 不無疏屬之見疑, 所以往往有訴訟者, 此等訴訟, 則不關於
司法省裁判所, 自戶籍局管理釋疑。而凡係父子間家産之相傳, 婚姻、
養女、養子等事, 亦必申請於內務省而行之。第五曰後見人及代人事。
戶主幼少, 不得幹事, 則以親戚、故舊之人, 定其年限, 代幹戶主之事,
此日本方語所謂後見人或代人也。每有此等之人, 必以此由申請於戶
籍局然後施行, 一則爲其戶籍之立證也, 一則慮其家産之襲有也。第
六曰失踪逃、亡者、棄兒、遺子、復籍人及行旅病人、倒斃人事。日
本籍法, 欲其昭詳, 凡係失踪、逃亡之人, 路上棄遺之兒, 以至出居他
國還居日本而復籍之人及行旅之病人倒斃人, 并爲增減於戶帳, 申請
於該省, 故有此一條, 而日本每多此等事云。第七曰內外國人轉籍事。
日本國法, 自癸酉許與外國人結婚, 雖日本女子, 嫁于外國人, 則不入
於日本編籍, 他國女子, 嫁于日本人, 則仍入日本編籍, 故曰轉籍也。
第八曰服忌事。盖日本喪服之制, 稱曰服忌。令自式部寮制定, 而戶籍
局係是一國人民之管轄, 故於服忌事, 亦有所管。夫喪服之制有五等,
父母喪一期, 其次五月, 其次三月, 其次一月, 其次七日, 其制雖如是,
其實不然。有服忌之稱忌者, 卽其實服之定期, 假如期年之喪, 只服五

十日, 五月則只服三十日, 三月則只服二十日, 一月則只服十日, 七日則只服三日, 此日人所謂喪制, 而卽關白以來古規然也。第九曰資產之贈遺、契約、貸借、遺囑等事。凡人民欲以資產什物, 贈遺、貸借於人, 則與者受者, 必以什物証書, 申請於內務省後施行, 盖爲後日之杜弊云。第十曰民有地之地券授與及土地、建物之賣買、讓渡、質入書入事。人民之土地地券, 旣自內務省及管轄廳成給者, 則建物之家屋、舟、車等類, 亦在官簿中, 故凡於賣買、讓與、質入之際, 必爲申請於該廳、該局而行之, 所以爲戶籍局所管, 而此等證書, 自官押印之時, 有曰證印稅。計其代價之元額, 而隨宜定稅, 下自五十錢, 上至三圓七十五錢而收稅。若有暗地賣買者, 幷以土地、建物與代金, 共爲官沒, 且以罰金, 責出於本村之幹事人, 所以人民畏其苛而從其規, 在官者則以爲令便, 而爲民者則每以爲苦也。第十一曰死亡、逃亡、失踪者及絶家人之遺産事。凡此等遺産, 則區長、戶長, 具由於該廳, 該廳或有官沒者, 或有分給於戶主之親戚者也。第十二曰賞典、賞與事。凡人民之賞典、賞與, 雖是府、縣官之責任, 每月終必申請於內務省然後行之, 故此係本局所管。而道路、橋梁等修築, 濟貧恤窮等費用, 若有補充擔當之人, 隨其金數之多寡而有賞物, 賞物卽銀杯、木杯也。計金百圓以下, 則幷以木盃施賞, 百圓以上, 四千圓以下, 則幷以銀盃施賞, 各有盃數之所定, 而但不越三箇, 日人以此爲榮。至若四千圓以上, 則內務卿必申請於太政官後, 量宜行之也。第十三曰賑恤救窮事。在昔則各府、縣, 隨其時宜, 或以金圓, 或以米穀, 以地方稅中支出補用矣。自昨年朝議以爲恤窮所以敎民怠慢, 荒年凶歲之外, 不許賑恤, 特設儲蓄之法, 此亦西洋人之所敎誘日人者, 而儲蓄之規, 屬於庶務局主管也。第十四曰陸海軍恩賜、扶助、退隱料事。夫海軍、陸軍, 雖非戶

籍局所管, 凡軍人之諸般功勞及期滿退隱者, 或因職務負傷, 不得供役者, 自海、陸兩省, 酌量定規, 自大藏省支出金額而施與, 在陸軍謂之恩給令, 在海軍謂之退隱料。海、陸軍旣不供役於軍務, 則與國民同歸, 亦係內務省所管。而大抵日本國規, 以軍兵爲重務, 故此等事, 極爲用力。且軍人戰死者之寡婦、孤兒, 亦有扶助料, 各有定額, 一依海、陸兩省之規例, 而內務省, 則只爲施行而已也。

局中事務, 分爲五掛, 曰人事掛, 掌人民生死、繼承、婚姻、養子女、族籍、稱呼等事, 曰財産掛, 掌人民財産相續、契約、賣買、貸借等事, 曰戶籍掛, 掌戶口統計、遞送人、棄兒等事, 曰編纂掛, 掌戶籍之編輯及年報等事, 曰諸務掛, 掌公文受付、記錄等事是白齊。

土木局者, 專管一國內土木之務。宮室、公廨之役, 鐵道、電線之設, 係是工部省所管, 此局所管, 卽河港、道路、橋梁等關於人民者, 而一則工役之審查、監督也, 一則費用之計算充補也。夫土木之事務, 亦有學術, 土物木物之計算, 水陸地形之測查及其費用之豫算等工法, 千種萬類, 此亦西洋之術, 而現今遵行者, 卽和蘭工法也。所以工部省大學校中, 別設土木學一科, 生徒受業者, 率期七八年, 卒業後始許從事於內務省土木局, 日人謂之: "土木之工學, 反有難於他技云。" 盖其役費之充補, 則昔在關白之時, 島主、藩臣, 各有異俗, 其規不一, 戊辰以後, 亦爲襲用其法, 各地不同, 或有官給者, 或有課民者矣。昨年始定一例, 官設之大工役外, 凡關一國之諸般土木費, 初不官給, 并於各府、縣地方稅、協議費中支給, 且橋梁、津港、渡船等, 各有收稅之法, 此則隨其地勢與時宜, 堤堰、閘門之地爲防水患者, 則課稅於農民, 橋梁、渡船之處以濟不通者, 則課稅於行人。且或道路、橋梁等修

繕, 人民自捐費用者, 則必自內務省, 特爲免許, 使之收稅於行人, 以充費用之元金, 閭巷間諸般修繕之自官監督, 非不勤懇道路上零瑣課稅之及於行人, 或稱煩苛。

此局所管之事務, 凡十一條, 第一曰水界、流域、河脈、水勢等審查事, 第二曰津港、道路修築事, 第三曰運河、給水、放水等土功事, 第四曰渡船事, 第五曰港津、道路、橋梁、堤坊、溝渠、樋管、堰、閘門等創修事, 第六曰量水標建設事, 第七曰給水、運河、港津、道路、橋梁等諸稅法事, 第八曰官費修築等事, 第九曰諸費用統計事, 第十曰河港、道路、橋梁等保存法事, 第十一曰關於一切水害損失事。此槩土木局所管也。而東京、大阪及橫濱、神戶等, 各港場他國人居留地, 道路、橋梁等事, 亦自該局修繕, 盖其居留地有所收入之稅, 而其稅入中, 或有幾許間, 留置於各國公使, 而一任其土木之役, 則自該局初不關涉也。局中分爲二課, 專務課, 掌河港、道路、橋梁、堤防等造築修繕事, 庶務課, 掌經費、器械、編輯、報告等事是白齊。

地理局者, 專管一國內土地測量之務。非但土地之測, 測天、測候, 皆屬本局所管, 此局可謂日本全國最博最劇之務, 而自戊辰以後, 一遵西洋之法, 其規極煩, 其理甚奧。凡於測天、測地、測候等事, 皆以器械爲先, 故日人尙不得自任其務, 每於此等務設役之時, 則必以厚價傭入西洋人幹理。大凡測量之械, 其種有三, 一曰測天器、二曰測地器、三曰測候器。凡測天器七, 曰子午儀、曰天頂儀、曰紀限儀、曰赤道儀、曰恒星時辰儀、曰太陽時辰儀、曰印秒器也, 測地器八, 曰經緯儀、曰水準儀、曰望遠鏡、曰回光鏡、曰測向羅盤、曰平面桌、曰底線測竿、曰測竿比較器也, 測候器十一, 曰寒暖計、曰自記寒暖計、曰

空罩寒暖計、曰地中寒暖計、曰晴雨計、曰自記晴雨計、曰驗震器、曰驗濕器、曰驗電器、曰風力計、曰量雨計是也。各種器械中，或有自轉者，或有互用者，雖爲目覩而其實莫曉也。東京府下觀象臺凡三處，一在於文部省太學校，以供敎育，一在於海軍省水路局，以資航海，一在於葵町測量課中，方爲改築於舊城中，此則屬於地理局。夫測候所，則統計國內凡十處，其一在於西京 山城國，其一在於紀伊國 和歌山，其一在於安藝國 廣島，此三處屬於府、縣，又三處，在於北海道札幌、留萌、函館地，屬於開拓使，本局之所直轄者，只有四處，散在於東京、長崎、新瀉、野蒜地，互相較驗，以供編曆。夫編曆之法，在昔則與我國曆同規矣，一自通西以後，謂以閏月不便於官吏之月給，至癸酉，一遵西洋曆法，每一年十二月，以三百六十五日爲定，自正月至七月，則以奇月爲大月，以耦月爲小月；自八月至十二月，則以耦月爲大月，以奇月爲小月，小月三十日，大月三十一日也。每以二月爲平月，平月二十八日也。年年歲歲，其規一例，而初無閏月之置，每於四年一度有閏日之稱，閏日者，以一日，加於二月，而爲二十九日，月朔則雖與我國不同，節候則一般無差也。測候者，日人謂之：“測氣象。”測其雨晴寒暖平均，詳記於曆書每月之下，且以日、月、金、木、水、火、土，分爲七曜之日，記載於每日之下，此其製曆之法。而至若測地，海程則海軍省水路局主管之，陸地田町則，每於六年一度自大藏省，別設地租改正局而主管之。

地理局所管者，山澤原野，以至郡、區、町、村，無所不管，撮擧其大略，其條有十六。第一曰關於土地事務之事。此則汎稱其事務也。第二曰測量、觀象、測候、編曆事。測候、觀象者，卽所云編曆是也。至若測量，卽測地之法，而略擧其槩，則以大、中、小三角之法，或臨

海面, 而測山岳之高低, 或從原野, 而測道里之遠近。有曰界線, 法界線者, 府、縣、郡、區、町、村市街之經界, 官有地、民有地之經界, 無不表示。有曰面積法, 有曰記簿法。此皆測量之大略, 雖有條例網領, 而不可知者也。第三曰府、縣、郡、區、町、村區域名稱事。第四曰府、縣、郡、區廳之位置事。第五曰地所名稱區別及地種變換事也。大抵日本一國, 在前則島主、藩臣, 世襲擅土, 各據一方, 自立其法, 元無定規, 自戊辰以後, 島主、藩臣, 并爲革罷, 稱國稱州, 變更無常。現今大別全國, 爲五畿八道, 而北海一道, 全管於開拓使, 其餘分爲三府、三十七縣, 府置知事縣置令, 各自分管。府、縣下, 又各有郡、區、町、村, 總計一國內郡數爲七百九, 區數爲三十六, 町數爲一萬一千八百五十一, 村數爲五萬八千四十六。郡置郡長, 區置區長, 各自分管, 此皆地理局測量區分者也。以曲尺, 六尺爲一間, 六十間爲一町, 百町爲一區, 區與郡一般也。里程則以三十六町爲一里, 統計一國東西磐折長五百餘里, 南北廣三十餘里, 或六十餘里, 幅員二萬三千七百四十方里, 周圍二千五十二里九町【以上日本里程】。盖日本測地之規, 各道各府、縣, 并爲分而量之, 合而計之, 故其幅員如是廣大, 而其實不過爲其半也。就其地所名稱, 別爲官有、民有之分, 官有地者, 宮城、社寺、各省廳廨之地, 無租無稅者也, 民有地者, 耕地、宅地、山林地, 有租有稅者也。第六曰整理地籍, 編纂地誌事。地誌則曾在乙亥纂成, 名曰『地誌提要』, 合七十七卷。而此則每府每縣之區域、山川、戶口、租稅等, 各爲分錄者, 而其目曰疆域、曰經緯、曰幅員形勢、曰地所沿革、曰建置、曰郡數、戶數、社寺數、人口、田圃、屬地、軍鎭、砲臺等各種名目也。至今七年之間, 又有變更無定。方擬成地籍, 地籍者, 其規與地誌一般, 而地誌則只分府、縣而纂成, 地籍又小分各

郡、區、町、村而纂成者也。細大節目，無一所漏，而事務甚煩，冗費
顯多。自昨年始設，將於十餘年後，可以告成云。第七曰官用地地券
事。第八曰授受官用地事。雖官用地，亦有授受、買賣之例，故必有地
券，假如各府、縣官，有地欲爲賣買，則府、縣官，必爲申請於內務卿，
卿申請於太政官，得許可後賣買。夫賣下之規，以官用地賣下之意定
日，告知於人民，人民趁其日來會，使之定價，每人民各以意見，定其
地價，書於片紙，入於小缿，而取其最高者許賣，此日人所謂投票法。
賣下後，隨其地價，以百分之二分五厘，仍爲定租，定租雖係大藏省所
管，此等之租，各府、縣官主管量定，故仍爲內務省所管也。夫民有地
買作官有地之規，亦類是焉，價金之投票也，租稅之除減也，小無異同
云。第九曰公用地買上事。公用地與官有地，稍有異焉，於民有地中，
有不得不屬公者，如公舍、道路、河川、堤塘之類，此亦有買上之條
例，自內務省定給也。第十曰官有、民有未定之地及社、寺地處分事
也。蓋日本國法，古有班田法，班田者，在關白之時，雖農民私有之土，
使之子孫繼襲，一切禁其賣買，載在典法。至戊辰以後，審查土地，可
爲官有者，仍作官有地，可以民有者，成給地券，使之任意買賣，於是
乎官有、民有之分判矣。雖然深山窮谷之間，或有未定者，此則自內務
省審查措處也。夫社寺地者，在關白之時，以社寺爲重，故社寺亦有所
襲之地，專有租稅之利，自戊辰以後，此亦官沒，而內務省主管其事。
第十一曰舊跡、名所及公園等地存亡事。此亦自內務省主管者也。第
十二曰海面漁場區劃事。在關白時，海民之漁業，任他自由，初無定
稅，自戊辰以後，此亦區而劃之，假如某漁場，屬於某一村，某漁場，屬
於某數村，而其稅則自府、縣協議定之，故爲內務省所管。第十三曰
掘采土石事。日本有坑法，金、玉璞、山鹽、燐酸、美石、煤炭等鑛物，

屬於工部省, 外他硯石、砥石、版石、盤石、灰石、築石、碑石、粘土、砂土之類, 屬於地理局。人民中欲爲開坑, 試掘於官有之地, 則必爲經由於地方官, 申請於內務省後, 許施採掘, 其稅額, 量其坑物代價之百分一以上, 百分二十以下, 隨其品類, 地方官定額收納者也。第十四曰水面埋立事。川澤池沿之地, 或埋土爲田宅, 或植立樹木, 則必經內務省許可後施行也。第十五曰官有地生産物事。官有地之樹果、芻秣、菌蕈、竹筍、蓮根、魚鱉等類, 隨其所有, 并公賣於人民, 而東京府下, 內外城濠, 多有荷蓮, 其根其實, 亦自內務省管轄賣下云。第十六曰關於外國人土地事。通商各國人來居于日本境內各港口及東京、大坂等地者多矣, 此所謂居留地也。居留之地, 各有定界, 界限之外, 不許雜居, 又有收入之稅, 而其規約, 則雖外務省所定, 係是土地事務, 故該局亦有關涉也。

此其處務之大略, 而局中事務, 分爲六課, 各有分掌。曰測量課者, 專掌測量之事, 而課中又設六掛, 量地掛, 掌全國土地測算, 氣象掛, 掌寒暖陰晴觀測, 觀天掛, 掌天象諸曜推定, 編曆掛, 掌推步製曆, 諸務掛, 掌編纂圖書及月報、年報, 會計掛, 掌課中出納。曰地籍課者, 專管全國地籍之事, 而課分兩掛, 議案掛, 掌凡關土地等文書起草, 簿記掛, 掌地籍之登錄及地種、地目等整理。曰地誌課者, 專掌編輯之事, 而分設三掛, 編輯掛, 掌地誌編輯, 製圖掛, 掌地圖製成, 諸務掛, 掌課中雜圖。曰計算課, 中又分四掛, 檢查掛, 掌官用地買賣之事, 雜務掛, 掌課中收支傳票之事, 記簿掛, 掌課中出入金額之事, 用度掛, 掌諸凡物件出入之事。曰文書課, 中分爲三掛, 本掛, 掌文書淨寫之事, 編纂掛, 掌土地等簿書之事, 受付掛, 掌公文往復之事。曰職員課, 無分掛, 而監督局中諸員之凡務是白齊。

社寺局者, 專管一國內神社、佛寺之事務。夫神社者, 有官社、民社之稱。官社中有曰神宮, 神宮者, 日主始祖所祭處, 而其祭主之人, 謂之神官, 係是勅任也。神宮外, 又有七等之分, 曰官幣大社、中社、小社、別格社, 曰國幣大社、中社、小社是也。官幣者, 日主之奉幣, 而皆日主歷代先祖, 及開國神人所祭處也。國幣者, 地方官之奉幣, 而皆日本將相之有勳勞者所祭處也。民社, 則有四等焉, 曰府社、縣社、鄉社、村社, 此皆人民之奉幣處, 而有功於一府者, 一府民祭之; 有功於一村者, 一村民祭之。民社之神官, 則雖係民選, 必得地方官許可後施行, 官社之神官, 則亦有奏判任之分, 官幣大社, 則內務卿奏請後許職, 官幣中社以下, 至於國幣諸社, 則皆是內務卿自判委任者也。夫寺院, 亦有四等之分, 總轄一國內寺院者, 曰總本寺, 日人所謂佛家之宗派也。其次中本寺, 又其次小本寺, 又其次末寺, 此所謂小派者是也。其住職僧【或曰住持僧】之進退, 總本寺則內務卿許否之, 其次則地方官許否之。盖神社、寺院, 卽襲關白舊制, 而稍有變更者也。在關白之時, 雖以神、佛二道, 爲最重之教, 然曾不干涉於政務之事, 故自政府, 亦不有管, 而其神官、住持僧之權, 與藩臣比肩。凡關社、寺所有之土地, 盡爲割付, 使之專有租稅之收用, 自戊辰以後, 依各島主各藩臣之例, 盡沒其土, 以其十分之一定給, 社寺之祿, 仍屬內務省所轄。現今全國內神社合十七萬九千五十一處內, 社寺局直轄之官社, 一百二十四處, 寺院合七萬二千處內, 社寺局直轄, 一百二十三處也。

於社寺事務中, 爲內務省所管者, 凡十三條, 第一曰官社之創建更革, 名稱之改易及經費事, 第二曰官社之出納諸器具之新制及寄附事, 第三曰官社規則關於諸祭典及社、寺表事, 第四曰神官、教導職、住職之進退及官社雇人、司祭員事, 第五曰社寺什物、古文書財產之有由

緒者及廢社、寺官設之家屋, 社寺之創修、廢合、移轉等事, 第六曰改
正社寺例規及新制規事, 第七曰派緒及敎義事, 第八曰府、縣社以下
社格及直轄寺院事, 第九曰編製社寺之明細書【卽記簿之書】及敎導職、
神官、住職等統計表事, 第十曰關於官有地、公園地之社、寺事, 第十
一曰從軍殉國者之墳墓事, 第十二曰樹木之伐採種藝等事, 第十三曰
官社之創修及改其規模事也。凡此等事務, 幷自社寺局, 受卿裁判然
後施行者。而就其中敎導職、敎正者, 卽敎師, 而此亦自內務省奏請後
進退者, 而其設敎, 每在社、寺之間, 故爲本局所管。凡今設敎處, 統
計一國神社中設敎處, 二萬九百五十九場, 寺院則或有一寺兩設者, 故
合計爲七萬四千七百三十八處云。而大抵社、寺之一器一物一規一
法, 莫非社寺局所關也。所以局中分置五部, 第一部, 掌社寺例格之定
行, 神官、敎導職進退之事, 第二部, 掌公文受付之事, 第三部, 掌
社、寺明細書之記錄及統計表製成之事, 第四部, 掌檢討文案之事, 第
五部, 掌費額之計算, 雜務之措辦等事是白齊。

　取調局者, 管理一省內事務文書等取調議定之所也。日人所云: "一
省之有取調局, 如一國之有元老院者也。"省內各局文書與法制, 或審
查而裁斷, 或立見而自陳, 故凡係事務, 分爲二條, 第一曰本省主管之
事務除官吏之進退官金之出納, 外他諸文書諸回議及締結之諸契約等
議批事, 第二曰凡於法制規則, 或以自意發行文案事。盖此局係是議
斷之所, 雖省卿之事, 必爲駁議, 惟以議審爲責任, 而無事務之專管,
故曾無課掛之分是白齊。

　監獄局者, 專管一國內獄務之處也。日本國法罪人之捕捉, 警察官

掌之, 訴[1]訟之裁斷, 上·下裁判所掌之, 屬於司法省。司法省, 則以刑
法照決後, 移送于監獄署, 監獄署, 宜爲司法省所屬, 而今屬內務省。
蓋日人所謂:"獄署者, 所以懲戒不良之人, 使之開悟。"亦一行政上事
務, 故屬於內務省也。內務省中特設監獄局, 以管其事務, 而惟其刑法
云者, 自死罪、徒流, 以至懲眚薄過, 初無杖笞之罰, 或徵罰金, 或付
懲役。懲役者, 下自五日, 上至終身, 并衣之以柹色褚衣, 各隨罪人之
技藝, 使之執業, 而其衣服飮食, 雖爲備給, 其工業之利, 專歸官有。
所以廣設獄署, 統計全國合爲一百九十七處內, 一百九十四處, 散在於
各府各縣, 三處之在於東京府下者曰石川島獄、曰市谷獄、曰鍛冶橋
獄, 各隨所在之地名, 而名獄也。非爲東京知事之所管, 而屬於警視
廳, 故其官吏, 則以警視官員中派典獄一人, 掌獄內之務, 八等判任
也。爲警視總監專行, 而副典獄、書記、看守長以下, 獄吏合三十五
人, 每獄之規, 別無異同。又於己卯年設置集治監二處, 一在東京府,
一在陸奧州 宮城縣【距東京三百里】, 此則內務省直轄, 故其官吏, 自內
務卿派遣獄司一人, 書記以下, 至于等外, 合九十二人。各府、縣已決
之重罪懲役二年以上人, 并爲集治之所也。

　大抵獄署之事務, 千百其條, 而爲內務省所管者, 只爲十三。第一曰
集治監事。集治監官吏之黜陟, 經費之支給, 俱係該局所管, 而以其事
務, 分爲上下二款。上款, 必經省卿之裁可後施行者也。其目有七, 其
一獄舍之建築及役場增減事, 其二監獄攸關之諸制規改正事, 其三每
因修繕定規外費額, 添爲請求事, 其四因役囚之工業, 派出屬員於各地
事, 其五在囚中悔悟先非, 精勵工藝者, 以定規外褒賞施與事, 其六他

---

1 訴 : 底本에는 "訟"으로 되어 있다. 다수의 용례에 근거하여 수정하였다.

囚之逃亡者見機告知，或消防火災致力着效者之特爲殊典事，其七罪
囚若於期限內罹篤病，則使醫員檢查後，以其診書，申請贖放事。下款
者，獄司之自意專行者也。其目有二十三，其一以已成之獄規揭示獄
舍事，其二罪囚之在於役場者，百方懲戒，勉行工業事，其三罪囚之滿
期者放免時，通知於本管廳事，其四罪囚之效力者，以定規施賞事，其
五犯於獄則之罪囚，照例施罰事，其六囚中病死者，出付親戚，而通知
於當案之裁判所及本籍，事其七無本籍之死屍，自爲瘞埋事，其八備入
教導職，以敎衆囚事，其九備入工業者，以敎罪囚事，其十爲罪囚買入
書籍事，其十一役場工業之新興與廢舊事，其十二監獄之定額金豫算
具申事，其十三監內製造品販賣後，給其手數料事，其十四工作有益
者，以定額金，買求其材料器械事，其十五監舍破損處修補事，其十六
罪囚中工技殊藝者，以特給之工錢，願送其家族，則專意許可事，其十
七前日之蔽隱者自首，則以其由書，付於其地檢查官事，其十八監獄攸
關之月報，製成表圖而申報事，其十九反獄及其他非常者，難以獄吏之
力制之，則通告於近境警察署以求來援事，其二十工役之日限除其日
曜日，任意伸縮事，其二十一受地方廳照會，集行罪囚等土木之役事，
其二十二輕囚之有才能者，別給其備直事，其二十三罪囚之包藏物係
於應禁者，或燬破或領置事，此皆集治監事務，而該局所管者，只其上
款也。第二曰府、縣監獄及懲治監事。各府、縣監獄，亦與集治監一
般，而夫懲治監者，人民中如有浮浪不良之子弟，則爲其父兄者，欲使
悔悟開悛，告訴於司獄之官，自願懲治。所以獄署中，別設懲治監之
稱，以爲此等人所囚之監，而衣之以淺蔥色青衣，一依罪囚之例，使之
懲役，但其衣食之節，略有異同，每爲自判，故凡係傭工之錢，計除其
在獄諸費，只以剩餘，出給於放還之日也。獄署者，人所惡之，而日人

則看做教子之地, 種種有此等之囚。且此監, 比於他監, 稍爲寬輕, 故
人民之犯於輕罪可以贖免而無力不能者, 或輕囚之滿役限, 而貧不能
歸業者, 則獄官, 必爲報由於該局及裁判官後, 仍置此監, 此皆獄規然
也。第三曰監獄經費事。獄費者, 獄官之月給, 罪囚之衣食料, 并爲會
計者也。其支給, 亦有二類, 地方監獄, 則自各府、縣地方稅中支辦
之, 東京、宮城兩集治監, 則自大藏省國稅中支辦之。第以庚辰六月
【日曆】所調者觀之, 東京集治監所費, 四萬一千三百四十二圓, 宮城集
治監所費, 五萬五千九百六十五圓, 各府、縣獄費, 一百三十五萬六千
四百十八圓, 此其費額之大略。而以東京集治監一年條計算, 則懲役
人之傭錢與工作物代價收入, 合爲七萬八百七十二圓三十二錢五厘, 計
除其費用, 而餘剩條, 三萬餘圓, 盡入於大藏省, 推此以究, 罪囚衣食
之費, 雖曰官給, 其實不然也。第四曰監獄之創修及定其位置事。獄署
之位置, 從其地方之大小, 如西京、大坂、兵庫、長崎等地, 係是湊集
開港之處, 故或一縣而設七八獄, 或一府而置四五獄, 外他各縣, 亦爲
廣設。而第以東京獄署目覩者論之, 其屋宇之規模, 或以十字樣, 或以
一字樣, 并於其內建數千間, 各有定名, 未決者所囚曰未決監, 已決者
所囚曰已決監, 衆囚聚食處曰食堂, 輕囚所在處曰懲治監, 女人所囚處
曰女監, 囚人休息處曰運動場。此外又有浴室、病監, 使囚徒每於停役
後, 時時湯浴, 若有疾病之人, 則必送于病監, 而醫藥救療。至於役場,
亦有區別, 輕囚則赴寬役場, 重囚則赴懲役場。獄吏所居之官署, 則處
於正中, 以便左右巡視, 而其構造之法, 垣墻并以木板竪立數三丈, 以
鐵釘簇簇倒着, 以防踰越之患, 周圍可四五里, 尚云窄隘, 方設增建之
役。第五曰司獄官吏之員數及俸秩賞罰等事。蓋典獄以下, 元無定額,
每計罪囚之多寡, 有時增減, 看守長, 則每囚人二百名以下, 置二員,

二百名以上, 每百五十人, 增置一員, 看守則每囚人十五名, 置一員,
押丁則每囚人十名, 置一員, 女監則以四十歲以上之老成女人, 或司獄
吏之妻爲監督, 每囚女二十名, 置一員, 而月給隨其等級, 上自五十圓,
下至十圓, 東京之警視總監, 各府、縣之地方官, 量宜定之. 而每以獄
吏勤慢, 因各屬長官之申請, 而自內務卿, 施以賞罰也. 第六曰司獄官
吏招集會議事. 每因制規之改正, 費用之算計, 或自內務省招集會議,
或於獄署中, 時時開議也. 第七曰獄舍及無用器物賣鬻事. 日人專以
新鮮爲務, 獄舍中少有虧損處, 輒以棄物同視, 仍爲賣下, 而此係官物,
故必請於內務省而行之也. 第八曰囚徒之使役方法, 褒賞懲罰及傭工
錢事. 若其犯罪之輕重, 役限之多寡, 一從司法省裁決, 而懲役之法,
亦分爲五條等級, 其最重之役, 曰第五等, 搬運土石, 掘荒地, 舂米搾
油碎石等, 力服之役也, 其次曰第四等, 舍屋之營造, 街路之修繕, 陶
瓦煉石, 調土耕耘之役也, 又其次曰第三等, 木工、竹工、藤工、鍛
工、石工、桶工、瓦工、皮革、鹿織等, 工匠之役也, 又其次曰第二
等, 略與三等役相同, 而或爲使用於炊夫、門番之役也, 最輕之役曰第
一等. 每等各有定限之年期, 至于第一等, 而滿期則仍許放免. 夫使役
之方, 雖有役名之等級, 合隨其技藝, 又察其老弱, 或有絇索者, 或有
造器者. 每日辰初赴場, 酉初停役各歸其房, 或有對書者, 或有寫字
者, 無一遊閒之人, 而女囚之執役者, 亦皆織機繅絲, 各從其事, 所以
滿獄中廣設火輪、水輪等多般器械, 便成工匠之所. 而罪囚中若有技
巧之特優, 工役之勉勵者, 則獄司, 必請於內務、司法兩卿, 物品之賞
與, 內務卿專掌之, 罪等之減免, 司法卿裁斷之, 各有恒定之規. 而若
有脫獄反獄及怠於工役者, 則必有定罰, 其罰有六, 一曰棒鎖, 以鐵棒,
緊鎖兩足, 定刻佇立, 二曰貶等, 以貶其懲役之等級, 三曰鐵丸, 以重

量之鐵丸, 置其掌上, 往來於濶遠之場, 四曰擔重, 以重量之物擔荷, 而往來場中, 五曰暗室, 使入黑闇之室, 七晝夜不得出外, 六曰懲鞭, 以緊縛手足於甘字架上而加鞭。凡此六罰, 各有一定之規, 自昨年改廢, 而今則以奪料罰行之, 奪料者, 奪減其每日飲食之料也, 是故轂餗就場, 無敢怠懶。役于監內, 則獄吏看督, 出傭監外, 則巡查押率, 傭錢工價, 并屬官庫, 或於製造物販賣之後, 以一二若干錢, 給其工手之稍巧者, 此所謂別給也。第九曰獄事計表事。盖全國內監獄, 以罪犯之科目, 囚徒之實數, 日計月計, 每於六月十二月【日曆】, 統撮半年之摠數, 兩度修報于內務省, 以便考覽。第以庚辰六月【日曆】所調者觀之, 東京一府監獄及集治監罪囚, 爲四千八百三十五名, 各府、縣, 爲二萬六千七百二十名, 而自庚辰六月至今一週年之間, 罪囚加增, 現今東京之囚, 恰爲八千餘名云, 各府、縣之隨年增加, 推可知矣。日人以爲: "刑法苛密, 民無犯者云。" 而罪人則若是夥多, 懲役之年限有餘, 人民之犯科無窮, 其所獄舍之年年增建者宜矣。第十曰囚徒之給與規則事。盖罪囚之已決, 而付於懲役者, 必以衣食給與, 衣服則有通常服就役服之分, 蚊蟵巾枕等隨身雜具, 無所不備, 食料則上自七合, 下至三合, 以米四分麥六分, 隨其服役之健弱勤慢, 而每日給之。又以饌料一錢五里加給, 各有一定之規, 而內務卿所裁定也。第十一曰囚徒之護送及教育事。監內置教師幾人, 工學、産學等術業, 各隨罪囚之村品, 以爲教導, 而書籍、器械之類購儲庫舍, 以爲考閱, 所以罪人中, 或有期滿後, 仍爲獄吏者也。第十二曰囚徒之發遺分遣於監外役場事。第十三曰禁獄人取扱方法事。禁獄者, 犯於國事之罪人也, 與他尋常懲役人有異。其處獄之法有十一條, 一則區分一房, 使不得他囚接近, 二則衣食使之自辦, 而其貧困不能者, 依輕囚例而給之, 三則入監之時, 必爲

檢查, 以防害己物品之包藏, 四則爲其攝養, 每於日限運動於房外, 不許他囚在側, 五則親戚贈饋之物品, 必使獄吏檢視後入送, 而新聞紙等關於時事之書類, 不許渾入, 六則外人書信之相通一切嚴防, 七則若或自願懲役, 只許監內執業, 八則家族之乞爲面晤時, 必使獄吏在傍, 九則不順獄吏指揮者, 施以罰規, 十則有疾病者, 移寓於病監, 而雖看護人, 不許接語, 十一則病若危篤, 以其醫師之診書, 報于內務、司法兩卿。大抵禁獄之人, 罪之尤重者, 故恐有自損, 有此諸條之立規也。該局不是專管獄務, 只爲統轄而已。

局分爲三課, 各有所掌。曰庶務課, 其中又分三掛, 起案掛, 掌各監獄規制等往復文書起草之事, 編纂掛, 掌諸法令文書類別整頓之事, 用度掛, 掌局中物件費用之事。曰計表課, 專管獄務統計表監製之事。曰受付課, 專掌諸公文受付之事是白齊。

## 附農商務省

農商務省者, 專爲農、商工等勸業而設也。在內務省構內, 庚辰十二月【日曆】, 以內務省中勸農局, 分置一省。卿一人, 河野敏謙, 大輔一人, 闕窠, 少輔一人, 品川彌二郎, 書記官至等外, 合爲六百八十餘人。其職制與月俸, 略與內務省相同, 而所管事務, 分爲八局。就其中農務局、山林局、博物局、驛遞局, 自內務省移來, 商務局, 自大藏省

移來, 工務局、會計局、書記局, 卽本省新設也。局各有長, 分掌事務, 如左是白齊。

書記局者, 書記官之官房也。凡係全省事務, 各局之申報於卿、輔者, 卿、輔之告飭於各局者, 莫不由本局調理審查。局中分爲三課, 曰職務、曰庶務、曰記錄。夫職務課者, 管守官印, 凡判任以下職員之進退黜陟所關事務, 必受卿、輔之命而掌理焉。庶務課者, 受書記官之命, 凡關文書必經此局之調查後施行, 且各項公文之發送領受, 無不掌理焉。記錄課者, 專掌一省內圖書記錄等事。盖此一局係是一省之要領也劇務也。於一省之內, 無論農、商工、山林、博物等諸務, 皆自此局管理者, 以其卿、輔之所掌總, 自書記官調停故也。課所以文書堆積, 日事奔汩, 而設省未久, 姑無規則之確定云是白齊。

農務局者, 專管一國內勸農之事務, 非但農業之耕鑿稼穡一件事也, 凡關人民之資生爲業, 開墾漁獵等事, 幷自此局主管, 卽勸之之意也。局中事務, 分爲五課曰報告、曰陸産、曰水産、曰地質、曰庶務是也。夫報告課者, 專掌農業上通信、報告、統計、反譯等事, 植物之禾、穀、茶、蔗, 動物之蠶、魚、牛、馬, 其他人造之製絲紡績等, 關於人民衣食之物, 或因外國新聞而反譯, 或因國內申報而告知, 隨其利害, 而幷以日國之諺字, 頒示於民, 雖窮衖僻村愚夫蚩氓, 幷使曉知, 以爲趨利避害。且爲蒐集各府、縣之報告, 統計人民之每歲收積, 以爲製表, 年年比較, 以驗物産之增減。第以己卯一年統計表觀之, 全國內農口男八百二十三萬七千六百八十二人, 女七百三十九萬八千四百三十一人, 粳米二千四百四十三萬八千三百三十六石, 糯米二百十四萬九

千六百十九石，大麥五百三萬一千七百二十四石，小麥一百七十六萬
五千六百三十三石，稞麥二百八十二萬三千一百四十二石，粟一百四
十萬八千四百七十三石，黍十七萬八百三十四石，稗九十九萬七千四
百十六石　大豆一百八十八萬二千三百三十一石，蕎麥五十二萬七千三
百九十一石，蜀黍九萬四千一百二十二石，玉蜀黍九百九十三萬八百
三十六斤，甘薯二百九十八萬九千二十一斤零，馬鈴薯三千七百八十
四萬三千八百八十斤，其他茶類亦不下於三千餘萬斤。至於製絲，不
可以斤數，舉論全國內十人以上聚集製絲之所，合爲六百六十六處，而
此皆火輪水輪設機器造業之所也。牧牛一百七萬四千六百四十五頭，
牧馬一百二十二萬八千六十八頭。而至於養蠶之農，有春夏秋之各種，
自甲戌三月【日曆】始設養蠶試驗之所，蒐集內外各國蠶種桑種，凡於種
桑養蠶之務，百方試驗，以資趨利，此則謂之官設試驗場也。非但養
蠶，凡係農業上無不設試驗場，現今全國內試驗場，統爲計算，則養蠶
所三處【西京、愛知縣、大分縣】，紡績所三處【皆在東京】，牧畜、養魚、製
絲、製茶等，許多試驗場，遍在府、縣，各定官吏，而并爲販賣，雖曰試
驗，其實殖利之一道也。然計其所費，較諸收入，互相上下，而亦可爲
勸民勸業之方也。其事甚煩，其務多岐，故本局中陸産課、水産課、庶
務課，各掌其事務及文簿之出入，而至於鳥獸之獵，魚鱉之漁，若非官
許，則不得爲業，各有定規而其於官許之際，亦有稅納焉。

東京府下駒場之地，有農學校，卽本省之所轄也。置校長一人，教師
一人，校長者，掌學校之事務，教師者，掌生徒之教業。其教授之法，
各有條例，其農學，分爲五科。其一普通農學科，普通者，卽初學之
謂。而盖此農學，并效西法，故先以西洋言語文字及農理地理之大意
敎之也。其二農學本科，卽動植物生理病理，土木測量等，實習之學

也。其三農藝化學科, 化學者, 卽動植物柔變爲剛, 剛變爲柔之學也。
其四獸醫科, 大自牛馬, 小至犬羊, 治其病理之學也。其五實施農藝
科, 凡關農藝實習實施之學也。此五科中, 又各有許多科目, 其敎多
岐, 其理玄奧, 不可一一枚擧。而第以入學次序論之, 無論華、士族、
平民, 年十八歲以上, 二十二歲以下者, 得保證人, 而願入農學, 則許
其所願, 先以普通農學科, 二年敎授, 試驗卒業後, 隨其所願, 入於四
科中一科, 蓋此四科, 謂之專門科也。又爲三年修業卒成後, 校長具報
于勸農局長局, 長成給卒業證書, 謂以學士之稱, 世以爲榮云。自入普
通農學, 至於專門卒業, 凡五年之間, 隨其給費之官私, 私費之生徒,
則任意退學, 官費之生徒, 則計其在校之年數, 以爲奉務於勸農局。若
以私費生徒而奉務, 則必以雇價優給之。夫官費云者, 生徒校中之經
費, 自官給之, 每月以學資金六圓五十錢, 以充其衣服、帽、靴、食料
等諸費, 外他筆墨、机椅等諸費, 亦隨時辦給, 而若於卒業奉務前, 徑
爲退學, 則必以在校官給之諸費, 一一計算還納。至於私費生徒, 則每
於入學之初, 先以每月條六圓五十錢辦納之, 所以生徒入學之時, 不肯
用官費者, 爲有後日之奉務也。凡學校之一靜一動, 各有一定之規, 入
學、退學、休業、卒業、給養、試驗等事, 莫不從規。而至於學科, 則
非但農學書也, 化學、分析學、物理學、記簿數學、畫學, 其他解剖
學、昆蟲學等, 無不具備。校中多設書帙室, 以供學生之考覽, 別設植
物場, 以做生徒之試驗, 而現今生徒合八十三人也。

距東京十里三田地, 有農具製作所, 蒐集天下各國農器之古制今造,
隨宜試驗, 以爲模範, 一邊斲木, 一邊打鐵, 此亦火輪設機之所也。耕
鑿耘耙之具, 刈芟磨舂之器, 積置儲藏, 以爲賣下於農民, 而皆是西洋
之制, 或有方今現用者, 或有抛置不用者。就其中耕具, 則雖曰奇巧,

其質甚重, 其犁甚鈍, 不可一牛力之可當, 故每以雙馬駕之, 此則宜於
軟柔之土, 而不宜於水田之堅粘, 山田之磽崅。至於刈芟之具, 亦以雙
馬駕之, 以兩輪, 着於刈具之下, 人坐其上, 而設機於兩傍, 使之自轉
自刈, 非不巧也, 此則宜於原野蔓草之芟除, 而若夫禾麥之黃熟, 則雖
以短鎌用心刈之, 尚患損落, 況此亂刈雜錯乎? 且以磨具舂具論之, 計
其器機之財費, 量其用工而收效, 則似不可補充也。

夫地質課者, 在本省構外, 一國內地質之石砂鬆密, 土性之壤埴墳
壚, 地形之高低廣狹等, 測查諸事務, 并爲專掌, 而分析各種之土性,
分定各穀之宜土, 以便人民之耕作也。此等測查, 各有器機, 而其法甚
難, 故日人亦不得自主幹辦, 自庚辰傭得西洋人, 始擧測檢之務, 而至
于今年所測, 不過數郡, 所費恰爲十萬餘圓, 將至十五六年後, 可以終
役云。往見其課, 則課中分列各地土石之品, 以爲考覽之資, 土之各
色, 石之群品, 無所不備, 并以琉璃函藏之, 各以某郡某町之産, 書於
其上是白齊。


商務局者, 專掌一國內勸商事務。其通信、報告、反譯等事, 略與勸
農一般, 而商民之會社, 海民之試業, 凡關商法上文書, 無不自此管
領。局中分置六課, 各有所掌, 曰會社、曰管船、曰權度、曰統計曰調
事、曰庶務是也。夫會社課, 專管各商會社之事務。上自米穀貨幣, 下
及酒醬茶茶, 以商業爲名者, 其新設之許否, 買賣之通價, 莫不管領。
而會社設立之法, 各府、縣人民十員以上, 都聚三萬圓以上之金, 以其
願書, 請由於地方官, 地方官申報於商務局, 得其免許標證後, 始可設
行。自官免許之際, 必有稅錢之收, 是所謂免許稅也。就其各會社中,
有曰株式取引所, 有曰米商會社者, 此皆日國之最大商會, 而夫株式取

引所者, 富商幾人, 各出本金幾千百圓, 創立一會社, 專以金券買賣爲業。大凡公債證書、私債證書、地券、家券, 皆有買賣之例, 第以公債證書一件事論之, 證書之元金, 若爲千圓, 則以七八百圓, 隨其時價而買之, 其所發賣, 則亦以多少殖利, 其私債證書、地券、家券等類, 亦同一例。而日本政府公債證書, 遍滿一國, 多有相關, 故此則大藏省國債局, 每多干涉, 而至於免許等事, 則此局主管之。且其各券買賣之際, 必爲請許於此局然後, 買者賣者, 可無官責, 雖曰: "買賣之立證。"其實每一券, 各有幾許金收稅故也。夫米商會社者, 專以米穀貿易爲業, 此亦衆人結社之所, 而日國土地甚瘠, 穀産恒艱, 故以船舶貿取他國之米, 以爲營業。米則以四斗二升爲一石, 可當我國火印四十二升, 皮穀則不以斗量, 每以秤量, 以十八貫六百目爲一石, 以我國秤解算, 則可當一百十六斤四兩重。米價每自商務局, 較量各港市通行之例, 斟酌定給, 而商民或以時價之高低, 報告於該局, 請爲改定。今年五月市價, 每八升爲一圓, 此是日本平均之時價云。而各會社, 分爲本店、支店之稱, 統計一國之內, 株式取引所爲三處, 米商會社爲十五處, 此皆大藏省常平、銀行兩局之所管, 而今屬商務局也。曰管船課, 專掌一國內商船海員等一切事務。除其軍艦外, 無論大小船舶, 上自蒸氣船, 下至回漕船、艀、漁船, 若其新造, 則謀所以模形之便否, 若其破解, 則謀所以修補之助費, 一從會議之協同。而至於各港口商船之出入, 亦自該課檢察, 以驗商務之盛衰, 故每於船舶湊集之處, 設置官許之旅店。隨其船號, 各有定主, 若一船來泊, 則必以某船物品之幾許, 報告于該局。且人民中以商船爲業者, 上自船主、船長, 下至水、火手, 必經該省之試驗後, 始許營業, 每月兩度, 以火曜日, 擇其年十八歲以上者, 察其學術而許否。其試驗之課程, 有五條, 其一測量學, 其二船具運用學, 其

三羅針用法, 其四海上衝突豫防法, 其五海路、地勢、燈臺、礁標、浮
標位置之法也。曰權度課者, 專掌一國內度量衡之事務。尺有二種, 曰
曲尺、鯨尺, 鯨尺者, 方今行用之布帛計尺者也, 其長八寸, 可當曲尺
一尺。曲尺者, 與我國周尺長短同樣, 此則只用木器等製造及里程尺量
也。斗升合有七種, 只就其一升而計之, 則其方以曲尺爲四寸九分, 其
深爲二寸七分, 以此推計, 斗合同量也。秤有十六種, 大小雖不同, 至
於分量, 則與我國衡量一般也。度量衡三器之製造賣下, 必得官許而後
行之, 故乙亥年間, 自大藏省新定制規, 各府、縣以一器, 各設製作所
一處, 賣下所四五處, 使一人不得兼製作賣下, 又不許兼二器, 而每一
器, 以原器二本檢查, 印二本送于地方廳, 一本留置于地方廳, 一本出
給于製作人。凡於製作之際, 必以番號詳記, 又以檢印押之, 而價金則
自官定例, 全國內無相高下。且於賣下之際, 必有稅額, 以製造之材料
諸費, 立爲原價, 又以原價十分之二分四里爲添價, 又以添價二十四分
之一爲稅金, 假如一器原價爲一圓, 則添價二十四錢內, 二十三錢, 屬
于製作人與賣下人之利益, 一錢稅納于官。而地方官時時點檢其帳簿,
以查私造之有無, 以審製造之實數, 以察賣下之金數, 以辨時價之高
低, 若有違犯, 則必以重律處之, 一則度量衡之國內均平也, 一則造賣
之摧利也, 一則稅金之全收也。曰統計課者, 凡係商業上所關文書, 無
遺採集, 統計製表, 以便考覽。或因各國派送領事官之所報, 或據國內
各港口之時價, 以此港之物價, 告知於彼港; 以彼港之物價, 告知於此
港, 互相流通, 以爲有無之相濟, 此所謂勸獎之意也。雖以近日論之,
商況之利害, 專由於出入物品之如何, 而輸出之品, 只是米、麥、蠶
絲、茶、銅、烟草等類, 此日人所謂天造物也, 輸入之品, 摠是□綿織
物、砂糖、石油等許多之類, 此日人所謂人造物也。人造物無限, 天造

物有限, 以有限之輸出, 交易無限之輸入, 於斯之際, 利害攸判, 日人商務者, 每以是憂歎也。夫調查課、庶務課者, 此等庶務調查之所也。大抵日本一國, 傳以商業爲重, 故商民輩, 或設商學校於各村各町, 以習商務之要領, 雖非官設, 亦自本省十分勸獎。而至若各港各場出入之稅額, 則各稅關長, 各府縣官, 收納於大藏省, 而此省所管, 卽一勸獎而已是白齊。

工務局者, 非工匠製作之所也, 卽勸工之意也。其勸之之方, 無論何人, 如有創制新本之物品, 則謂之發明品, 特許其十年權賣專利之權, 是故人民之以工務爲業者, 貪其利窮其技, 十分用功, 百方功術, 非但工部省爲然, 以至各府、縣各村、區, 往往有私設工學校, 務盡其力, 專事衒能, 其造日廣, 其巧日甚。東京府有勸工場, 卽物品販賣之處也, 工民中新異之物, 都聚于此, 一經該省之試驗後, 仍許此場專賣, 又或以銀杯、木杯等, 有時賞褒, 所以一國之奇物、玩品、舊制、新模, 湊集羅列, 便與博物館一般也。該局中雖有定規之事務, 盖以新設, 姑無現行之事。而局中分爲四課, 曰調查、勸工、統計、庶務是也。各分勸工之事務及文書焉是白齊。

山林局者, 無論官有地、民有地, 凡係樹林上事務, 種育保畜之節, 培栽採伐之規, 幷自本省管轄。局中分爲五課, 曰林制、曰學務、曰官林、曰統計、曰庶務也。夫林制課者, 專掌山林制規區劃之務。深山原野, 定其官民之分, 官有山林, 則派送局員而管守之, 民有山林, 則使人民結以協會, 定給規則, 以爲保存之方也。學務課者, 專掌山林上學術試驗之務。凡係天下各國種樹植木之書, 幷爲蒐集, 或翻譯而頒告

於民, 或試驗而施及於物。東京府北二十里地, 有西今原樹木試驗場,
盖自四五年前始設, 而試驗之方不一, 其規或有實種者, 或有苗種者。
松栢桑果之類, 外他凡木雜樹, 各爲分類而排種, 并記種植之年月日
時, 以驗長養之遲速, 且或解剖其質, 以觀材用之可否。又以小木牌,
各記樹名及所從來處, 以供便覽, 就其中西洋所産居多也。官林課者,
專掌一國內官林之事務。各府、縣所在用材林, 六萬四千二十七處地,
幅恰爲五百六十九萬三千三百三十七町零, 凡關各地方官舍營繕橋梁、
堤坊等用材之時, 必爲申報該省, 而採伐者也。禁伐林, 二萬五千五百
十五處, 其地幅合爲七萬七千六百十八町零, 無論官民, 不得入斧斤者
也。夫統計課、庶務課者, 凡關山林之庶務, 無不統計之意也。在昔日
俗, 不務山林, 不重材用, 斧斤遍入, 採伐無時, 越自十年以後, 始爲專
務是白齊。

博物局者, 專管博物館事務。盖蒐集天産人造古器今物, 以博聞見,
故曰博物局。自壬申二月【日曆】, 始設博物館於東京 山下地, 先自國內
社寺遺傳之物, 官庫所藏之品, 至於各國所産無不陳列, 以爲人民敎術
之資, 其敎術之法, 文部省掌之, 其蒐集之務, 屬於此局。至丁丑開會
於東京上野園, 稱曰勸業博覽會, 每四年一度, 自三月初一日【日曆】, 至
六月三十日【日曆】而止。每當此會, 盡輸博物館物品於會場, 而令飭一
國, 使各地方人民, 盡許納物請賞。日主每於止會之前, 一度躬往, 觀
其品本之良否, 考其模形之優劣, 有賞與勸奬之擧, 國內人民看作進身
之堦, 互相衒能, 窮其平生之技藝, 盡其耳目之聞見, 詭奇之色, 珍異之
形, 無所不備, 雖一拳石之怪, 千里裹足而來納, 一片木之巧, 十日齎糧
而輸入, 此所謂:"日本第一盛會。"今年卽其一度之期, 往見其場, 則

觀者如市, 皆有入門之稅, 此是定規然也。至若物品, 則奪神眩目, 不可一一枚擧, 而其內有曰本館、有曰農業館、有曰機械館、有曰美術館、有曰園藝館。夫園藝館者, 植物之凡卉異花奇木怪種, 飛走之孔雀、鸛鶴、犀牛、狐、狸等, 畜養之處也。夫美術館者, 古圖今畫篆楷隷書等, 所儲之所也。夫機械館者, 其中或有工匠之機械, 或有紡績之機械, 又或有農作之機械, 兵用之器械。水輪火輪, 各有模本, 見方試驗, 一邊繅絲, 一邊織疋, 此邊磨租, 彼邊春米, 斲者鉅者, 任自升降, 無非輪機中出來, 滿館中便成轉環世界。夫農業館者, 農具之耒、耟、犁、鋤等, 耕鑿刈芟之器, 幷列其中, 而至於穀種之類黍、稷、豆、秫、藁、莖、粃、蓥, 幷以某土産某土宜, 記列于其上而藏之也。夫本館者, 天産之煤礦玉石, 人工之器皿珍玩, 次第排列, 而易爲風日塵埃之所損者, 及細小零瑣之品, 恐爲紛失者, 幷以玻璃函藏之。就其中, 或有公物, 或有民物, 民物則幷以持主之姓名, 價文之幾何, 用處、來歷之所從, 幷記於表面, 而此皆經驗後收還者也。各府、縣大阪、西京等處, 種種有博物局之設, 每開此等之會場, 則或有借品於本館之例, 而各府、縣博覽會, 則屬於地方官主幹, 該省所轄, 則惟此山下博物館及上野一場而已也。日人所謂: "勸業之大務。"故特使少輔總察。

局中事務, 分爲九課, 曰天産課者, 專管天産物之蒐集編纂等事。曰農業課者, 專管農具之蒐集編纂等事, 曰工藝課者, 專管工藝物品之講究編纂等事, 曰藝術課者, 專掌藝術事務, 曰史傳、曰圖書、曰兵器、曰教育、曰庶務等課, 各隨其名, 而分掌之是白齊。

驛遞局, 在本村木町地, 專掌一國內官民書信及公文等遞傳之事務。其事甚煩, 其務甚劇, 故別設一局於構外, 有總官一人, 三等官也。與

少輔同秩, 自四等, 至等外, 大小官員, 合二百三十七人。大抵此局之設, 其來久矣, 千餘年前設置驛遞之法, 或二三里, 或四五里, 每置一驛, 每驛給略干田, 且或免租稅, 以喂人馬, 以充費用。政府之公文, 官吏之運物, 人民之書信, 無不遞送, 至關白之時, 驛弊轉甚, 官吏之書信, 全國內無處不往, 而人民書信, 不得配達。自戊辰, 至辛未, 政府改定規制, 仍廢驛田之名, 新發切手之法, 自東京, 以至各府各縣, 雖僻巷幽村, 各定線路, 設立郵便局, 以爲官民書信遞傳之方, 而計其里程之遠近, 量其書封之輕重, 以定賃錢之甲乙。至于壬申三月【日曆】改定新規, 里程則不較遠近, 全國內只以書封量重定賃。第以現用之法論之, 海路則有各商社之郵便船, 陸路則有郵便局, 隨其地勢之大小, 定爲五等之分。一等郵便局, 三十八處, 二等郵便局, 五十四處, 三等一百處, 四等、五等, 四千二百七十三處。就其中, 或有自本局派送官吏者, 或有自各地方定置官吏者, 以爲勤務。而每自驛遞局, 印出切手標【此則印出於大藏省印刷局】, 照其數額, 而分送于各郵便局, 以爲賣下於人民。夫切手標者, 其形似日本紙幣樣而稍小, 下自五釐, 上至五十錢, 量其書封而糊付之, 此是書封收稅之規也。雖政府公文與人民書信, 一例收稅, 各有定規, 凡十六條二百三十三節, 若有違犯, 則無論官民, 幷以罰金收捧。至於條約各國, 亦設郵便之規, 在前則英、法、米三國之人, 開設郵便局於日本境內, 日人書信之往復於西洋各國者, 亦使三國人收稅專利矣, 乙亥正月【日曆】, 設置萬國郵便局於橫濱港, 專管各國郵便之事務。其稅錢之規則, 出納之節目, 幷自外務省與各國公使, 相議定約, 現方施行。驛遞局中, 又有爲替局、貯金所之稱, 此亦自乙亥年始設者, 而書信外, 一大事務也。夫爲替局者, 卽人民之付錢於遠地者, 換標傳送之法也。與我國換錢例一般, 而日本人

民換錢之所, 則銀行、會社, 專管其務, 至於此局, 則只以三十圓以下, 三圓以上者管領。此亦有規, 一人而不得一日再換, 又不越三十圓, 各隨金額而有爲替之稅料。夫貯金所者, 人民中若有零瑣用餘之錢, 則必爲任置於此局, 此局管領保存, 隨其所請, 而殖利還付。盖其殖利之法, 每年以六分例爲定, 假如任置金十圓, 則一年利子爲六十錢也。此局領置此任金, 或送于銀行, 或送于大藏省國債局, 每年以九分五釐例取利, 而還付人民之時, 則以六分例給之, 其間所料, 爲三分五釐。全國內貯金所, 四百三十處, 爲替局, 五百七十一處矣。夫貯金所者, 若有零瑣用餘之錢, 則必爲任置於此局, 此局管領保存, 隨其所請, 而殖利還付。盖其殖利之法, 每年以六分例爲定, 假如任置金十圓, 則一年利子爲六十錢也。此局領置此任金, 或送于銀行, 或送于大藏省國債局, 每年以九分五釐例取利, 而還付人民之時, 則以六分例給之, 其間所料, 爲三分五釐。全國內貯金所, 四百三十處, 爲替局, 五百七十一處矣。夫書信之稅, 則每一匁, 定稅一錢, 新聞紙及定時刊行文書, 則每三十二匁, 定以一錢。此外又有書留料、葉書稅、手數料、配達料及違約罰金之規。夫物種之稅, 則隨其目量之輕重, 物品之緊歇, 各有定稅之差。他²細細名目不可一一枚擧, 而驛遞局一年收入支出, 可爲稅關之其次也。雖以庚辰、辛巳兩年條論之, 自己卯七月【日曆】, 至庚辰六月【日曆】, 收入一百十七萬三千六百九十二圓, 官吏月給等經費, 一百九萬一千九百圓, 以其收入, 計其經費, 則剩餘八萬一千七百九十二圓, 自庚辰七月【日曆】, 至辛巳六月【日曆】, 收入一百四十一萬圓, 經費一百二十六萬圓, 以其收入, 計其經費, 則剩餘十五萬圓。自始設之

---

2 他 : 底本에는 "池"으로 되어 있다. 文脈을 살펴 修正하였다.

年, 至于今年, 年加歲增, 漸進繁殖云。

局中分置十課, 課各有部, 分掌事務。其一規畫課, 海陸郵便線路之開閉區分也, 郵便局、郵便函、切手賣下所之位置也, 各地郵便局諸機械之支給也, 書信物品之遞送配集也, 各役夫、脚夫之任免監督也, 外他文書之授受, 表圖之製出, 并皆分部而掌之。其二調整課, 凡關文案, 其務甚煩, 故課中分五部、四科, 各掌其事, 規則罰則之改正增補, 報牒議案之審查調整, 莫不自此管領。就其中有沒書部, 沒書者, 書封之所發處受傳處, 不得詳知者, 仍爲沒書而查理之, 或開示於新聞紙, 或揭示於通衢, 以探其人, 而不能搜覓, 則必於總官面前燒捨之, 其物品之有價者, 則轉報政府後措處者也。其三發着課, 書信之發送來着, 專爲此課所掌。分爲十三部, 曰本部、點查部、捺印部、區分部、東海道部、東山道部、陸羽道部、陸前道部、事故信書部、配致部、橫文信書部、領受部、切手販賣部是也。本部, 則總察發着之事務。點查部, 則點查發着之書信物品。捺印部, 專掌捺印之事, 每於書信之來到, 必爲捺印, 以憑後日之更考。區分部, 區分書信之類, 出給于諸道分部。諸道部, 各掌該道書信之配達。配致部者, 只管東京一府往復之事務。事故信書部, 有事故難配達之書信審查處也。橫文信書部, 專管西洋各國信書等檢查處也。西洋文字, 皆以橫書, 故曰橫文。領受部, 卽書信物領受處也。切手販賣部, 卽切手販賣之額數計算製表等事務也。其四計算課, 課中分爲八部, 各掌本局及各郵便局一切金額之出納。其五爲替課, 課分八部, 專掌爲替事務。其六貯金保管課, 課分七部, 專掌貯金事務。其七查計課, 課分三部, 專管金財出納略, 與計算課相同。其八萬國郵便課, 一遵外務省聯合條約, 管理萬國郵便事務。其九外國文書課, 專管外國文字所關之一切事務。其十庶務課, 分七部, 專

管局中庶務及驛路輸運飛信遞送之事務。盖此驛遞局, 雖以驛名, 其實無驛馬。而現今局中有馬十三匹, 每一匹, 每月所喂爲十圓, 以資東京府下書信之領收是白齊。

會計局者, 專管一省內金錢之出納。局分五課, 各掌其務, 曰檢查課、出納課、調度課、主計課、庶務課是也。檢查課者, 局中文案之起草回議之可否無不檢查, 且管簿記之豫算傳票等事務, 出納課者, 只管金錢出納之事務, 調度課者, 官舍之營繕, 物品之購入, 無不管理, 主計課者, 凡係收入支出之事務, 精算主計之所也, 庶務課者, 局中公文之往復, 局員之進退, 局務之報告及他課所屬之事務, 無不掌理之處也。大抵農商之省, 新設未幾, 雖有此局之設, 凡係會計事務, 姑無算定, 而現今新省之役, 將於數月後, 可以了役, 所費姑難的算云是白齊。

農商省中, 有諮詢會議之稱, 其目有三, 其一曰上等會議, 其二曰府、縣會議, 其三曰區、町、村會議, 盖是農商工業之得失利害, 諮詢會議之所也。設省屬耳, 雖無當下實施, 槪以其規例論之, 上等會議者, 因農商工利害之事務, 或有太政大臣及農商卿之諮詢於各省長官而開議者, 或有各省長官之請議而開會者, 此則長官之會議, 故曰上等會議。議長農商卿自任之, 議員以各省官吏中能通農商工事務者選任之, 又或以各府縣各區町村會議之委員, 招集而任之, 會員則農商工三局長任之。每於會議之場, 內閣參議, 各省長官, 例爲參席, 而若有事故, 則或以他人代參焉。有定期會、臨時會, 臨時會者, 每因事務而臨時開會, 定期會者, 一年一度, 定期開會者也。夫府、縣之會議, 町、

村之會議, 亦類是焉, 而府、縣議長, 則知事令自任之, 會員則以本籍內二十五歲以上者擇定之, 區、町、村議員, 亦與府、縣之會同例。或因省卿諮詢而進議, 或因人民意見而具陳。凡關農商工上各有議件, 內外貿易之條約也, 海關之稅則也, 會社、商船等之免許也, 職工海員之試驗也, 外他道路開鑿, 海灣修築, 許多事務, 雖有定規, 姑無實施。而大抵農商一省, 雖非主務之省, 係是勸獎之要, 故上自各省, 下及府、縣, 隨處採訪, 以廣利益云是白齊。

# 각국 거류조례 제2
## (各國居留條例第二)

## 1. 기본서지

본 번역서의 저본은 서울대학교 규장각 한국학연구원 소장『일본 각국 조약(日本各國條約)』(奎1835) 7권 7책 가운데 제3권에 포함되어 있는『각국 거류조례(各國居留條例)』이다. 표제(表題)는 권2(卷二) '거류조례 제2(居留條 例第二)'이다. 간행연도는 고종(高宗) 18년(1881)이며 필사본(筆寫本)이다.

## 2. 편저자

민종묵(閔種默, 1835~1916)의 본관은 여흥(驪興), 자는 현경(玄卿), 호는 한산(翰山)이다. 홍문관부수찬(弘文館副修撰)·사복시정(司僕寺正) 등 관직 을 역임하였으며, 1881년 일본을 방문할 당시 조병직(趙秉稷), 이헌영(李 𨯶永)과 함께 일본 외무성(外務省) 시찰을 담당하였다. 이후 조정에서 주 로 외교와 관련된 관직을 역임하였고, 관련 사무를 처리하였다. 이 책 외에 공식 보고서인『일본 외무성 시찰기(日本外務省視察記)』와『일본 각 국 조약(日本各國條約)』 등을 남겼다.

## 3. 구성

○「장기지소규칙(長崎地所規則)」,「지소대도권(地所貸渡券)」,「지소규칙 첨서(地所規則添書)」,「천팔백육십년지소규칙제이부록(千八百六十年地所規則第二附錄)」

○ 신호대판거류지규칙(神戶大坂居留地規則):「의정병고대판양처외국인 조계조약(議定兵庫大坂兩處外國人租界條約)」,「대판표외국인무역병거류지규 칙(大坂表外國人貿易並居留地規則)」,「대판병고외국인거류지의정(大坂兵庫外國 人居留地議定)」,「병고대판외국인거류지지기박매규칙(兵庫大坂外國人居留地 地基拍賣規則)」,「지권식(地券式)」,「각서(覺書)」,「대판병고간설인선수물운송 선급탑객선규칙(大坂兵庫間設引船輪物運送船及搭客船規則)」,「대판포고(大坂布 告)」,「각국영사정대판항경계서(與各國領事定大坂港境界書)」,「대판포고(大坂 布告)」,「대판개항규칙(大坂開港規則)」,「병고신호외국인거류지내소칭묘지 약정지권서(兵庫神戶外國人居留地內所稱墓地約定地券書)」,「관어병고항내대지 구가옥우외국인등건지서한(關於兵庫港內貸地區家屋于外國人等件之書翰)」,「외 국인대지급경매지취조서류(外國人貸地及競賣地取調書類)」,「대지취조표(貸地 取調表)」,「영대대지취조표(永代貸地取調表)」,「경매지취조표(競賣地取調表)」, 「거류지외관유지외국인지대도분취조서(居留地外官有地外國人之貸渡分取調 書)」,「거류지경매가구분표(居留地競賣價區分表)」

○ 횡빈거류규칙(橫濱居留規則):「각서(覺書)」,「약서(約書)」,「회의서(會議 書)」,「횡빈산변공원지청서(橫濱山邊公園地請書)」,「천팔백육십육년제십이 월입구일억기서제십구조(千八百六十六年第十二月卄九日臆記書第十九條)」,「신 내천현지사소여산변공원지지권(神奈川縣知事所與山邊公園之地券)」,「월후신 사좌주이항거류규칙(越後新瀉佐州夷港居留規則)」,「상관항규칙(箱館港規則)」,

「신사외국인묘지약정서(新瀉外國人墓地約定書)」, 「상관외국인분묘지증서(箱館
外國人墳墓地證書)」, 「취유번고인감세지건부영불미공사서한(就襦袢股引減稅之
件付英佛米公使書翰)」, 「기(記)」, 「동수출사관서한(銅輸出事關書翰)」, 「초석수출
사관서한(硝石輸出事關書翰)」, 「해미맥수출사관서한(解米麥輸出事關書翰)」, 「포
고개척사급부현(布告開拓史及府縣)」, 「해미맥분수출사관서한(解米麥粉輸出事
關書翰)」, 「포고개척사급부현(布告開拓史及府縣)」, 「일본산석탄수출사관서
한(日本産石炭輸出事關書翰)」

## 4. 내용

조사시찰단의 일원으로 일본 외무성과 외교업무를 시찰하고 돌아온
민종묵이 일본의 대외조약(對外條約), 무역장정(貿易章程) 등을 정리하여
제출한 보고서이다. 일본의 거류지에서 발생하는 거주와 무역에 관한
사항을 처리하기 위하여 일본이 외국과 주고받은 조약서와 규칙, 서한
(書翰) 등을 번역하여 나열하였다.

개항지에서 시행하는 거류규칙(居留規則)에는 외국 선박의 입항절차
및 물품의 선적과 하역 방법과 그에 따른 세금의 징수와 외국인의 통행
규정, 그리고 선박의 안전과 무역의 편의를 위하여 일본이 시행하는 조
치 등이 기록되어 있다. 묘지에 관한 증서(證書)에는 묘지의 위치와 넓이,
그리고 관리와 비용 부담의 주체를 정해 놓았다.

무역의 내용을 담고 있는 다수의 서한이 있는데, 일본 관리와 일본의
개항지에 파견된 각국 공사(公使)가 단일 사안에 있어서 조약이나 약정서
보다 신속하게 문제를 협의하여 처리할 수 있는 장점을 활용한 것으로

보인다. 일본이 수입하는 철(鐵) 가공품과 의류, 일본이 수출하는 동(銅), 초석(硝石), 미맥(米麥), 석탄(石炭)에 대한 관세(關稅)의 조정이나 수출입 금지의 해제 등의 내용을 담고 있다. 외국과 서한을 통해 무역의 사안을 논의할 때 일본 국내에 그 사실을 알리는 포고문(布告文)이 이어서 실려 있는데, 외국과 주고받는 서한보다 국내에 알리는 포고문이 4~7일 정도 앞서 있다. 이는 문서의 전달과정에서 발생하는 시차를 극복하기 위하여, 외국과 사실상의 협의를 마친 뒤에 먼저 포고문을 국내에 전파하고 서한은 그 뒤에 발송하는 방식을 취하였기 때문으로 보인다.

특히 여기에 수록된 내용은『일본국 외무성 사무(日本國外務省事務)』권 8에 실린 것과 대부분이 일치하는데, 해석하기 어려운 부분을 풀어내는 데 있어서 서로 보완하는 자료가 되고 또 두 책 사이에 나타나는 기록상의 차이점을 비교해 볼 수 있다.

## 5. 가치

"거류조례"라는 표제 하에 집약된 이 규칙서, 약정, 증서, 서한들은 거류지에서 일어나는 무역 및 외국인의 일상생활에 관련된 모든 사항들을 일본 관원과 외국 영사가 협의하여 결정한 문서들이다. 형식적인 측면에서 규칙서나 약정은 주로 여러 조항을 포괄하여 결정하는 역할을 하였고, 증서나 서한은 개별 사안에 대한 조정을 위하여 사용되었음을 알 수 있다. 향후 조선이 일본을 비롯한 외국을 위하여 거류지를 조성하게 될 경우를 대비하여 외국과 주고받는 문서의 형식과 절차 및 어떤 사안이 어떻게 논의되는지를 숙지하는 데 도움이 되었을 것으로 보인다.

# 각국 거류조례 제2
## (各國居留條例第二)

「목차」

# 나가사키(長崎) 지소(地所) 규칙

규칙의 연조(年條)가 나가사키에서 처음 시작하여 고베(神戶)가 다음이며 요코하마(橫濱)가 마지막이다. 그러므로 이 순서대로 분류하여 기록한다.

만엔(萬延) 원년 경신(庚申) 8월 15일 곧 서력 1860년 9월 29일에 압인(押印)한다.

### 제1조, 차지법(借地法)

우리는 외국인이 거류지의 땅을 임차하는 것을 허가하니, 이제 외국인이 거류지 안의 땅을 임차하고자 하면 먼저 영사관(領事官) 또는 영사관수대(領事官手代)【그 일을 대리하는 사람이다.】에게 신청서를 제출해야 한다. 영사관을 배치하지 않은 국가의 경우에는, 동맹한 국가의 영사관에게 가서 요청한다. 그 신청서에 반드시 사지(四至)【곧 사방(四方)이다.】를 상세히 기록해야 하는데, 영사관 혹은 영사관대수는 그 지방의 역인(役人)【촌장(村長)과 이장(里長)의 부류이다.】 및 다른 국가의 영사관에게 해당 지역에 먼저 임차를 요청한 사람이 있는지 또는 기타 장애가 될 만한 일이 있는지 문의한다. 만약 해당 지역에 먼저 임차를 신청한 사람이 있으면 먼저 요청한 사람에게 명령하여 약간의 기간을 한정하여 계약을 맺게 하는데, 그 기간은 계약을 맺기에 충분한 기간이여야 한다. 기한을 넘어서도 계약을 맺지 않으면 다음 신청자가 임차하는 것을 허가하는데, 만약 분명하게 부득이한 사유가 있으면 기한을 넘어도 괜찮다. 그렇지 않으면 반드시 다음 신청자가 임차하는 것을 허가해야 한다.

## 제2조, 땅을 대여하는 것

실제로 거주하는 외국인에게 땅을 임대하는[1] 것을 허가하니, 만약 거주한다는 명목만 있고 실제로 거주하지 않는 사람에게는 임대하지 않는다. 그러므로 차주(借主)는 지권(地券)을 수령하고 6개월 이내에 반드시 가옥을 건축해야 하는데, 만약 6개월을 넘기고도 아직 가옥을 건축하지 않으면 관(官)에서 그 지권을 몰수한다. 해안을 마주하는 지역에 가옥을 건축할 때에는 건축비가 100평마다 양은(洋銀) 150원(元)보다 낮아서는 안 되고, 안쪽 거리에 건축할 때에는 건축비가 100평마다 양은 50원보다 낮아서는 안 된다.

## 제3조, 땅을 임차하는 것 및 지권(地券)

앞의 조항의 규칙에 의거하여 임차(賃借)를 요청하여 차주(借主)가 이미 결정되면, 영사관(領事官)이 수기개인서(手記蓋印書)를 작성하여 차주에게 발급한다. 그러면 차주는 그 문서를 가지고 그 지역의 역인(役人)에게 주는데, 그 지역의 역인은 시간을 지연하지 않고 차주와 함께 임차할 땅에서 만나 그 땅의 면적을 측량한다.

면적을 분명하게 측정한 뒤에, 먼저 차주로 하여금 1년 지가(地價)를 지소괘(地所掛) 상역(上役)에게 납부하게 한다. 그러면 지소괘 상역은 영표(領票) 3매를 작성하는데, 거기에 평수(坪數)와 경계를 기록하고 또 역문(譯文)을 첨부하여 차주에게 교부한다. 차주는 영표 1매를 본인이 소유하고 나머지 2매는 영사관(領事官)에게 내는데, 영사관은 또 1매를 봉행(奉行)에게 낸다. 그러면 봉행은 지권(地券) 3통을 작성하여 1통은 봉행소

---

1 임대하는 : 원문은 '次'인데, 문맥이 통하지 않아 '次'를 '借'로 바로잡아 번역하였다.

(奉行所)에 두고 1통은 영사관에게 주고 1통은 차주에게 발급한다. 그리고 봉행소는 각국 영사관에게 지권을 발급한 사유 및 상세히 기록한 그 땅의 평수와 경계를 통지한다.

### 제4조, 경계에 석표(石標)를 건립하는 것

땅을 임차할 때, 영사관의 차사원(差使員)은 지소괘(地所掛) 역인(役人) 혹은 지소괘 역인대인(役人代人)【임시로 지소괘 역인의 사무를 대리하는 사람이다.】및 차주(借主)와 임차할 땅에서 만나서 그 경계에 번지를 새긴 돌을 세워 표식으로 삼는데, 나중에 사단(事端)이 발생하는 것을 예방하기 위해서이다. 또 석표를 세울 때 도로 및 인접한 경계에 방해를 끼쳐서는 안 된다.

### 제5조, 시가·도로·암거(暗渠)·부두(埠頭)

시가와 도로 등은 모두 공용에 관계되어 있는 것이므로 임차한 땅 안에 혼입(混入)되어서는 안 되니, 차지인(借地人)은 시가와 도로에 장애를 끼치지 않아야 한다.

새 땅을 임차하는 사람은 시가와 도로, 부두를 설치할 여지(餘地)를 미리 남겨두어야 한다.

토지는 일본 정부의 소유이므로, 정부는 시가와 도로 및 부두를 보수하고 도랑을 준설하는데, 이렇게 할 때에 차지인(借地人)에게 조세(租稅)를 징수하지 않는다.

### 제6조, 지조(地租)를 납부하는 것

거류지 안의 차지인(借地人)은 매년 일본력(日本曆) 12월 10일에 내년의 지조(地租)를 완납해야 한다.

앞의 기일의 10일 전에, 봉행(奉行)은 영사관(領事官)에게 조회하여 모지(某地)의 모(某)【차주(借主)의 성명이다.】로 하여금 몇 월 며칠에 내년의 지조를 완납하게 하는데, 영사관은 이를 차주에게 명령한다. 기한이 되면 역인(役人)이 영표(領票) 3매를 작성하고 역문(譯文)을 첨부하여 1매는 봉행소에 내고 1매는 영사관에게 교부하고 1매는 차주에게 발급한다. 기한이 되어서도 차주가 지조를 완납하지 않으면 봉행이 영사관에게 조회하고, 그에 따라 영사관은 차주로 하여금 속히 지조를 완납하게 한다.

### 제7조, 매지(賣地)

모든 자치인(借地人)은 자기 성명을 지권에 확실하게 기재하면, 그 땅은 본인이 마땅히 거주해야 하는 곳이 되고 다른 사람으로 하여금 대신 거주하게 할 수 없다. 혹 다른 사람에게 땅을 판매하게 되면 마땅히 3일 이내에 성명을 고쳐 기재해야 하는데, 3일이 지나고 아직 성명을 고쳐 기재하지 않는 사람에게는 성명을 고쳐주는 것을 허가하지 않는다. 모든 차지인은 지권을 발급받은 날로부터 1년 안에는 다른 사람에게 땅을 판매할 수 없다.

일본인이 거류지 안에 외국인의 가옥 및 상장(商場)에 인접하여 불이 옮겨 붙을 수 있는 곳에 새로 가옥과 창고를 건설하는 것을 허가하지 않으니, 그렇게 하는 사람이 있으면 봉행이 명령하여 철거하게 한다. 다음 조항에서 정한 벌금법은 이를 방해하는 것을 예방하기 위하여 마련한 것이다. 그러므로 영사관(領事官)의 허가를 얻지 못한 일본인은 거류지 안에서 마음대로 유흥장【기루(妓樓)와 희장(戲場)이다.】을 열 수 없다.

### 제8조, 땅에 적용되는 제한 사항 및 지켜야 할 법칙

거류지 안에서는 짚과 띠[茅]로 지붕을 덮거나 대나무와 나무로 집을 짓는 것을 허가하지 않고, 또 인명에 해(害)가 되거나 남의 화물 또는 신체에 해가 되는 직업을 영위하는 것을 허가하지 않는다. 만약 인명·화물·신체에 해가 되는 직업을 하는 사람이 있으면, 24시간마다 양은(洋銀) 25원(圓)을 벌금으로 내게 한다. 화약(火藥)·초석(硝石)·유황(硫黃) 혹은 과열주정(過熱酒精) 등은 모두 신체와 화물에 해가 되는 물품이다. 그러므로 관(官)에서 엄금하여 인가의 안팎에 적재하는 것을 허가하지 않는다. 만약 이를 위반하는 사람이 있으면 양은 25원을 벌금으로 내게 하는데, 그래도 옮기지 않으면 24시간마다 25원을 벌금으로 내게 한다. 이런 직업을 영위하는 곳과 해당 물품을 저장하는 곳은 주거지에서 멀리 떨어진 장소에 마련하는데, 그 장소는 관리가 의논하여 정한다.

건축을 준공한 뒤에 계속 목각(木閣)과 옥재(屋材)를 쌓아 놓거나 비책(枇柵)·문폐(門陛)·호한(戶限)을 밖으로 돌출시키거나 혹 화물을 쌓아 두어 행인을 방해하는 사람이 있으면 일본 관리 혹은 영사관(領事官)이 철거를 명령한다. 그런 뒤에도 명령을 제때 이행하지 않으면 24시간마다 양은 10원을 벌금으로 내게 한다. 도랑과 도로에 쓰레기를 버리거나 혹은 화기(火器)를 발사하거나 혹은 멋대로 소란을 일으키거나 혹은 도로에서 말을 길들이거나 혹은 괴롭히는 짓으로 타인을 방해하는 사람에게 또한 10원을 벌금으로 내게 하는데, 벌금은 모두 영사관에 납부한다. 만약 영사관이 부재하면 일본의 중역(重役)에게 납부하는데, 중역은 외국의 세화역(世話役)【대중(大衆)을 대신하여 사무를 처리하는데, 관에서 파견한 사람은 아니고 곧 위원이다.】에게 교부한다. 세화역은 제9조의 취지를 따라 종사하는 사람이다.

## 제9조, 점등(點燈)과 순야(巡夜)

도로의 점등과 청소, 순야 등의 건에 대하여 규칙을 정하는 것은 중요하다. 그러므로 매년 초에 여는 집회에서 차지인(借地人)은 서로 비용을 모으는 데 대한 법을 의논한다. 매번 집회 때마다 차지인은 마땅히 그 땅과 가옥의 크기를 계산하여 여러 비용을 분담하게 하고, 또·거류지 안의 외국인이 거류지에 화물을 운반한 금액을 계산하여 부두세(埠頭稅)를 분담하게 한다. 외국인 3명 혹은 그 이상을 세화역(世話役)으로 선발하는데, 세화역은 회의에서 정한 법을 준수하는 것을 주간(主幹)한다. 만약 미납금이 있는 사람이 있으면 영사관(領事官)이 재판하고 세화역이 조치하는데, 자국의 영사관이 부재하면 세화역이 다른 국가의 영사관의 판단에 의거하여 나가사키 봉행(長崎奉行)에게 보고하고, 봉행은 앞의 금액을 징수하여 세화역에게 교부한다. 전년도에 모은 금액 및 그 출납은 장부에 상세하게 기재하여, 매년 초에 열리는 집회에서 세화역이 차지인(借地人)에게 제시한다. 영사관 1명 혹은 여러 명이 중요한 사안이 있어 회의에 상정하지 않을 수 없다고 판단하면 회의를 열수 있고, 차지인 중에 집회를 열 것을 요청하는 사람이 있으면 또한 수시로 집회를 열 수 있다. 회의를 열기 10일 전에 집회에 상정할 안건을 각 원(員)에게 통보하여 편하게 숙고할 수 있도록 해야 한다. 차지인이 집회를 열 것을 요청하는 경우에는, 마땅히 5인 이상이 연서(連書)하고 도장을 찍어야 하며, 또 그 사유를 상세히 기록하여 요청해야 한다.

집회에서 의논하는 것에 대하여 다수의 동의를 정론(定論)으로 삼는데, 당일에 차지인 중에 참석하지 못한 사람이 있더라도 참석한 사람 전원의 1/3의 동의를 얻으면 차지인은 모두 그 정론을 따라야 하고 이의를 제기할 수 없다. 회장은 반드시 영사관 중에서 노장(長老)인 사람이 맡는

데, 당일에 영사관이 회장(會場)에 참석하지 못하면, 집회에 참석한 차지인 중에서 투표[丟票]【주(丟)는 곧 투(套)이다.】로 회장을 선출한다. 의논하는 것은 반드시 처음에 요청한 사안에 그치지 않고, 거류지에 관한 다른 건도 또한 함께 의결한다. 그리하여 회장이 당일에 의결한 것을 영사관에게 보고하는데, 모든 영사관의 허락을 얻지 못하면 비록 회원들의 의결을 거쳤더라도 준수하여 시행하지 않는다.

### 제10조, 유흥장(遊興場)과 매주점(賣酒店)

외국인은 영사관(領事官)의 허가를 얻지 못하면 거류지 안에 매주점(賣酒店)과 유흥장을 열 수 없고, 일본인 또한 반드시 봉행의 허가를 얻어야 한다. 또 해당 영업을 열고자 하는 사람은, 반드시 소란과 난잡한 일이 발생하지 않을 수 있도록 보증인을 세운 뒤에 이를 요청할 수 있다.

### 제11조, 범죄(犯罪)

외국인이 범죄를 저질러 영사관(領事官)이 조사하여 알게 되거나 또는 다른 사람이 고발하거나 혹은 일본 역인(役人)이 조회(照會)하면, 영사관이 범죄자를 불러 다스리고 징계한다. 영사관을 두지 않은 국가의 사람인 경우에는, 다른 국가의 영사관이 일본 중역(重役)에게 통지하는데, 일본 중역이 범죄자를 징계하여 반드시 규칙을 지킬 수 있도록 한다.

### 제12조, 예비(豫備)

이후로 앞에서 나열한 규칙을 개정하려고 하거나 혹은 새로 다른 규칙을 추가하거나 혹은 사리에 근거하여 의문이 생기면, 모두 이전과 동일하게 봉행(奉行)이 영사관(領事官)과 숙의하여 공평하게 결정하는데, 영사관은 마땅히 결정한 내용을 일본에 주재하는 목대인(目代人: 외국에서 일본에 파견한 대리인)에게 보고하여 확정한다.

### 제13조. 【부록(附錄)】

앞의 제8조·제9조·제10조 안에 기재된 외국인을 처리하는 일은, 공법(公法)과 관계되기 때문에 봉행소(奉行所)에서 의논하여 결정할 수 있는 것이 아니다. 그러므로 봉행은 에도(江戶)의 중역(重役)에게 묻고 영사관은 에도에 주재하는 본국 공사[密尼斯德力][2]에게 묻기로 하였는데, 삭제하라는 명령이 있으면 마땅히 이 세 조항은 삭제하고 그 사유를 부록에 기재해야 한다.

앞의 규칙 가운데 영사관(領事官)이라고 일컬은 사람은, 일본과 조약을 의정(議定)한 각국의 영사관【현재 그 직임을 담당하는 사람이다.】을 뜻한다.

만엔(萬延) 원년 경신 8월 15일
오카베(岡部) 스루가수(駿河守) 화압(花押)

## 지소대도권(地所貸渡券)

모국(某國)의 상인(商人) 모(某)【성명(姓名)이다.】는 나가사키항(長崎港)의

---

[2] 공사[密尼斯德力] : 원문의 '密尼斯德力'은, 공사(公使)를 뜻하는 영어 'minister'를 한 자로 음차한 것이다.

외국인 거류지 안의 땅 한 구역을 임차하기 위하여, 먼저 자국의 영사관(領事官)을 거쳐 요청서를 나가사키 봉행(長崎奉行)에게 제출하였다. 이 땅은 나가사키항 안의 외국인 거류지에 소재하여 전면(前面)은 넓이가 몇십 간(間)이고 배후(背後)의 넓이는 몇십 간 몇 척(尺)이며, 평수(坪數)는 몇백 몇십 평 몇 홉(合)이니 도면(圖面)상에 몇 호(號)로 일컬은 곳이다. 이 땅은 서쪽으로 어느 곳과 경계를 이루고 있으며, 동쪽으로 어느 곳과 경계를 이루고 있으며, 북쪽으로 어느 곳과 경계를 이루고 있으며, 남쪽으로 어느 곳과 경계를 이루고 있다.

앞의 땅의 1년 지가(地價)는 100평마다 멕시코 불(弗) 몇십 매인데, 본월(本月)부터 몇 월까지가 1년이 된다. 1년의 차지료(借地料) 불(弗) 몇십 매를 납부한 뒤로, 모(某)【차주(借主)의 성명이다.】 혹은 상속인 혹은 관리인이 다음에 나열한 규칙을 준수하여 매년 지가를 완납하여 체납한 것이 없으면, 그 동안에는 관(官)에서 결코 변환(變換)하거나 상치(相馳)하는 일이 없다.

외국인은 조약을 준수하여 땅을 임차해야 하는데, 그에 대한 법은 다음과 같다. 차주(借主)는 분수 밖의 일을 기도(企圖)해서는 안 되니, 외국인은 일본제국의 허가장을 받아야 한다. 또 외국인이 소유한 땅 혹은 가옥을 다른 사람에게 판매하고자 하는 경우에, 일본 중역(重役) 혹은 영사관(領事官)이 이의를 제기하면 그렇게 할 수 없다. 일본인은 외국인 거류지 안에서 땅 혹은 가옥을 소유할 이유가 없으므로, 일본 중역 및 영사관이 관인(官印)을 찍어 허가하는 것이 아니면 타인에게 땅을 판매할 수 없다. 다만 허가의 여부를 결정하는 것은 일본 중역과 영사관이 판단한다.

### 앞의 권서(券書)의 법칙은 다음과 같다.

모(某)【차주(借主)의 성명이다.】혹은 상속인【자제(子弟)와 친속(親屬) 등으로서 그 집안을 대신 주관하는 사람이다.】혹은 관리인【지주에게서 그 집안의 사무를 위탁받은 사람이다.】이 땅을 임차함으로써 발생하는 이익을 다른 사람에게 판매하려고 하면, 마땅히 먼저 본국의 영사관(領事官)을 통해 봉행(奉行)에게 요청해야 한다. 영사관과 봉행이 모두 허가하고 장부에 그 사유를 기록한 뒤에, 서로 간에 수수(授受)할 수 있다. 만약 임차한 땅의 전부를 판매하거나 혹은 일부를 판매할 때 영사관 및 봉행의 허가를 기다리지 않거나, 일본인에게 대부(貸付)하거나, 혹은 100평마다 멕시코 불(弗) 약간의 금액으로 정해놓은 내년의 지가(地價)를 완납하지 않거나, 혹은 봉행 및 영사관이 의논하여 정한 규칙을 준수하지 않거나, 혹은 앞으로 개정하게 될 규칙을 준수하지 않으면 이 지권(地券)은 폐기하고 또 건축한 가옥은 모두 관에서 몰수한다.

앞의 땅을 대부(貸付)하는 데 대한 지권은 이와 같다.


연호(年號) 월일(月日)

1860년 월일(月日) 나가사키 봉행소(奉行所) 인(印)


## 지소 규칙(地所規則)의 첨서(添書)

본문인 「지소 규칙(地所規則)」[3] 제13조의 취지에 의거하여 에도(江戶)의 중역(重役)에게 문의하였는데, 지금 그에 대한 통보를 접하였으니 그 내용은 다음과 같다.

제1조의 내용 가운데 땅의 임차를 요청하는 사람을 본국의 영사관(領事官)이 부재하면 동맹한 국가의 영사관에게 가서 요청하게 한 것과, 제8조·제9조·제11조의 내용 가운데 본국의 영사관이 부재하면 나가사키 봉행(長崎奉行)이 처리하는 것 및 다른 국가의 영사관으로 하여금 처리하게 하는 것은 모두 정당하지 않다. 그러므로 규칙 가운데 영사관이 부재한 경우에 대한 조건은 모두 준용하지 않는 것으로 이미 각국의 공사[密尼斯德力]와 의논하여 결정하였다.

인하여 규칙의 말미에 이 문서를 첨부한다.


분큐(文久) 원년(元年) 신유(辛酉) 9월

오카베(岡部) 스루가수(駿河守) 화압(花押)


## 1860년에 맺은 지소 규칙(地所規則)[4] 제2조에 대한 부록

일본과 동맹한 각국의 영사관(領事官)과 나가사키 봉행(長崎奉行)은 서로 의논하고 증명하여, 지소 규칙(地所規則) 제7조의 지권을 교부받은 날로부터 1년을 채우지 못한 사람은 다른 사람에게 그 땅을 판매할 수 없다는 내용을 폐지하고 그 나머지는 모두 예전처럼 시행하여 고치지 않기

---

3 「지소 규칙(地所規則)」: 「長崎地所規則」을 가리킨다.
4 「지소 규칙(地所規則)」: 「長崎地所規則」을 가리킨다.

로 한다.

1862년 4월 29일【분큐(文久) 2년 임술(壬戌) 4월 삭일(朔日)】에, 나가사키에서 자필로 이름을 쓰고 개인(蓋印)한다.


오카베(岡部) 스루가수(駿河守) 화압(花押)


## 고베(神戸) · 오사카(大坂) 거류지 규칙

### 효고(兵庫)와 오사카(大阪)의 외국인 조계(租界)를 의논하여 정한 조약

게이오(慶應) 3년 정묘(丁卯) 4월 13일 곧 서력 1867년 5월 16일.

제1조    이미 우호를 맺은 외국의 국민들이 거류하는 데 대하여, 일본 정부는 효고(兵庫) 지방의 고베(神戸) 시가와 이쿠타가와(生田川) 사이의 지역을 지정하여 그 주거를 허가한다. 또 별도로 첨부한 지도에서 홍색(紅色)으로 칠한 곳을 조회하여 해안에서부터 점점 높게 축조하여 물이 잘 빠지게 하며, 또 해변에 400간 정도의 석당(石塘)을 축조한 뒤에 새로 도로를 만들고 도랑을 팔 곳을 정하기로 한다.

제2조    지금 정한 조계(租界)가 점차 가득 차서 거주할 곳이 없어져 별도의 지역을 요구하게 되면, 그 요구에 따라 뒷산을 활용하여 확장하는 것을 허가한다. 또 고베 시가에 위치한 일본 업주 소유의 땅과 가옥을 편의에 따라 외국인에게 임대할 수 있다.

**제3조**　조약을 따라 오사카에서 한 구역을 구획하여 외국인이 거주를 목적으로 가옥을 임차할 수 있도록 한 곳은, 도면(圖面)상에 홍색으로 칠한 곳이다. 그러나 그곳에 거주하는 일본인이 외국인에게 가옥을 대여하는 것을 원하지 않으면, 일본 정부가 이를 강요할 수 없다. 또 일본 정부는 동맹한 각국의 국민들이 오사카항(大坂港)에서 땅을 임차하여 가옥을 건축할 수 있도록, 도면상에 남색(藍色)으로 칠한 지역에서 땅을 임차하여 가옥을 건축하는 것을 허가한다. 일본 정부는 서쪽에 있는 농경지에 흙을 쌓아올려 주변의 땅과 평탄하도록 높이를 맞추고 나서, 또 석당(石塘)을 축조하고 도로를 건설하고 도랑을 파는데, 현재 심어져 있는 수목은 베지 않도록 해야 한다.

**제4조**　해당 외국의 국민들이 이미 오사카 조계지(租界地)의 땅을 임차하고 있는데, 다른 지역을 요구하면 남쪽 방향으로 확장하여 제공한다.

**제5조**　효고와 오사카의 거류지는, 모두 본년(本年) 정묘(丁卯) 12월 7일까지 앞의 조항을 조회하여 외국인이 사용할 수 있도록 준비를 완료해야 한다.

**제6조**　일본 정부는 해당 외국의 국민들의 조계지(租界地)에 들어가는 일체의 비용을, 지계(地界)를 매각한 금액으로 충당한다.

땅을 구획할 때 마땅히 위치와 방향의 좋고 나쁨을 살펴 그 가액(價額)을 정하니, 다만 금액을 합산할 때 반드시 일본 정부가 지출하는 비용과 상응할 수 있도록 힘쓴다.

또 지출하는 비용을 합산하여 외국인에게 경매할 때의 원가(原價)를 정한다.

이미 우호를 맺은 외국의 국민들이 땅을 임차하는 것을 허가하니, 경매할 때 경매가가 원가를 넘어서면 그 차액을 일본 정부가 거두어 일상적인 지출에 충당한다. 하지만 일상적인 지출 비용을 모두 보충하는 것을 담보하지는 않는다.

제7조  오사카와 효고에서 외국인에게 임대하는 땅은 외국인이 매년 지조(地租)를 납부해야 하니, 이것으로 도로와 도랑을 보수하고 거류지를 청소하는 것 및 단속(團束) 등에 들어가는 비용에 충당한다. 이러한 비용은 미리 산정하는 것이니, 충분한 금액을 책정해서 일본 정부에 완납해야 한다.

제8조  앞의 조항에서 효고와 오사카에 외국인 조계지로 의논하여 정한 곳은, 경매의 방법이 아니면 외국 정부 또는 공사(公司) 및 다른 누구라도 가옥의 건축은 물론 다른 목적으로 일본 정부로부터 대여받을 수 없다. 또 일본 정부는 조계지 내외에 상관없이 영사(領事)를 위하여 별도로 땅을 제공하지 않는다.

제9조  효고와 오사카에서 외국인에게 임대하는 땅의 원가(原價)와 대여한 땅에 대해 외국인이 매년 납부하는 지세(地稅), 도로 구역과 도랑의 개수, 한 번에 경매하는 땅의 크기와 경매 방법 및 기한, 기타 하문(下文)에 기재된 묘지설치법(墓地設置法) 등의 건은 일본 정부가 앞으로 각국의 흠차(欽差) 관리와 의논하여 결정하기를 기다려 시행한다.

제10조  일본 정부는 1866년 6월 25일에 에도(江戶)에서 확정한 조약서의 법을 따라 화물을 안전하게 보관할 수 있는 창고를 설치하여 외국인의 화물을 보관하는데, 효고에는 도면상 남색(藍色)으

로 칠한 곳에 건설한다. 정부가 필요로 하는 땅 및 지금 건설한

수선장(修船場)은 또한 외국인에게 대여하는 곳이 될 수 없다.

제11조　각국 국민들의 분묘지(墳墓地)는 효고의 경우에는 뒷산에 조성

하며 오사카의 경우에는 일본 정부가 즈이켄야마(瑞軒山)에 조

성한다. 묘지의 담장만 일본 정부가 설치하고 보수와 청소에

들어가는 비용은 거류하는 외국인에게 동등하게 부과하여 부

담하도록 한다.

제12조　서해안에 외국인이 거류할 수 있는 한 항구를 선정하는 것과

에도에서 외국인이 가옥을 임대하여 거주할 수 있는 지역을 정

하는 것은, 각국 공사(公使)가 일본 정부와 에도에서 상의하여

결정하니, 조약 및 상문(上文) 약서(約書)의 뜻을 따르며 또 이

약정을 실천하여 시행한다.


## 오사카(大坂)에 거류하는 외국인에 대한 무역 및 거류 규칙

게이오(慶應) 3년 정묘(丁卯) 12월 7일 곧 서력 1868년 1월 1일.

제1조　오사카(大坂)는 지정한 항구가 아니므로 외국 상선이 정박하는

것을 허가하지 않는다. 해관(海關)이 완성되기 전에 혹시 외국

인 중에 본부(本府)로 화물을 수입하고자 하는 사람이 있으면,

조약의 부록인 통상 장정(通商章程)을 조회하여 효고(兵庫) 해관

에 보고하여 세금을 완납해야 한다. 다만 이미 다른 항구에서

수입세를 완납한 화물에 대하여 두 번 세금을 내지 않아도 된

다. 또 오사카에서 외국 선박에 화물을 실을 수 없는 동안에, 오사카에서 수출하는 화물도 또한 효고 해관에 보고하여 세금을 완납해야 한다.

제2조 본 규칙 및 조약의 부록인 통상 장정(通商章程)을 조회(照會)하여, 수선(輪船)과 각범선(脚帆船)의 구분 없이 외국인이 관할하는 조선(漕船)과 타선(拕船), 탑객선(搭客船) 등이 오사카와 효고 사이를 왕래하는 것을 허가한다.

제3조 오사카에 거주하는 외국인이 다음에 기재한 경계 안에서 자유롭게 다니는 것을 허가한다. 남쪽으로 야마토가와(大和川)에서부터 후나하시(舟橋)⁵까지는 교코지(教興寺)에 이르러 사다(佐太)⁶를 경유하는 것을 한계로 한다. 지방(地方)은 야마토가와 밖에 있더라도 유보(遊步)하는 것을 허가한다. 오사카와 효고를 왕래하는 도로는 교토(京都)에서 10리 떨어진 지역을 한계로 그 왕래를 허가한다. 또 외국인이 오사카부(大阪府)를 수륙(水陸)으로 왕래하는 것은 일본인과 동일하다.


## 오사카(大阪)·효고(兵庫) 외국인 거류지 의정(議定)

게이오(慶應) 4년 무진(戊辰) 7월 8일 곧 서력 1868년 8월 7일.

---

5 후나하시(舟橋) : 원문은 '船橋'인데, '船'는 '舟'의 오기이므로 바로잡아 번역하였다.
6 사다(佐太) : 원문은 '佗田'인데, '佗田'는 '佐太'의 오기이므로 바로잡아 번역하였다.

**제1조** 작년에 의논하여 정한 오사카(大坂)의 외국인 조계지(租界地)의 경매 시기는, 일본 역인(役人)이 각국 강사(岡士)와 의논하여 정하는데, 마땅히 서력 9월 1일 혹은 그와 가까운 날로 정한다. 전에 포고한 앞 지역의 도면을 되도록 사용하되, 일본 역인 및 각국 강사가 모두 지도를 개정하고자 하면 개정하는 것 또한 가능하다. 실제로 도면을 개정한 것이 있으면 경매를 시작하기 5일 전에 오사카에 포고해야 한다.

**제2조** 효고(兵庫)는 일본 역인(役人)이 각국 강사(岡士)와 서로 경매 등의 일을 의논하여 정해야 하는데, 일본 정부는 마땅히 먼저 경매에 붙일 거류지의 면적과 방향 및 경매 기일과 지도를 효고에 포고하여, 사람들로 하여금 포고한 구역의 면적과 방향 및 앞으로 건설할 도로와 도랑의 위치를 알 수 있도록 해야 한다. 경매하기 5일 전에 땅을 구획하는데 200평에서 600평을 한 구역으로 삼고, 도로의 폭은 40척보다 좁아서는 안 된다.

**제3조** 상문(上文)에서 언급한 것과 같이, 오사카와 효고에서 외국인에게 대여하는 땅은 모두 경매법에 의거한다. 그 경매법에 미리 원가를 정하니, 1평마다 금(金) 2냥(兩)이다. 그 중 1냥 2푼(分)은[7] 일본 정부에 납부하여 땅에 건물을 건축하는 데 들어가는 비용에 충당하고, 나머지 2푼은 적금(積金)을 관리하는 간사에게 교부하여 거류지의 도로를 보수하고 도랑을 준설하며 도로에 야등(夜燈)을 켜는 등의 여러 비용에 충당한다. 또 일본 정부

---

7 1냥 2푼(分) : 원문은 '二分'인데, 『日本國外務省事務』 권8 「大阪兵庫外國人居留地約定」을 참조하여 '二分'앞에 '一兩'을 보충하여 번역하였다.

는 오사카와 효고에서 거류지의 경매가가 원가를 초과하게 되면, 원가를 제외하고 초과한 금액의 절반을 적금에 교부하기로 약속한다.

제4조 오사카와 효고의 거류지 지역을 경매하는 것은 마땅히 이 문서의 끝에 기재한 부록인 경매 규칙[拍賣規則]을 따라야 한다. 경매한 뒤에 판매되지 못한 지역이 있으면, 다른 날을 기다려 다시 경매에 붙인다. 그 시기는 일본 역인(役人)이 각국 강사(岡士)와 의논하여 정하니 또한 마땅히 한 달 전 포고해야 한다.

제5조 오사카의 지세(地稅)의 원액(元額)은 금(金) 381냥(兩)이고 효고(兵庫)의 지세의 원액은 금 410냥 1푼(分)이니, 매년 1평마다 세금 1푼의 비율로 일본 정부에 납부해야 하는 것이다. 남는 금액은 거류지 적금으로 활용하여, 도로를 보수하고 도랑을 준설하며 도로에 야등(夜燈)을 켜는 등의 여러 비용에 충당한다. 앞의 세금은 모두 미리 납부해야 한다.

제6조 적금법(積金法)을 설립하여, 예기치 못한 천재지변 이외에 도로를 보수하고 도랑을 준설하며 야등(夜燈)을 켜는 일 및 거류지에 들어가는 여러 비용은 일본 정부가 관여하지 않는다. 예기치 못한 천재지변으로 인한 손해가 발생하여 일본 정부가 금액을 지출할 필요가 있으면, 일본 역인이 각국의 강사(岡士)와 함께 상의하여 지출할 금액을 정한다.

제7조 외국인이 이미 이 의정서를 준수하여 땅을 임차(賃借)하면 금액을 납부하여 거류지의 적금(積金)에 보충해야 하는데, 금액을 납부하는 자는 먼저 강사(岡士)에게 납부하고 강사는 다시 적금

을 주관하는 간사에게 납부한다. 거류지의 적금은 일본 관사(官司)와 각국 영사(領事) 및 조계지(租界地) 총관(總官)이 상의하여 출납한다. 행사(行事)는 3인을 넘을 수 없는데, 이들을 천거할 때 그 대상자는 각국 영사관(領事官)의 화명책(花名冊) 안에서 선정한다.

제8조    순포(巡捕)하고 단속하기 위하여 외국인을 고용해야 하므로, 오사카와 효고의 조계지(租界地)에서 땅을 임차하는 사람은 1평마다 일분은(一分銀)의 1/3을 넘지 않는 세금을 적금(積金)에 납부해야 한다. 매년 납부하는 금액 및 수납 기일은, 일본 역인(役人)과 각국 강사(岡士) 및 거류인 가운데서 선출한 행사(行事)가 함께 상의하여 결정한다.

제9조    오사카와 효고 거류지의 석당(石塘)과 부두를 보수하는 것 및 근처의 바다와 강을 준설하여 썰물 때에도 상륙하는 데 아무 장애가 없게끔 하는 것은, 일본 정부가 담당한다.

## 효고(兵庫)·오사카(大坂) 외국인 거류지의 땅을 경매하는 데 대한 규칙

제1조    지도 몇 장을 제작하고 진대(鎭臺)에서 인신(印信)을 찍어, 고베(神戶)와 오사카(大坂)의 두 아문(衙門) 및 각국 영사 분서(領事分署)에 각각 1장씩 보관하여 뒷날의 증거로 삼는다. 경매할 때가 되면, 제1호의 땅에서 시작하여 순서대로 경매에 붙이는 것으로 규칙을 삼는다.

제2조   경매에서 반드시 마지막에 최고가를 제시한 사람이 매주(買主)
　　　　가 되니, 마지막에 두 사람이 제시한 가격이 같으면 그 땅을
　　　　다시 경매에 붙인다.

제3조   경매할 때 입찰가를 제출하는 사람은 큰 소리로 지가(地價)를
　　　　외치는데, 그 금액은 1평마다 일분은(一分銀)의 1/5보다 적어서
　　　　는 안 된다. 경매인은 자신을 위해 입찰할 수 없고, 또 타인을
　　　　대리하여 입찰할 수 없다. 매주(買主)가 정해지면 경매인이 큰
　　　　소리로 매주의 성명을 불러 속히 장부에 이름을 기록해 놓는
　　　　다. 그 뒤에 지권(地券)을 발급할 때, 장부상의 성명을 조회하여
　　　　혼란이 생기지 않게끔 한다.

제4조   갑호(甲號)의 땅의 평가(評價)가 결정되어 매주(買主)가 정해지고
　　　　을호(乙號)의 땅을 경매에 붙이기 전에, 갑호의 땅의 매주는 금
　　　　(金) 100냥(兩)을 납부하여 결약(結約)의 증거로 삼는다. 그 뒤에
　　　　지권(地券)을 발급해 줄 때, 앞에서 낸 금액을 증거로 삼아 지
　　　　가에 산입(算入)한다. 만약 매주가 증거금을 납부하지 않으면,
　　　　을호의 땅을 경매에 붙이지 않고 갑호의 땅을 다시 경매에 붙
　　　　인다.

제5조   지계(地契)는 뒤에서 설명하는 양식에 따라 1868년 3월 1일에
　　　　발급해야 하니 미리 지권(地券)을 제작해야 한다. 지권을 지급
　　　　할 때 지권에 기록된 성명을 확인하여 본인에게 발급해야 한
　　　　다. 만약 이미 그 땅을 다른 사람에게 판매했거나 혹은 다른
　　　　사람이 대리인임을 증명할 수 있는 증서를 가지고 있거나 별도
　　　　로 다른 확증(確證)을 소지하고 있으면 모두 지권을 발급해 주
　　　　고 장부에 기재된 성명은 따지지 않는다. 그러나 반드시 그 증

서 혹은 강사(岡土)가 직접 날인한 증서의 부본(副本)을 일본 역소(役所)에 제출해야 한다. 15일이 되어서도 아직 지가(地價)를 완납하지 않으면 스스로 파약(破約)한 것으로 간주한다. 때문에 이미 납부한 금액은 정부에서 거두고 돌려주지 않으며, 파약된 땅은 다음번 경매 때에 다시 경매에 붙인다.

제6조　지권을 발급할 때 매주(買主)로 하여금 금 5냥(兩)을 수수료로 납부하게 한다.

제7조　지권을 구입하는 규칙을 마땅히 준수해야 하고, 또 별지의 규약 제5조에서 정한 것과 같이 매주(買主) 혹은 그 상속인 혹은 관리인으로 하여금 1평마다 금(金) 1푼(分)의 지조(地租)를 매년 납부하게 한다.

제8조　앞의 지조 이외에 매년 거류지에 들어가는 여러 항목의 비용을 납부하기로 약속하는데, 그 금액은 1평마다 일분은(一分銀)의 1/3을 넘지 않는다.

제9조　일본과 우호를 맺은 국가의 국민임을 증명할 수 없는 사람에게는 절대로 지권을 발급하는 것을 허가하지 않는다.

## 지권식(地券式)

추형(雛形)이다.

나는 일본 정부를 대신하여 금 몇 냥(兩)을 수령하였으므로, 관도(官圖)에 몇 호(號)로 기록된 몇 평 면적의 땅을 모(某)국가의 모(某)에게 대여하니, 준수해야 할 조건은 다음과 같다.

1868년 8월 7일에 일본 정부가 외국 공사(公使)와 맺은 「개조서(箇條書)」[8] 제5조를 준수하여, 지가(地價)는 1평마다 금(金) 1푼(分)이니, 지가의 총액 금 몇 냥(兩)을 서력 몇 월 며칠에 기한에 맞춰 내년 지조(地租)의 명목으로 강사관(岡士館)에 미리 납부한다. 또 제8조에 기재된 바를 준수하여 매년 거류지 관리에 들어가는 여러 비용을 기한에 맞춰 강사(岡士)에 납부해야 하는데, 그 금약은 1평마다 일분은(一分銀)의 1/3을 넘지 않는다. 또 몇 호(號)의 땅 전체 혹은 그 일부를 다른 사람에게 판매할 때, 조약을 맺은 외국 국민들을 제외한 다른 사람에게는 판매할 수 없다. 또 다른 사람에게 판매할 때 반드시 각자 자국의 강사에게 허락을 받아야 한다.

혹시 이 조항을 준수하지 않는 사람이 있으면, 일본 정부에서 그 국가의 강사에게 조회한다. 이제 지권(地券) 2통을 작성하니, 1통은 차주(借主)에게 발급하고 1통은 일본 장관이 보존하여 증좌(證左)로 삼는다.


## 각서(覺書)

메이지(明治) 원년(元年) 무진(戊辰) 8월 23일 곧 서력 1868년 10월 8일.

일본 정부를 대리하는 갑고(甲股)인 효고 지현사(兵庫知縣事) 이토 슌스케(伊藤俊介)는 외국인들을 대리하는 을고(乙股)인 조약을 맺은 국가의 영

---

8 「개조서(箇條書)」: 「大坂兵庫外國人居留地議定」을 가리킨다.

사(領事)와 약정한다.

「고베(神戶)의 땅을 매도하는 취극서(取極書)」[9] 제9조에 기재된 바다와 강의 석당(石塘)은 관도(官圖)에 분명히 기재되어 있고, 또 거류지 주위 도로상에 있는 도랑과 이제 막 수축하는 석당(石塘) 및 복개(覆蓋)하는 것 도 그 안에 분명히 기재되어 있다. 해당 도랑은 안쪽 거리에 있는 것으로 없어서는 안 되는 도랑이다. 그러므로 갑고(甲股)는 관부(官府)와 거류인 의 상속인들을 대신하여 항상 도랑을 준설함으로써 청결을 유지하여 손 해가 발생되지 않게 할 수 있도록 약속한다. 을고(乙股)는 속히 이 땅을 관할하고자 하고 또 다른 사람에게 매각하고자 한다. 이로 인하여 가설 하는 교량의 폭을 거류지의 도로와 동일하게 하고 또 속히 그 공사를 완료할 것을 갑고(甲股)와 더불어 약속한다.

갑고(甲股)는 이쿠타가와(生田川) 석당(石塘)을 보호하기로 약속하는데, 이는 물이 넘쳐서 거류지에 피해를 끼치는 것을 예방하기 위해서이다. 1868년 10월 8일에, 날인하여 증빙한다.


효고 지현사(兵庫知縣事) 이토 슌스케(伊藤俊介)　　　　　화압(花押)

미국 영사 대수고도수지와루도(代壽古道壽之窩婁道)　　　수기(手記)

네덜란드 영사 아이보도잉(阿伊甫道仍)　　　　　　　　　동(同)

이토 슌스케 군(君) 및 대수고도수지와루도 군은 함께 시비(是非)를 증 명받기 위하여, 면전(面前)에서 직접 날인하고 서로 교부한다.

---

9 「고베(神戶)의 …… 취극서(取極書)」:「大坂兵庫外國人居留地議定」을 가리킨다.

## 오사카(大坂)와 효고(兵庫) 사이에 배치한 인선(引船)과 수물운송선 (輸物運送船) 및 탑객선(搭客船)에 대한 규칙

이 규칙과 「에도와 요코하마 사이를 운행하는 운송선(運送船)과 탑객선에 대한 규칙(江戶橫濱間運送船搭客船規)」이 동일하므로 거듭 기록할 필요가 없다.

게이오(慶應) 3년 정묘(丁卯) 11월 삭일(朔日) 곧 서력 1867년 11월 26일.

제1조   일본 장관의 허가장[準單]을 발급받지 못한 외국인이 타선(拕船)과 조선(艚船), 탑객선(搭客船)을 운행하여 오사카와 효고 사이를 왕래하는 것을 허가하지 않는다.

제2조   허가장을 요청하는 사람이 있으면, 효고 진대(兵庫鎭臺)와 해당 국가의 영사(領事)가 함께 조사하여 허가장의 발급 여부를 결정한다. 허가장을 발급하기로 결정하면 거기에 반드시 양국의 언어로 해당 선박의 모양을 상세히 기록하며, 효고 진대에서 인신(印信)을 찍고 그 옆에 영사관(領事官)이 날인하는 것으로 규칙을 삼는다.

제3조   허가장을 발급하고 1년이 지나면, 진대(鎭臺)와 영사(領事)가 각각 검사하여 허가장의 효력을 중지시킬 것인지 혹은 재발급할 것인지를 결정한다. 허가장을 발급할 때, 처음인지 두 번째인지에 관계없이 허가장을 요청한 사람은 반드시 일분은(一分銀) 1각(角)을 수수료로 일본 정부에 납부해야 한다.

제4조   화물을 싣고 있는 외국 선박의 흘수(吃水)의 깊이가 8척을 넘으면 허가장을 발급하지 않는다.

**제5조** 허가장을 발급받은 선박에 관리를 파견하여 승선시키는 것과, 혹 해당 선박이 고베(神戶)와 오사카의 두 항구를 왕래할 때에 관리를 파견하여 간수(看守)하게 하는 것을 모두 일본 정부의 편의에 따라 할 수 있다.

**제6조** 효고에서 허가장을 발급받아 화물을 싣고서 오사카에 도착한 선박은, 해당 화주(貨主)가 화물마다 수세단(收稅單) 혹은 면세단(免稅單)을 부착해야 한다. 만약 해당 문서가 없이 오사카에 화물을 내리면 그 화물은 관(官)에서 몰수한다.

**제7조** 오사카와 효고에서 허가증을 발급받은 외국 선박은, 반드시 일본 정부에서 허가한 일정한 부두에서 이 화물을 내려야 하는데, 혹 그렇게 할 때에 반드시 일본 정부가 허가한 삼판선(三板船)[10]을 사용해야 한다.

**제8조** 관에서 허가한 선박은, 오사카와 효고 사이에서 화물과 사람을 운반하거나 혹은 다른 선박을 예인하는 것 이외에 다른 여러 용도로 사용하는 것을 허가하지 않는다. 또 항해 도중에 다른 외국 선박 또는 일본 선박에 접근하거나 혹은 다른 지방에 정박하는 것을 허가하지 않는다.

**제9조** 관에서 허가한 선박은, 외국인 선장을 제외하고 선원 등은 뭍에 내릴 수 없다.

**제10조** 규칙을 위반하여 허가장을 몰수당하게 되면, 자국민이 각 조약 및 약정한 규칙을 준수할 수 있도록 해당 영사관(領事官)은 본국 정부를 대리하여 부여받은 권한으로 규칙을 위반한 사람들을

---

10  삼판선(三板船) : 항구 안에서 사람이나 짐을 나르는 작은 배를 말한다.

처벌한다.


## 오사카(大坂) 포고(布告)

해관(海關) 앞 부두의 하천에서, 증기선(蒸氣船)은 정박한지 24시간이 지나면 하류로 옮겨 정박하는 것으로 이번에 각국 영사(領事)와 숙의하였으니, 일본인과 외국인의 구분 없이 이 규칙과 이 포고를 준수해야 한다.

메이지(明治) 6년 계유(癸酉) 2월 2일
오사카부 권지사(大坂府權知事) 와타나베 노보루(渡邊昇)


## 각국 영사(領事)와 오사카항(大坂港)의 경계(境界)를 정하는 데 대한 서한(書翰)

오사카항의 경계는 북쪽으로는 사몬가와(左門川)이며 남쪽으로는 야마토가와(大和川)이며 서쪽으로는 덴포잔(天保山)의 등대(燈臺)에서 서쪽으로 3리입니다. 사몬가와와 야마토가와에 마땅히 표목(標木)을 세워 경계를 분명히 하겠습니다.

항칙(港則) 제4칙에서 아직 정하지 않은 경계는, 지금 정부에서 명령하여 획정한 것이 이와 같으니 이 내용을 귀국의 국민들에게 널리 알리고자 합니다.

메이지(明治) 6년 계유(癸酉) 3월 12일

오사카부 권지사(大坂府權知事) 와타나베 노보루(渡邊昇)

## 오사카(大坂) 포고(布告)

해관(海關) 앞 부두의 동쪽으로 12간(間) 길이의 하천을 항구를 출입하는 선박이 화물을 싣고 내리는 곳으로 삼아 기선의 정박을 허가하지 않는다. 이는 기선이 다른 선박이 화물을 싣고 내리는 것에 방해를 끼치지 않게 하고자 하는 것이다. 지금 각국의 영사(領事)와 상의하여 새로 이 규칙을 마련하였으니, 일본인과 외국인의 구분 없이 준수해야 한다.

메이지(明治) 6년 계유(癸酉) 4월 4일

오사카부 권지사(大坂府權知事) 와타나베 노보루(渡邊昇)

## 오사카(大坂) 개항 규칙

메이지(明治) 2년 기사(己巳) 4월 8일 곧 서력 1869년 5월 19일.

제1칙  거류지 근처에 해관(海關)을 건설하였는데, 지금 다시 해관 출장운상소(出張運上所)를 아지가와(安治川)의 나미요케야마(波除山)에 설치하여 뭇 사람들에게 편의를 제공한다.

제2칙  상선이 항구를 출입할 때 세금을 거두는 것은 모두 해관에서 처리한다.

**제3칙** 항구로 들어온 선박이 풍파에 막혀 상륙하여 해관(海關)에 보고할 수 없는 상태에서, 해관의 휴업일과 겹쳐 보고하지 못한 것이 48시간을 초과하면, 사정이 분명하므로 규례를 위반한 것으로 간주하지 않는다. 그렇지 않은 경우에는 시한을 넘어서는 안 된다.

항구로 들어온 외국 상선에 해관에서 관리를 파견하여 1척마다 검사하고 또 개항 개항(開港) 「규칙서(規則書)」를 가져가 선장에게 제시한다.

풍파에 막혀 시한이 넘도록 해관에 보고하지 못한 경우에, 선장이 항구로 들어온 월일시(月日時) 및 해관 관리에게 검사를 받은 시각을 기록하여 해관의 관리에게 제출한다.

**제4칙** 오사카항(大坂港)의 경계는 일본 관리와 각국 강사(岡士)가 의논한 뒤에 획정하고, 또 표목(標木)을 설치한다.

표목을 설치하는 것은 일본 정부가 담당한다.

**제5칙** 본항(本港)의 경계 안에서 선박이 바닥짐을 버리는 행위를 허가하지 않으니, 각국 강사(岡士)는 규칙을 준수할 수 있도록 엄하게 제재(制裁)해야 한다.

**제6칙** 화물을 싣고 내리는 것은 해관(海關)에서 지정한 두 곳의 부두에서만 할 수 있는데, 만약 이 두 부두를 이용하지 않고 화물을 싣고 내리는 사람이 있으면 그 화물을 관(官)에서 몰수한다.

**제7칙** 화물을 싣고 내리는 곳으로 지정한 두 부두를 제외하고, 거류지 안에 다시 두 곳의 부두를 설치하여 사람을 싣고 내리는 데 편리하도록 한다. 하지만 화물을 싣고 내리는 것은 허가하지 않는다.

**제8칙** 기선(汽船) 혹은 돛배[桅船]가 기계를 시험 삼아 운전하거나 혹

유람하기 위하여 항구 밖으로 나가고자 할 때 그 선박의 선장이 반드시 강사(岡士)에게 보고해야 하는데, 보고를 받은 강사가 해관(海關)에 보고한 뒤에 잠시 항구 밖으로 나가는 것을 허가한다. 선박이 항구 밖으로 나갈 때, 해관에서 파견한 관리가 그대로 배에 승선하고 있으면서 간수하니 관리를 하선 시키는 것을 허가하지 않는다.

제9칙   일본의 축일(祝日)·제일(祭日)·휴업일(休業日)에는 화물을 싣고 내리는 것을 허가하지 않는다. 허가장을 가지고 있는 경우 및 검사를 완료한 화물의 경우에는, 해관(海關)에 신고한 뒤에 화물을 싣고 내린다. 우편선의 경우에는, 휴업일이더라도 화물을 싣고 내리고자 하면 강사관(岡士館)의 관인(官印)이 찍힌 원장(願狀)을 제출하거나 혹은 강사(岡士)가 직접 뒷면에 수기(手記)한 원장을 제출하면 이를 허가한다. 일본의 휴업일은 다음과 같다. 정월 1·3·7일, 3월 3일, 5월 5일, 6월 25일, 7월 7·4·16일, 8월 삭일(朔日), 9월 9일·22일, 12월 27·회일(晦日). 다만 12월 27일과 28일 이틀은, 오전 9시에서 오전 12시까지 해관을 연다.

제10칙   서력 5월에서 10월까지의 기간에는 매일 오전 9시에 해관(海關)을 열고 오후 5시에 해관을 닫으며, 11월부터 4월까지의 기간에는 매일 오전 10시에 해관을 열고 오후 4시에 해관을 닫는다. 선박이 항구를 출입하는 등 해관의 사무는 해관이 열려 있는 동안에 집행한다.

비록 해관이 열려 있는 시간이 아니더라도, 만약 긴급한 사정이 있어 각국의 강사(岡士)가 문서로 요청하면 해관을 연다.

제11칙  세금을 내야할 화물을 통상이 허가된 일본의 각 항구로 수송할 때 마땅히 문서를 제출하여 그 화물을 싣고 어느 항구로 향하는지 증명해야 하는데, 기일 내에 그 항구의 해관(海關)에 화물을 내렸다는 증거인 상화단(上貨單)을 받아서 제출해야 한다. 만약 기한이 지나서도 상화단을 제출하지 않으면 마땅히 조세(租稅)를 내야 한다. 또 해외로 수출을 금지한 화물을 통상이 허가된 각 항구로 수송하여, 기한이 지나서도 다른 항구에 상화단을 제출하지 않으면 그 화물의 가액(價額)을 해관에 납부해야 하는데, 또한 먼저 문서로 그 가액을 증명해야 한다.

나가사키(長崎)와 요코하마(橫濱)는 4개월, 하코다테(箱館)와 니가타(新潟)는 6개월을 제출 기한으로 정한다. 만약 기한 안에 증서를 제출하지 않으면 즉시 그 항구에 조회(照會)하는데, 선박이 입항했을 경우에는 증서에 기록된 금액을 징수하고 선박이 입항하지 않았을 경우에는 6개월을 더 기다리다가 파선(破船)된 것을 확인한 뒤에 그 증서를 폐기한다.

제12칙  화물이 이미 해관(海關)의 검사를 마친 뒤에 부두에 둔 상태로 48시간이 지나거나 제10칙에서 정한 해관이 열린 시간 내에 검사를 요청하는 문서를 제출하지 않으면, 그 화물은 창고에 보관하게 되는데 그 창고비는 화주(貨主) 혹은 관리인에게서 징수한다. 화물은 검사를 받지 않아서는 안 된다.

제13칙  화약 및 강열폭발물(强烈爆發物)은, 별도로 창고를 건설하여 보관하는 것을 허가하니 그 창고비는 나중에 의논하여 정한다.

제14칙  화물을 수출입하는 데 대한 허가장은, 모두 해관(海關)에서 수령해야 한다. 그런데 수입하는 화물에 대한 허가장은 화주(貨

主)의 요청을 따라 혹 아지가와(安治川) 출장운상소(出張運上所)에서 발급받는 것도 가능하다.

**제15칙** 화물을 싣고 있거나 혹 승객이 탑승한 선박이 오사카와 고베 사이를 왕복할 때에, 반드시 아지가와(安治川) 운상출장역소(運上出張役所)에 머물러 보고해야 한다. 항구로 들어오는 화선(貨船)은 마땅히 출장역소(出張役所)에서 정지해야 하는데, 그 시간은 15분을 초과하지 않는다. 그리고 출장역소에서 관리를 선박에 탑승시켜 간수하여 부두로 가게 한다. 항구에서 나가는 화선은 해관(海關)의 차사원(差使員)이 부두에서 탑승하여 간수하여 함께 출장역소로 가는데, 거기에서 차사원이 화물에 부정이 없음을 분명하게 말하고 또 검사를 마친 뒤에 출장역소에서 출항을 허가한다. 만약 검사를 거치지 않았으면 출장역소의 관리가 속히 검사를 받게 하고, 또 만약 화주(貨主)가 출장역소에 보고하지 않고 마음대로 출항하려고 하면 투루법[偸漏法: 탈세(脫稅)]으로 논죄한다.

증기선[川蒸氣船]이 아지가와 운상소출장소(運上所出張所)를 지나갈 때, 관리가 선박에 탑승할 준비가 되어 있지 않다면 곧바로 통과할 수 있다.

증기선은 일정한 부두로 가서 정박해야 하니, 요청서를 제출하지 않고 마음대로 다른 부두에 정박하는 것은 허가하지 않는다.

**제16칙** 아지가와(安治川)의 물가에서 출장운상소(出張運上所) 앞까지는 현재 바다의 수심이 아직 얕기 때문에 1장(丈)에서 1장 4척의 깊이로 준설해야 한다. 준공되기 전에는 선박이 기즈가와(木津川)와 아지가와의 두 항구를 통과하는 것을 허가한다. 준설이 끝나면 일본 사인(司人)이 각국 강사(岡士)에게 조회(朝會)하여 각국 국민들에게 포고하게 하는데, 그 뒤로는 모든 선박은 아지가와를 경유해야 하고 기즈가와를 경유하는 것은 허가하지 않는다. 기즈가와의 1호 번소(番所)에서 해관(海關)의 앞까지는, 화선(貨船)에 대해 반드시 관리가 간수한다.

번소에서 다른 각 해구(海口)에서 드나드는 화선을 발견하면 모두 아지가와를 경유하여 가게 한다.

화선은 심한 파도와 바람을 만나면 이를 피하기 위해 시리나시가와(尻無川)의 1호 번소의 부근 혹은 기즈가와로 들어가는데, 바람과 파도가 잠잠해지면 마땅히 아지가와를 경유하여 가야 한다.

**제17칙**  앞의 규칙은, 서력 1869년 5월 19일에 상의하여 정한 조약이다. 이후에 만약 2, 3개 조항 또는 모든 조항을 다시 수정할 필요가 있으면, 1870년 1월 1일에 함께 회의하여 거듭 증명하기로 한다.


일본 오사카부 판사(大阪府判事) 겸

외국관 판사(外國官判事) 고다이 사이스케(五代才助)          화압(花押)

영국 강사(岡士) 아변혜야고우류(阿邊惠也古宇留)          수기(手記)

미국 강사 대리(岡士代理) 아불류유려비내토(阿不留由呂比乃土) 동(同)

네덜란드 부강사(副岡士) 비비촌토리유촌(比比寸土利由寸)      동

프로이센 강사 대리 이우류촌(伊宇留寸)                동

## 효고(兵庫)의 고베(神戸) 외국인 거류지에 포함된 묘지(墓地) 구역의 지권(地券)에 대한 약정서

효고 현령(兵庫縣令) 간다 다카하라(神田孝平)와 본항(本港)에 주재하는 각국 영사(領事)는, 가각 자국 정부를 대리하여 수천 평 정도 면적의 묘지【이 땅은 북쪽으로 32번지에서 34번지까지를 경계로 하고 동서남쪽으로 니시마치(西町)과 아카시초(明石町)를 경계로 한다.】를 조약을 맺은 국가의 영사(領事)에게 대여하여 공원(公園)을 조성하고 또 혹은 거류인의 공용을 목적으로 가옥을 건설하기로 의논하여 정하였다. 매년 일분은(一分銀) 500각(角)을 지조(地租)로 납부해야 하니, 앞으로는 거류지의 세화역(世話役)이 관리하여 납부하게 한다. 이 약정서를 날인한 날로부터 매년 다음해의 지조를 납부해야 하는데, 이를 지조퇴적금(地租堆積金) 안에서 지출하기로 한다.

1872년 4월 12일에, 서로 개인(蓋印)하고 성명을 직접 기록하여 확실한 증거로 삼는다.

효고(兵庫) 현령(縣令) 간다 다카히라(神田孝平)

이 조약서는 메이지(明治) 5년 임신(壬申) 3월 5일에 맺은 조약과 관계된 것이다.

## 효고항(兵庫港) 안의 땅과 가옥을 외국인에게 대여하는 등의 건에 관한 서한

　서한을 올립니다. 지금 이후로 본지(本地)의 일본인은 스스로 외국인에게 땅 혹은 가옥을 대여(貸與)하거나 혹 외국인이 구매한 가옥을 수리하는 것을 자유롭게 할 수 있습니다. 앞에서 말한 데 해당하는 경계는, 동쪽으로 이쿠타가와(生田川)[11]를 한계로 하고 서쪽으로 우지가와(宇治川)를 한계로 하고 북쪽으로 산변(山邊)을 한계로 하고 남쪽으로 해안(海岸)을 한계로 하니, 이는 지난 3월에 교토[京師]에서 프랑스·영국·네덜란드 세 나라의 공사와 이미 협의한 뜻을 진술한 것입니다. 다만 1867년 5월에 맺은 부속 조약을 따라 설치한 거류장(居留場) 및 거류지의 서쪽에, 해안으로 이어지는 16간 4척의 땅을 떼어서 도로를 만들어야 합니다. 때문에 이곳에 적재되어 있는 재목 및 외국인이 건축한 가주택(假住宅)은, 각국 영사(領事)[12]가 보고하는 대로 추후에 철거해야 합니다. 인하여 앞의 경계에 속한 땅 혹은 가옥의 임차(賃借)를 요청하는 사람은, 양국의 관리에게 알려 압인(押印)을 받고 또 장부에 거주지를 기록하여 뒷날의 증거로 삼습니다. 다만 방내(坊內)에 필요한 지출 비용 및 지세(地稅)는 일본인과 동일하게 일본 정부에 납부해야 합니다. 앞의 조항을 귀하의 허락을 얻어서 올립니다.

---

11　이쿠타가와(生田川) : 원문은 '生田井'인데, 「各國居留條例」 다수 용례에 근거하여 '井'을 '川'으로 바로 잡아 번역하였다.

12　영사(領事) : 원문은 '領書'인데, 문맥이 통하지 않아 '書'를 '事'로 바로잡아 번역하였다.

게이오(慶應) 4년 무진(戊辰) 3월 7일
각국 강사(岡士)【족하(足下)】께

## 외국인에게 임대하는 지역 및 경매하는 지역에 대한 취조 서류(取調書類)

현재 시행하는 거류지의 표식(表式)이다. 때문에 뽑아 기록하여 덧붙인다.

### 임대하는 땅에 대한 취조표(取調表)

표(表) 가운데 규식(規式)의 구성은, 첫 번째는 번호이고 두 번째는 지평(地坪)이고 세 번째는 차법(借法)이고 네 번째는 차지기한(借地期限)이고 다섯 번째는 차지료(借地料)이고 여섯 번째는 동백평당(同百坪當)이고 일곱 번째는 【관영(官營)과 자영(自營)】원가이고 여덟 번째는 【관(官)과 사(私)】수선(修繕)이고 아홉 번째는 가세(家稅)이고 열 번째는 각국이다. 그 중에 번호는, 잡거지(雜居地)의 상중하(上中下)의 차례이다. 차법은 정부에서 직접 임대하는 데 대한 것이다. 【관영과 자영】원가는, 본래 현(縣)에서 관영(官營)했던 데 대한 값인데 지금은 사사롭게 자영(自營)으로 하고 있는 것이다. 【관과 사】수선은, 본래 현에서 수선하였다가 지금은 사사롭게 수선하는 것이다. 가세는 택지에 부과하던 세금인데 지금은 거두지 않는다. 【번호·차법·관영·관수(官修)·가세】다섯 조항은 모두 규례가 동일하므로 표안에 기입하지 않는다. 다만 지평·차지기한·차지료·동백평당·각국 이 다섯 조항은 표에서 분류하니, 뒤에서도 이와 같은 방식으로 한다.

| 지평 | 차지기한<br>【연한(年限)없음】 | 차지료【1년】 | 동백평당 | 각국 |
|---|---|---|---|---|
| 357평<br>7홉(合)<br>5사(夕) | 게이오(慶應) 4년<br>4월 7일부터 | 89원(圓) 43전(錢)<br>8리(厘) | 25원 | 네덜란드 |
| 778평 | 4월 16일부터 | 194원 50전 | 동(同) | 미국 |
| 308평 | 윤(閏) 4월 25일부터 | 77원 | 동 | 미국 |
| 349평 | 5월 8일부터 | 66원 50전 | 19원 5전 4리 | 원래 미국인데<br>당시에는 영국이다. |
| 110평 | 메이지(明治) 원년<br>무진(戊辰) 9월 19일부터 | 20원 62전 5리 | 18원 68전 1리 | 프랑스 |
| 308평 | 게이오 4년 무진년<br>5월 15일부터 | 77원 | 동 | 협화집회소<br>(協和集會所) |
| 1000평 | 메이지 2년 기사(己巳)년<br>정월(正月) 10일부터 | 250원 | 동 | 미국 |
| 98평 6홉 | 메이지 2년 4월 7일부터<br>5년 동안 | 40원 | 40원 56전 8리 | 영국 |

## 영구히 임대하는 땅에 대한 취조표(取調表)

영구히 임대하는 땅의 매도 원가를 정하는 것은 원래 지주(地主)인 국민에게 일임하고, 매년 납부하는 지조미(地租米)는 약정한 날에 상정(相庭)에 올려 계산하는데 서로 차지료(借地料)로 납부하는 지조미를 기록하기로 약정한다. 표(表) 가운데 규식의 구성은, 첫 번째는 번호이고 두 번째는 지평(地坪)이고 세 번째는 차법(借法)이고 네 번째는 차지기한(借地期限)이고 다섯 번째는 지조(地租)이고 여섯 번째는 동백평당(同百坪當)이고 일곱 번째는 【관영(官營)과 자영(自營)】원가(原價)이고 여덟 번째는 【관(官)과 사(私)】수선이고 아홉 번째는 가세(家稅)이고 열 번째는 각국이다. 번호는 영구히 임대하기로 한 야마테(山手) 지역의 상중하의 차례이다.【번호·차법·관영·관선(官繕)·가세】다섯 조항은 모두 규례가 동일하므로 표 안에 기입하지 않는다. 다만 지평·차지기한·지조·동백평당·각국 이 다섯 조항은 표에서 분류하고 열 구역만 뽑아 기록한다.

| 지평 | 차지기한 | 지조 | 동백평당 | 각국 |
|---|---|---|---|---|
| 2049평(坪) 7홉(合) | 메이지6(明治) 2년 2월 | 5섬(石) 1말(斗) 1되(升) 9홉 | 없음 | 영국 |
| 510평 6홉 | 4월 | 미정(未定) | 동(同) | 영국 |
| 672평 6홉 | 동 | 동 | 동 | 원래 미국인데 당시에는 영국이다. |
| 379평 9홉 | 5월 | 동 | 동 | 미국 |
| 1211평 8홉 | 동 | 동 | 동 | 영국 |
| 452평 | 동 | 동 | 동 | 영국 |
| 404평 2홉 | 동 | 2섬 7말 7되 6홉 | 동 | 당시 미국 |
| 515평 | 6월 | 미정(未定) | 동 | 영국 |
| 2811평 8홉 | 7월 | 14섬 3말 8되 1홉 | 동 | 영국 |
| 414평 | 8월 | 2섬 1말 3되 2홉 | 동 | 영국 |

## 경매지(競賣地)에 대한 취조표(取調表)

표(表) 가운데 규식의 구성은, 첫 번째는 번호이고 두 번째는 지평(地坪)이고 세 번째는 차법(借法)이고 네 번째는 경매연월이고 다섯 번째는 경매지가(競賣地價)이고 여섯 번째는 동백평당(同百坪當)이고 일곱 번째는【관영(官營)과 자영(自營)】원가(原價)이고 여덟 번째는【관(官)과 사(私)】수선이고 아홉 번째는 가세(家稅)이고 열 번째는 각국이다. 번호는 거류지의 상 중하의 차례이다. 차법은 곧 경매지의 명칭이다.【번호·경매연월·관영·관수 (官修)·가세】다섯 조항은[13] 모두 규례가 동일하므로 표 안에 기입하지 않 는다. 다만 지평·차법·경매지가·동백평당·각국 이 다섯 조항은 표에 서 분류하고 또 열 구역만 뽑아 기록한다.

| 지평 | 차법 | 경매지가 | 동백평당 | 각국 |
|---|---|---|---|---|
| 521평 | 경매지 | 1693원(圓) 25전(錢) | 325원 | 영국 |
| 527평 | 동(同) | 1317원 50전 | 250원 | 미국 |
| 322평 2홉(合) 5사(夕) | 동 | 866원 4전 7리(厘) | 268원 75전 | 미국 |
| 348평 7홉 5사 | 동 | 871원 87전 5리 | 250원 | 미국 |
| 596평 8홉 7사 | 동 | 1939원 82전 8리 | 325원 | 네덜란드 |
| 동 | 동 | 1641원 39전 3리 | 275원 | 네덜란드 |
| 동 | 동 | 1977원 13전 2리 | 331원 25전 | 미국 |
| 동 | 동 | 1678원 68전 | 281원 25전 | 동 |
| 562평 5홉 | 동 | 1722원 65전 6리 | 306원 25전 | 네덜란드 |
| 동 | 동 | 2214원 84전 4리 | 393원 75전 | 프로이센 |

## 거류지 이외에 외국인에게 대도(貸渡)하는 관유지(官有地)에 대한 취조서(取調書)

열 구역만 뽑아서 기록한다.[14]

---

13 다섯 조항은 : 원문에서 표에 기입하지 않기로 한 다섯 조항에 해당하는 원문은 '番號 借法 官營 官修 家稅'인데, 그 중 '借法'은 표에 기입되어 있으므로 '競賣年月'의 오기로 보아 바로잡아 번역하였다.

메이지(明治) 원년(元年) 4월에 네덜란드에 대도(貸渡)함.

지평(地坪)은, 357평 7홉(合) 5사(夕)이다.

앞의 지료(地料)는 1년마다 금(金) 89원 43전 8리(厘)이다.


메이지 원년 4월에 미국에 대도(貸渡)함.

지평은, 778평이다.

앞의 지료(地料)는 1년마다 금 194원 50전이다.


메이지 원년 윤4월에 미국에 대도(貸渡)함.

지평은, 308평이다.

앞의 지료(地料)는 1년마다 금 77원이다.


메이지 원년 5월에 미국에 대도(貸渡)함.【당시에는 영국이다.】

지평은, 349평이다.

앞의 지료(地料)는 1년마다 금 66원 50전이다.


메이지 원년 9월에 미국에 대도(貸渡)함.【당시에는 영국이다.】

지평은, 110평이다.

앞의 지료(地料)는 1년마다 금 20원 62전 5리이다.


메이지 원년 5월에 프랑스에 대도(貸渡)함.

지평은, 308평이다.

---

14  열 …… 기록한다 : 실제로는 아홉 구역에 대한 내용만 있다.

앞의 지료(地料)는 1년마다 금 77원이다.


메이지 2년 정월에 협화집회소(協和集會所)에 대도(貸渡)함.

지평은, 1000평이다.

앞의 지료(地料)는 1년마다 금 250원이다.


메이지 2년 4월에 미국에 대도(貸渡)함.

지평은, 98평 6홉이다.

앞의 지료(地料)는 1년마다 금 40원이다.


메이지 2년 4월에 영국에 대도(貸渡)함.

지평은, 1000평이다.

앞의 지료(地料)는 1년마다 금 250원이다.


## 거류지 경매가(競賣價) 구분표(區分表)


126개 구역 중에 열 구역만 뽑아서 기록한다.


제1번, 무진년에 영국인에게 경매함.

평수는 521평이다.

이 땅의 대금은 1693원 25전이다.【1평마다 금(金) 3원 25전이다.】


제2번, 무진년에 미국인에게 경매함.

평수는 527평이다.

이 땅의 대금은 1317원 50전이다.【1평마다 금 2원 50전이다.】


제3번, 무진년에 미국인에게 경매함.

평수는 322평 2홉(合) 5사(夕)이다.

이 땅의 대금은 866원 4전 6리(厘) 9모(毛)이다.【1평마다 금 2원 68전 7리 5모이다.】


제4번, 무진년에 미국인에게 경매함.

평수는 348평 7홉 5사이다.

이 땅의 대금은 871원 87전 5리이다.【1평마다 금 2원 50전이다.】


제5번, 무진년에 네덜란드인 상회에 경매함.

평수는 596평 8홉 7사이다.

이 땅의 대금은 1939원 82전 7리 5모이다.【1평마다 금 3원 25전이다.】


제6번, 무진년에 네덜란드인에게 경매함.

평수는 596평 8홉 7사이다.

이 땅의 대금은 1641원 39전 2리 5모이다.【1평마다 금 2원 75전이다.】


제7번, 무진년에 미국인에게 경매함.

평수는 596평 8홉 7사이다.

이 땅의 대금은 1977원 13전 1리 9모이다.【1평마다 금 3원 31전 2리 5모이다.】

제8번, 무진년에 미국인에게 경매함.

평수는 596평 8홉 7사이다.

이 땅의 대금은 1678원 69전 6리 9모이다.【1평마다 금 2원 81전 2리 5모이다.】

제9번, 무진년에 네덜란드인에게 경매함.

평수는 592평 5홉이다.

이 땅의 대금은 1722원 65전 6리이다.【1평마다 금 3원 6전 2리 5모이다.】

제10번, 무진년에 프로이센인에게 경매함.

평수는 592평 5홉이다.

이 땅의 대금은 2214원 84전 3리 8모이다.【1평마다 금 3원 93전 7리 5모이다.】

# 요코하마(橫濱) 거류 규칙

지권 규칙(地券規則)과 경매법은 도쿄(東京)의 경우를 참고하여 사용하는데 고베 (神戶)에 대한 것이 가장 상세하다. 그러므로 모두 거듭 기록하지 않는다.

## 각서(覺書)

각(覺)은 기록의 뜻이니, 곧 시모노세키(下關)에서 조약을 결정할 때 기록한 것 이다.

시바타(柴田) 휴가수(日向守)와 시라이시(白石) 시모우사수(下總守)는 각 국 공사와 상의하여, 요코하마에 주재하는 외국인을 위하여 거류지를 확장하고자 하고 또 거류지와 관련된 사무를 의논하고자 한다. 그리하여 8월 8일 곧 서력 9월 8일과, 9월 24일 곧 서력 10월 24일 및 10월 9일 곧 서력 11월 8일에 소통하고 의논한 내용에 근거하여 거류지를 확장하는 데 대한 법 및 토목에 대한 재원(財源)을 확증(確證)하여 약속을 정한다. 일본 전권(全權) 관리 및 각국 공사는 서로 각서를 화압(畵押)하는데, 약정한 날로부터 5일 이내에 반드시 에도(江戶)의 대군(大君)은 이를 허가하기로 한다. 그러므로 다음과 같이 약정한다.

제1조    도랑 밖에 있는 일본 이정(里程)으로 18정(町)【영법(英法)의 1리는 영척(英尺) 6412척(尺) 반(半)이니, 일본의 6480척에 해당한다.】[15] 둘레의 공간을 구획하여, 각국인의 연병장(練兵場) 및 현재 거류지에 주거하는 외국인의 경마장으로 활용하기로 한다. 해당 지역은 현재 지소(池沼)이므로 이를 매립하는 것은 일본 정부가 담당하고, 일본인 또한 이곳에서 병사를 훈련하기로 한다. 이곳은 외국인에게 지조(地租)를 부과하지 않는데, 다만 경마장을 둘러싼 지역에 대한 지조는 의논하여 정해야 한다.

제2조    조약을 맺은 각국 육해군(陸海軍) 소속의 환자와 기타 천연두[痘] 환자는 이미 병사(病舍)가 마련되어 있어서 충분히 수용할 수 있다. 그러나 병사(病舍)가 혹 부족하여 다시 증축하는 것을 강사(岡士)가 건축비의 지불을 약속하여 요청하면, 일본 정부는 속히 병사(病舍) 한두 구역을 더 건설해야 한다.

---

15  일본의 …… 해당한다 : 원문은 '當日本六千四百八十尺一里'인데, '一里'는 뜻이 통하지 않아 연문(衍文)으로 보고 번역하지 않았다.

제3조　　이미 외국인 묘지 구역을 지정하였으나 그곳에 장례를 지내지
　　　　않고 거류지와 인접한 곳에 묘지를 쓰려고 하여 묘지 구역을
　　　　확장하려는 사람이 있으면, 각국 강사(岡士)는 이를 거절하지
　　　　않고 요청하는 대로 모두 허가한다.

제4조　　도우장(屠牛場: 소를 잡는 곳)이 인가에 가까우면 외국인과 일본인
　　　　의 신체에 해를 끼치게 되므로, 도우장을 먼 곳으로 이전하고
　　　　자 하여 지금 함께 의논하여 정하는데 마땅히 해안(海岸)의 한
　　　　장소를 선택하기로 한다. 이전에 제출한 도면에 근거하여 새로
　　　　도우장을 건설하니, 빨리 완성해야 한다. 또 비록 백정[屠者]이
　　　　라도 강사(岡士)의 허가를 얻지 못하면 마음대로 도우장에 들어
　　　　갈 수 없다. 도우장을 건설하는 비용은 1만 원(元) 정도여야 하
　　　　는데, 실제로 들어가는 비용은 일본 정부와 강사(岡士)가 서로
　　　　상의해서 정한다. 일본 정부가 그 비용을 부담하고 매년 그 금
　　　　액의 1/10을 세금으로 부과한다.

제5조　　일본 정부는 도랑을 판 지역 안의 지소(池沼)를 모두 매립해야
　　　　한다. 토공(土工)이 끝나면　미요자키초(港崎町)를 거류지의 한
　　　　곳으로 멀리 이전해야 하는데, 미요자키초는 현재 거류지의 중
　　　　앙에 있다. 만약 토공이 끝나기 전에 실화(失火)로 집이 불타더
　　　　라도, 일본인이 다시 그곳에 집을 짓는 것을 허가하지 않는다.
　　　　지소(池沼)를 모두 매립한 뒤에, 도면에 적선(赤線)으로 표시한
　　　　것과 같이 세관(稅關)과 강사관(岡士館)의 사이에 일직선으로 가
　　　　로(街路)를 개통한다. 또 오타마치(太田町)와 오오카가와(大岡川)
　　　　의 중간에 땅을 마련하여 각국 강사(岡士)의 수요에 부응하는
　　　　데, 이 땅의 임대금(賃貸金)을 토지 원금에 보충하여 가로와 도

랑을 수리하는 데 들어가는 비용에 대비한다. 이곳에 부과하는 지조(地租)는 외국인 거류지에 부과하는 것과 동일하다.

제6조  도면 제2호에서 각국의 강사관(岡士館)을 건축하기 위한 땅 및 주택을 짓기 위한 땅에 있는 일본인 가옥은 모두 철거해야 한다. 또 지난번에 이미 약정을 거쳤기 때문에, 그 땅을 구분하는 것은 오직 강사(岡士) 등이 결정하고, 일본 관리와 다시 의논할 필요가 없다. 이곳에 부과하는 지조는 거류지에 부과는 것과 동일하니, 땅을 임차한 각국이 납부해야 한다.

제7조  세관(稅關)의 부두의 연해(沿海)에서 프랑스인이 임대한 지역까지 및 해안에서 대로(大路)의 사이【곧 도면 제3호이다.】 및 기타 마련한 땅은, 외국인에게 편의(便宜)한 지역이니 일본인과 외국인을 따지지 않고 경매법으로 대여한다.

이렇게 하게 되면 일본 정부는 외국인 거류지를 멀리 옮겨야 하는데, 지계(地界)의 석란(石欄)은 프랑스인 임대한 지역인 벤텐(辨天)의 밖에 설치한다. 8월 8일 곧 서력 9월 8일과, 9월 24일 곧 서력 10월 24일에 대면하여 의논한 바에 의거하고 또 전에 의논한 것에 기초하여, 임대금(賃貸金)의 절반을 토목에 들어가는 비용에 충당하고 나머지 절반을 땅을 마련하는 데 들어가는 비용을 보상하기 위하여 가나가와 진대(神奈川鎭臺)에 납부하는데【전에 이미 일본인 차주(借主)가 이거(移居)하는 데 들어가는 비용을 보상하였다.】, 토목비(土木費) 및 여러 비용을 완전히 갚게 되면 그만 납부하게 한다. 이곳에 부과하는 지조는 다른 거류지에 부과하는 것과 동일하다.

제8조  동맹을 맺은 각국의 공사(公使)는 현재 에도에 다시 주재할 수

없기 때문에, 요코하마에 관사(官舍)를 지어야 한다. 프랑스와 네덜란드 등의 공사는 이미 벤텐(辨天)에서 땅을 구했다.【프로이센 강사(岡士)와 동일하다.】 그러므로 벤텐의 해안에서 도면 제4호까지의 지역 곧 프로이센의 관사가 자리한 곳의 서쪽에, 새로 영국 및 미합중국의 전권공사(全權公使)를 위하여 땅을 마련하고자 한다. 그 땅의 면적의 일본 정부가 양국의 강사(岡士)와 상의하는데, 공사가 그 땅을 급하게 요구하지 않더라도 공사의 허락을 받지 못하면 일본 정부가 개작(改作)할 수 없다.

제9조   도면 제5호는 영국인 미사도희시랭(尾士道喜是冷)【사관(士官)이다.】이 거처하는 곳인데 각국 공사(公使)가 집회하는 장소로 삼는다. 그렇지 않으면 별도로 근방의 한 장소를 지정해야 하는데, 그 장소는 결약을 맺고 나면 속히 준비해야 하고 또 회사의 간사로 하여금 종전에 거주하던 사람의 집값 및 이거(移居)에 들어가는 여러 비용을 마련하도록 해야 한다. 지조를 납부하는 것은 모두 여러 외국인이 납부하는 것과 동일하다.

제10조  일본인으로 하여금 시장을 열어 음식물을 판매하게 해야 하는데, 도면 제6호의 광지(曠地)를 확장하여 건축하고 평탄하게 하여 작은 가게 몇 개를 설립한다.

제11조  현재 예상하지 못한 일이 많이 발생하고 있으므로, 일본 정부는 외국인으로 하여금 도카이도(東海道)를 경유할 수 없게 하려고 한다. 때문에 길이 최소 4, 5영리(英里)【1리는 영척 6412척(尺) 반(半)이니, 일본의 18정(町)에 해당한다.】 폭 최소 20영척【1척은 일본의 1.00582척에 해당한다.】의 대로를 새로 개통하고 그 도로를 네기시무라(根岸村)를 경유할 수 있도록 하여 외국인이 유람하는 데 제

공한다. 이미 도면에 의거하고 또 건축장(建築長) 아루어(阿屢圍)의 지휘를 받아 건설해야 하니, 그 비용은 모두 일본 정부가 낸다.

**제12조**　이전까지 외국인은 일본 정부에 지조를 납부했으므로, 일본 정부가 도로와 도랑의 수리를 해왔다. 그러나 징수가 과다한 것을 이유로 외국인들은 이를 일본 정부에 위임하지 않고 스스로 도로와 도랑을 수리하고 또 여러 비용을 마련하는 것을 상의하였다. 때문에 외국인이 납부한 지조에서 2/10을 공제하여 원금에 보충한다.

앞의 여러 조항을 증명하기 위하여 일본 전권(全權) 관리 및 외국 공사(公使)는, 겐지(元治) 원년 갑자(甲子) 11월 21일 곧 서력 1864년 12월 19일에 약정서 5통을 모두 화압(畵押)하고 개인(蓋印)한다.

| | |
|---|---|
| 시바타 휴가수 | 화압(花押) |
| 시라이시 시모우사수 | 동(同) |
| 영국 특파전권공사(特派全權公使) 아루곡구(阿屢曲九) | 수기(手記) |
| 프랑스 전권공사(全權公使) 노세서(魯細西) | 동 |
| 미국 변리공사(辨理公使) 부라잉(苻羅仍) | 동 |
| 네덜란드 총영사(總領事) 겸 | |
| 　　공사(公使) 보루서무루구(甫屢西無屢九) | 동 |

## 약서(約書)

외국 목대(目代: 대리인)와 맺은 것이다.

요코하마(橫濱) 거류지의 거주자로 하여금 화재(火災)의 근심이 없이 편안할 수 있도록 그곳의 중앙을 개조하고자 하고, 또 1864년 12월 19일에 맺은 약서(約書)[16]를 증보하여 다시 약속을 결정하고자 한다. 일본 정부는 어감 봉행(御勘奉行) 오구리 고즈케노스케(小栗上野介)·외교봉행(外國奉行) 시바타(柴田) 휴가수(日向守)·가나가와 봉행(神奈川奉行) 미즈노(水野) 와카사수(若狹守)를 전권(全權) 관리로 임명하여, 외국 대변인(代辯人)과 의증(議證)하여 다음과 같이 12조를 약정한다.

제1조   1864년에 맺은 약서(約書)의 제1조에서 오오카가와(大岡川) 밖의 지소(池沼)를 매립하여 경마장·연병장 및 유보장(遊步場)을 건설하는 것은 지금 그 약속을 해지하고, 네기시만(根岸灣) 부근의 원야(原野)를 개용(改用)하기로 하였으니, 지금 이미 경마장으로 사용하고 있다. 미요자키초(港崎町)를 공유장(公遊場)으로 삼는데, 일본인과 외국인이 함께 이용하는 것을 허가한다. 일본 정부는 미요자키초의 땅을 확장하여 평탄하게 하고 수목을 심기로 약속하니, 이로 인하여 미요자키초는 오오카가와의 남쪽 지역으로 이전한다. 공유지(公遊地)에는 세금을 징수하지 않지만, 공유지가 영원히 황무지가 되지 않기를 바라고 있으므로

---

16 1864년 …… 약서(約書): 「각서(覺書)」를 가리킨다.

가나가와 봉행은 외국 강사(岡士)와 상의하여 이와 관련한 법을 마련하기로 한다.

제2조 1864년에 맺은 약서(約書)의 제7조에서 세관(稅關) 앞 부두에서 벤텐(辨天) 사이의 거류지와 대로 뒤편의 연해지(沿海地)를 경매에 붙여 일본인과 외국인으로 하여금 함께 입찰하게 한 내용은, 외국인 대변인이 지금 이 약속을 해지한다. 일본 정부는 새로 3개의 도로를 개통해 달라고 요청한 데 대해 이를 허락하니, 첫 번째로 폭 60영척(英尺)의 도로를 해안에서부터 서변(西邊)을 통과하여 프랑스 공사관(公使館) 앞의 대로까지 연결하고, 이를 이어 두 번째로 폭 60영척의 평탄한 도로를 요시다하시(吉田橋)까지 직선으로 연결하고, 이를 이어 세 번째로 폭 60영척의 대로를 요시다하시에서 오오카가와(大岡川)의 북안(北岸)을 따라 서쪽의 교량까지 연결한다. 일본 정부는 또 도로의 건설을 결정한 날로부터 14개월 이내에 공사를 마치고, 또 영구적으로 보수할 것을 약속한다.

제3조 외국인 및 일본인은 거류지의 위치를 개정하고자 하고 또 화재가 번지는 것을 피하기 위하여, 일본 정부는 폭 120영척(英尺)의 대로를 해안에서부터 거류지의 중앙을 통과하여 공유장(公遊場)까지 개통할 것을 새로 약속한다. 공유장의 지형은 중앙이 낮기 때문에 마땅히 축조하여 평탄하게 해야 하고, 오오가카와(大岡川)는 지형이 낮으므로, 지상의 물은 모두 오오카가와로 흘러가게 한다. 이호(伊號)의 도면에 근거하여 8구역으로 구분하는데 중앙 도로의 동쪽에 있는 강사관(岡士館) 및 새로 조성한 세 구역은 아래에 기록한 법에 따라 외국인의 수요에 부응하기

위하여 남겨두고, 중앙 도로의 서쪽에 있는 해관(海關) 및 새로
조성한 세 구역은 일본인의 수요에 부응하기 위하여 남겨둔다.
그러나 일본 정부는 앞의 8구역에 대하여 마음대로 관여할 수
있다. 이 조항에 기재된 매립과 축조, 평탄화(平坦化)에 대한 공
사는 7개월 이내에 마쳐야 한다.

제4조    중앙 도로의 동쪽의 새로 조성한 세 구역 가운데 한 구역에,
강사(岡士)는 공관을 건축하여 외국인에게 제공해야 한다. 공관
은 정회소(町會所)·공회소(公會所)·비각소(飛脚所: 우체국)·시중취
체역소(市中取締役所)·장수룡소(藏水龍所: 소방서)를 일컫는데, 100
평마다 양은(洋銀) 27원(圓) 97[17]의 지조(地租)를 선납해야 한다.
이호(伊號)의 도면에 근거하여 시장의 중앙을 개조하고 평평한
도로를 건설하며 도랑을 파는 데 대해 일본 정부가 그 비용을
지급할 것을 새로 약속한다. 대로의 동쪽에 있는 남은 두 구역
은 외국인을 대상으로 경매에 붙이는데, 외국인이 이를 알 수
있도록 일본 정부는 강사에게 통보해야 한다.

제5조    이호(伊號)의 도면에 기재된 중앙 도로 및 양쪽의 대로와 기타
많은 횡도(橫道)의 공사는 일본 정부의 담당이니, 오수(汚水)가
아래로 잘 빠질 수 있도록 하고 도로를 보수해야 한다. 도랑의
크기와 방향은 가나가와 봉행(神奈川奉行)이 외국 강사(岡士)와
의논하여 결정한다.
중앙 대로의 양측에 폭 20영척(英尺)의 행도(行道)를 만드는데,
그 바깥에 푸른 나무를 줄지어 심는다. 새로 건설한 양측 도로

---

17  97 : 재화의 단위를 알 수 없다.

의 양측에 다시 폭 10영척의 행도를 만들어야 한다.

제6조   이호(伊號)의 도면의 지역 안에서 가옥을 지으려고 하면, 일본인과 외국인의 구분 없이 마땅히 견고하게 해야 한다. 가옥은 기와로 지어야 하고 벽은 벽돌로 지어야 하는데 혹 석회(石灰)를 바를 수도 있다. 일본 정부가 이 명령을 포고하였는데도 개정하지 않는 사람이 있으면, 일본인과 외국인의 구분 없이 관(官)에서 그 지권(地券)과 땅을 몰수한다.

제7조   오오카가와 북쪽의 지소(池沼)를 매립하는 것이 1864년에 맺은 약서(約書)의 제5조에 기재되어 있는데, 이미 공사를 마친 것은 여기에 근거하여 한 것이다. 지금 거류지 안의 일본인이 거주지의 뒤편에 있는 지소(池沼)를 매립하기로 결약한 것은, 마땅히 결약한 날로부터 7개월 이내에 그 공사를 마쳐야 한다.

제8조   이호(伊號)의 도면의 지역에는 1864년에 맺은 약서(約書)의 제10조[18]에 근거하여 시장을 설치한다. 이번에 일본 정부가 건설하기로 약속한 옥사(屋舍)는 조세(租稅)를 거두어 대여하고, 또 1864년에 맺은 약서의 제3조에 기재된 각국인의 묘지는 이 약서에 첨부된 지도에 근거하여 확장해야 한다.

제9조   오오카가와의 하류는 깊이가 얕으므로, 일본 정부가 준설해야 한다. 거류지 주위의 하천의 수심은 낙조(落潮) 때에 그 깊이가 4영척(英尺)보다 낮아지지 않게 해야 한다.

제10조   거류지 동쪽의 산하지(山下地)는, 일본 정부가 외국인에게 대여하는데 1년에 납부하는 지조(地租)는 100평마다 양은(洋銀)

---

18 제10조 : 원문은 '第十號'인데, 문맥을 살펴 '號'를 '條'로 바로잡아 번역하였다.

12원이다. 지금부터 3개월 뒤에 경매에 붙이는데, 여기에서 거둔 금액으로 이 지역을 보수하는 데 들어가는 비용에 충당한다.

이 약서(約書)에 첨부된 파호(波號)의 도면의 산 주변 지역은, 100평마다 양은 6원의 지세(地稅)를 거두고 외국인을 위한 공유원(公遊園)을 조성하는데, 이 약속을 맺은 뒤로 3개월 이내에, 외국 강사(岡士)로 하여금 청원장(請願狀)을 제출하게 한 뒤에 허가한다. 그곳에 보존되어 있는 수목을 벨 필요가 없으니, 공유원을 조성할 때 수목도 함께 외국인에게 양여하고, 대가를 받지 않는다.

제1조에 게재된 경마장은 인호(仁號)의 지도에 확실하게 기재되어 있으니, 그 지조는 1년에 100평마다 10원이고 매년 미리 납부해야 한다. 경마장을 건축하는 비용은 일본 정부가 담당하고, 이후로 보수에 들어가는 비용은 외국인이 부담한다.

제11조  이 약서(約書)의 제4조와 제8조, 제10조에 기재된 공용의 관사와 묘지, 공유원(公遊園), 경마장의 용도로 정한 여러 곳에 대하여, 외국 목대(目代: 대리자)가 믿을 만한 증서를 만들어 외국 강사(岡士)에게 그 일을 위임한다.

외국 강사가 혹 이 약속을 위반하면 가나가와 봉행(神奈川奉行)이 그 강사에게 조회(照會)한다. 그래도 강사가 이를 시정하지 않으면 일본 정부는 외국 목대(目代)와 상의하여 그 땅을 관(官)에서 거두어들인다.

강사가 이들 장소를 주택을 짓거나 공관(公館)을 건설하는 것 이외에 다른 용도에 사용하면, 일본 정부가 그 지권을 폐기하는데 이는 이 약서의 제6조에 근거한 것이다.

**제12조** 현재 외국인 거류지에 인가가 가득 차서 외국 목대(目代) 등이
별도의 지역을 요구하고 있으므로, 일본 정부는 마땅히 도랑
지역과 산하지(山下地)에서 신로(新路)까지의 지역을 여호(呂號)
의 지도에 근거하여 외국인이 사용할 수 있도록 공급해야 한
다. 그러므로 마땅히 도랑 부근의 본촌(本村)으로 거류지를 확
장하는 것을 나중에 약정할 수 있다. 그러나 해당 지역은 약정
한 날로부터 4년 이내에는 확장을 요청할 수 없다. 거류지를
확장할 때 부득이하게 일본인 가옥을 이전해야 하는데, 이전
비용 및 이전으로 인해 잃게 되는 이익은 마땅히 외국인이 보
상해야 한다. 그러나 신사(神社)와 불사(佛寺)는 그대로 두어야
한다.

1866년 12월 29일에 아래에 나열한 외국 목대(目代) 등은 일본
전권(全權) 관리와 약서를 맺고, 화압(畵押)하고 개인(蓋印)하여
증서로 삼는다. 첨부한 이호(伊號)·여호(呂號)·파호(派號)·인호
(仁號)의 지도는 모두 수기(手記)하여 증빙이 되는 것이다.


게이오(慶應) 2년 병인(丙寅) 11월 23일

오구리 고즈케노스케(小栗上野介)　　　　　화압(花押)

시바타(柴田) 휴가수(日向守)　　　　　　　동(同)

미즈노(水野) 와카사수(若狹守)　　　　　　동

## 회의서(會議書)

　게이오(慶應) 3년 정묘 10월 9일 곧 서력 1867년 11월 4일에, 오가사와라(小笠原) 이키수(壹岐守)가 결정한다.

　1867년 7월 15일에, 요코하마(橫濱) 외국인 거류지의 임지인(賃地人)들이 회의하여, 거류지의 관리에 대한 일을 일본 정부에 위탁하고자 하였다. 때문에 각국 공사(公使)에게 편지를 보내었는데, 공사 일동은 회의를 거쳐 거류지의 관리 및 거류인의 생활에 긴요한 일들을 일본 정부에 의탁하고자 한다.

제1조　일본 정부는 외국인 1명을 고용하여 취체역(取締役: 사무를 처리하는 관리)으로 삼아 요코하마 거류지의 제반 사항을 관리하게 하는데, 가나가와 봉행(神奈川奉行)이 이를 관할한다.

제2조　취체역은 거류지 안의 도로와 도랑의 수리 및 준설(浚渫) 상태를 시찰해야 하고, 도로와 도랑에 대한 쟁송(爭訟)을 판단해야 한다. 외국인이 정리(情理)를 따르지 않는 일을 저지르면 취체역이 가나가와 봉행의 명령을 받아 그 죄를 규명하는데, 죄를 규명하고자 하면 반드시 그 외국인이 소속된 국가의 강사(岡士)가 입회해야 한다.

제3조　취체역은 요코하마에 거류하는 외국인을 보호해야 하며, 또 순포인(巡捕人)을 감독해야 하니 순포인은 외국인 범법자를 체포하는 관리이다. 또 취체역과 가나가와 봉행이 관할하는 일본인 및 외국인인 순포인은 모두 조약을 맺은 국가의 외국인 범법자를 체포할 수 있는데, 체포하게 되면 그 국가의 강사(岡士)에게

인계한다. 인계 받은 강사는 그 사람의 죄를 규명하는데, 이를 마칠 때까지 관사(館舍) 안에 머물게 해야 한다.

제4조　거류지와 가나가와항(神奈川港)에 거류하는 청(淸)나라 사람과 조약을 맺지 않은 각국인에 대한 관리 및 범죄자를 처벌하는 것 등은, 기니가와 봉행이 취체역에게 의견을 묻고 또 외국 강사(岡士)와 상의한 뒤에 결정한다.

제5조　취체역은 외국인이 납부해야 하는 지조(地租)를 징수하는데, 기한이 지나서도 납부하지 않는 사람이 있으면 취체역이 그 국가의 강사(岡士)에게 조회(照會)한다.

제6조　각국의 공사(公使)는 사람들이 파산하는 것을 예방하기 위하여, 자국의 강사(岡士)에게 명령하여 거류지와 가나가와항에서 음식과 유희(遊戲)를 파는 상점 및 술집의 수를 줄일 수 있도록 해야 한다. 앞으로 해당 업종을 경영하는 사람이 있으면 취체역이 그 국가의 강사에게 조회(照會)해야 한다.

제7조　일본 정부는 외국인으로 하여금 위해(危害)에 대한 근심이 없게끔, 적당한 곳에 창고를 건설하여 가나가와항으로 수입하는 화약(火藥) 및 쉽게 발화하는 물품을 저장할 수 있도록 준비해야 한다. 각국의 공사는 자국민으로 하여금 여기에 해당하는 화물을 별도의 장소에 쌓아두지 못하게 해야 한다.

1867년 10월 28일

게이오(慶應) 3년 정묘 10월 2일

## 요코하마(橫濱)의 산변(山邊)을 공원(公園) 용지로 사용하는 것을 요청하는 서한

서한을 올립니다. 1866년 10월 29일에 결정한 약정서 제10조에 의거하여, 산변에 6000보 정도의 구역을 향후에 공원으로 조성하기 위하여 대부(貸附)를 받고자 합니다. 그러므로 저희들은 이 뜻으로 요청합니다.

일본 요코하마(橫濱)에서 1870년 1월 11일

| | |
|---|---|
| 이혜촌변무리무(伊惠寸邊武利武) | 수기(手記) |
| 무토불류유아촌비류(武土不留由阿寸比留) | 동(同) |
| 토불류고혜진지촌지진(土不留古惠津知寸志津) | 동 |
| 가나가와현 권지사(神奈川縣權知事) 귀하 각원(各員)께 | |

위 편지의 뜻을 승낙한다.

영국·미국·프랑스·이탈리아·벨기에·스위스·네덜란드·덴마크·독일·포르투갈의 각 영사(領事)는 성명을 쓰고 날인한다.

## 1866년 12월 29일에 맺은 억기서(臆記書)[19]의 제10조[20]

이 약서(約書)에 덧붙인 도면 가운데 파호(波號)에 게재된 산변(山邊) 지

---

**19** 억기서(臆記書) : 「약서(約書)」를 가리킨다.
**20** 제10조 : 원문은 '第十九條'인데, 문맥을 살펴 '十九'를 '十'으로 바로잡아 번역하였다.

구는, 100보마다 6불(弗)²¹의 지조(地租)를 내고 외국인의 공원(公園)으로 조성하기로 한다. 약정한 날로부터 3개월 이내에, 외국 고무지류(古武地留)²²가 이 지구를 요청할 수 있는데, 그동안 원래 있던 훼목(卉木)은 그대로 보존한다. 또 이 지구를 양여할 때 다른 비용 없이 그곳의 훼목도 함께 제공하기로 일본 정부는 계약한다.


## 가나가와현 권지사(神奈川縣權知事)가 발급한
## 산변 공원(山邊公園)의 지권(地券)

1866년 12월 29일에 에도(江戶)에서 결의한 약서(約書)에 의거하여 아래에 서명한 가나가와현 권지사(神奈川縣權知事)는, 일본 정부를 대신하여 별지(別紙)의 도면 가운데 산변(山邊)의 묘코지(妙香寺) 부근 6718보 면적의 지구 및 그곳에 심겨 있는 수목을 일본이 조약을 맺은 각국의 고무지류(古武志留) 및 그 후임 관리에게 대부하여 거류하는 외국인들이 사용할 수 있도록 제공한다. 다만 앞의 후(侯) 지구는 전문(前文)의 약서에 부속된 도면 파호(波號)의 산변(山邊) 지소(地所)를 대신하여 공원(公園)을 조성하기로 한 곳이니, 전문(前文)에 거론된 각국 고무지류(古武志留)는 다음 조항의 규칙을 따라 거류인을 위한 유원(遊園)으로 조성한다.

---

21 6불(弗) : 원문은 '六【尺名 三尺三寸】'인데, 『日本國外務省事務』 권8 「大阪兵庫外國人居留地約定」을 참조하여 '六'을 척(尺)의 단위가 아닌 6불(弗)인 지조(地租)의 금액으로 바로잡아 번역하였다.
22 고무지류(古武地留) : 원문의 '古武地留'는, 영사(領事)를 뜻하는 영어 'consul'을 한자로 음차한 것이다. 고무지유류(古武志由留)라고도 한다.

제1조    전문(前文)의 약서(約書)에서 정한 것과 같이, 매년 납부하는 지
조(地租)는 100평마다 6불이고, 총계는 멕시코 은(銀)로 3불(弗)
8【재화 단위의 명칭이니 9리(厘) 9.08모(毛)이다.】이니 거류인들은 매
년 미리 납부해야 한다. 다만 수리(修理) 등의 이유로 앞에서 납
부하기로 한 금액을 감(減)할 수 없다.

제2조    앞의 위탁받은 고무지류(古武志留)는 거류인들에게 명령하여 공
원을 감독하고 또 관리하거나, 그렇지 않으면 이를 위하여 거
류인을 대리하여 관하부(管下部)를 지정한다. 앞의 관하부는 공
원을 관리하는 규율을 마련한다. 지조(地租)는 매년 4월 1일에
거류지과(居留地課)에 납부한다. 다만 앞에서 말한 규율은 일본
장관 및 각국 고무지류(古武志留)의 승낙을 받아야 한다.

제3조    위탁한 고무지류(古武志留)에게 대급(貸給)하는 지구는, 거류하
는 외국인들을 위한 공원을 조성하는 데 사용해야 하고 다른
용도로는 절대 사용할 수 없으며 또 그곳에 건축물을 지을 수
없다. 다만 공원에 부속된 건축물은 여기에 해당하지 않는다.

제4조    앞의 규칙을 위반하면 이 지권은 무효가 되므로, 본지(本地)와
소속된 물건은 모두 일본 정부의 소유가 된다. 다만 그 이후로
일본 장관이 각국의 고무지류(古武志留)와 결의하여 규칙을 개
설(改設)하게 되면 그것을 따른다.


가나가와현(神奈川縣) 권지사(神奈川縣權知事)

# 에치고(越後)·니가타(新潟)·사슈(佐州)의 이항(夷港)[23]
# 거류규칙(居留規則)

게이오(慶應) 3년 정묘(丁卯) 11월 삭일(朔日) 곧 서력 1867년 11월 26일.

제1조　일본 정부는 무역용으로 제공하기 위해 사슈 이방(夷坊) 안에 대납사(貨納舍)[24]를 지어 선박에 실려 온 화물을 쌓아 놓을 수 있도록 하는데, 다만 30일 동안은 쌓아놓은 데 대한 비용을 거두지 않는다.

제2조　니가타 이항의 해상에 닻을 내린 상선을 위해 적당한 화물운반선을 배치하여 물품을 내리고 싣게 한다. 또 니가타 이항을 왕래하는 운송선을 두어 수출입 물품의 운송이 막히지 않도록 한다. 앞에서 말한 물품은 개수마다 적절한 비용을 거둔다.

제3조　니가타 이항의 도선(渡船)의 편의를 위해 일본 정부에서 화륜선을 마련하여 사람의 왕래 및 물품의 운송에 제공하고, 또 화물 운반선을 견인한다. 비록 적절하게 비용을 거두지만 외국인이 소유한 화선(火船) 혹은 운송선을 사용해도 또한 무방하다.

제4조　만약 이항의 해안이 수출입 물품을 싣고 내리는 데 불편하면, 일본 정부는 해변을 개방하고 이방(夷坊)의 뒤편 호수로 왕래하는 통로는 막는다.

제5조　일본 정부는 니가타의 하천 어귀에 적절한 등대를 건설하여 일

---

23 이항 : 외국 선박이 정박하는 항구이다.
24 대납사(貨納舍) : 외국에서 수입한 물품을 보관하기 위해 개항지에 설치한 창고이다.

등 등화(一等燈火)를 점화한다. 또 강 어귀에 표목(標木) 혹은 부표(浮漂)를 설치하여 하천 어귀의 출입을 편리하게 한다.

제6조  니가타에 다른 개항지와 대납사(貸納舍)를 같이 건설하고, 또 물품을 싣고 내리는 데 편리하도록 하역장을 짓는다.

제7조  외국인은 자유롭게 니가타와 이항의 시장에서 곧장 일본인에게 가서 머물 수 있으며 혹 창고를 빌리거나 매수할 수 있다. 또 서쪽을 공명소(公明所)로 삼아 차수지구(借受地區: 외국이 일본에게 빌린 땅)로 사용하니 전과 동일하다. 다만 거류지를 정하지 않는데, 니가타 외국인 차수지구의 경역(經域)에서 동북으로는 해안과 천맥(泉脈)으로 한정하고 서남으로는 지금 봉행(奉行)이 제시하여 푯말을 세운 곳으로 한정한다. 전묘(田畝)나 기타 정부에 공납(貢納)하는 땅은 바로 허가하지 않는데, 앞의 봉행소(奉行所)[25]에 상품(上稟)하면 허가를 얻을 수 있다.

제8조  조약을 맺은 각국 국민들이 니가타에서 유보(遊步)하는 데 대한 규정은 비록 봉행소 사방 10리를 한계로 정했으나, 그 산천에서 바라보면 경치를 모두 볼 수 있기 때문에 사슈 전도(全島)에는 한계를 정하지 않는다.

## 니가타(新瀉) 외국인 묘지 약정서

메이지(明治) 3년 경오(庚午) 7월 회일(晦日) 곧 서력 1870년 8월 26일에

---

25 봉행소 : 막부의 직할영지를 관할하는 지방장관의 주재소를 말한다.

날인한다.

**제1조**　니가타 재판소(裁判所)는 외국인이 기거하는 도로 근방 1번 산
에 외국인 묘지를 설치한다. 이를 위하여 동남에서 서북으로
길이가 90자【일본의 곡척(曲尺)으로 90자이다.】이고 동북에서 서남
으로 폭이 30자【일본의 곡척으로 30자이다.】인 한 구역의 지기(地基)
와 수목을 조약이 완료된 각국의 고무파유류(古武波由留)에게
교부한다.

**제2조**　지기(地基)의 급여가 완료되면 외국인 묘지의 용도 외에 다른
일에 사용해서는 안 된다.

**제3조**　외국 고무파유류는 묘지의 문책(門柵) 및 기타 모든 잡비를 책
임지고 마련해야 한다. 그러므로 한 분묘로 제공하는 땅에 상
당하는 비용을 납부하도록 명령하여, 묘지에 들어가는 비용을
충당한다.

**제4조**　지금 묘지로 통하는 길을 열어야 하는데, 이 묘지의 사방 15간
(間)의 수림이 비록 예전처럼 보존해야 하는 것이나, 만약 베어
내지 않을 수 없으면[26] 각국의 고무파유류와 협의하여 처리한다.

**제5조**　앞으로 묘(墓)가 점차 증가하게 될 것이므로 묘지 부근의 지구
는 니가타 재판소[27]가 외국 고무파유류에게 미리 알리지 않으
면 다른 용도로 쓰게끔 줄 수 없다. 이 지구를 묘지로 쓰려고

---

26　만약…… 없으면 : 원문은 '若不得不洗代'인데, 문맥에 따라 '代'를 '伐'로 바로잡아 번역
하였다.

27　니가타 재판소 : 원문은 '新裁判所'인데, 문맥에 따라 '新' 뒤에 '潟'를 보충하여 번역하
였다.

요청하면, 다른 일은 제쳐 두고 그 요청을 허가한다.

제6조　묘지를 보유하는데 드는 여러 잡비를 거두는 것은 비록 외국 고무파유류의 임무이지만, 흉도(兇徒)가 묘지를 침범하는 데 대한 것은 해당 재판소의 관할이니 관리가 주의를 기울여 예방한다.

니가타 지현사(新潟知縣事) 산조니시 긴아에(三條西公允)　　화압(花押)

니가타 대참현사(新潟大參縣事) 나와 도이치(名和道一)　　동(同)

니가타 대참현사(新潟大參縣事) 모토노 모리미치(本野盛亨)[28]　동

영국 겸 오스트레일리아

　　고무파유류 근방야진류야(勤方也津留也)　　수기(手記)

독일북부연방(獨逸北部聯邦)

　　고무파유류 아토천이촌예류(阿土天伊寸禮留)　　동

네덜란드 부고무파유류(副古武波由留)　겸

　　이탈리아 고무파유류 아류혜여촌(阿留惠女寸)　　동

## 하코다테항(箱關港) 규칙

게이오(慶應) 3년 정묘(丁卯) 9월 18일, 서력 1867년 10월 5일.

---

28 모토노 모리미치(本野盛亨) : 원문은 '本野盛享'인데, 오자가 있는 듯하여, '享'를 '亨'로 바로잡아 번역하였다.

**제1조**　이 규칙을 공포하는 날에 곧 종전의 본항(本港) 규칙은 일제히 폐지한다.

**제2조**　하코다테항의 정박장은 직선으로 경계를 구분하니, 포대(砲臺)에서 나나에하마(七重濱)의 사이를 경계로 정한다.

**제3조**　상선이 항구로 들어올 때, 일요일을 제외하고 48시간 안에 배에 있는 서책·창구단(艙口單: 선적 명세서)·탑승객 명단을 가지고 해당 국가의 강사(岡士: 외국 영사(領事))와 만난다. 강사에게 영표(領票)을 받아 해관에 낸 뒤에 비로소 기장(旗章)을 내리는 것을 허가한다.

**제4조**　항구로 들어오는 배는 항구에서 하족(荷足: 배의 안정을 유지하기 위한 바닥짐)과 토석(土石)【혹 경하(輕荷)를 세속에서는 토석이라 부르고, 선각(船脚)은 하족이다.】을 버리는 것을 허가하지 않는다. 배가 정박장 경계 안에 있을 때는 일출(日出)에서 일몰(日沒) 사이의 시간이 아니면 하족과 화물을 풀어놓는 것을 허가하지 않는다.

**제5조**　해관(海關)의 허가를 얻지 않은 채 화물을 내려놓거나 혹 다른 배에 옮겨 실으면 관에서 화물을 몰수하고 선주에게 벌금을 매긴다.

**제6조**　상선에 화약이나 쉽게 불이 붙는 물건을 많이 적재하고 있으면 마땅히 해관 관리의 명령을 따라 정박하고 육지에 짐을 내리기를 기다린다.

**제7조**　선인(船人)이 뭍에 올라와 혹 부정한 일을 저지르면 강사가 그 죄를 판결하고, 선주는 그 명령을 받는다. 수부(水夫)가 뭍에 올라와서 일출에서 일몰 사이의 시간에만 있을 수 있고, 야간에는 뭍에 있는 것을 허가하지 않는다.

제8조   수부 중에 혹 일몰 뒤에 아직도 뭍에 있다가 혹 술주정을 부리 거나 혹 포악한 짓을 한 사람은 마땅히 잡아서 벌금을 징수한 다. 그 사람이 벌금을 낼 수 없으면 강사는 선주에게 벌금을 내게 하고, 혹 선주가 검속하지 못했다면 선주에게도 또한 벌 금을 매긴다.

제9조   수부가 타고 온 배를 마음대로 탈출하면 선주는 마땅히 빨리 영사관(領事館)에 보고한다.

제10조   상선의 수부와 기타 고부(雇夫: 일꾼) 중에 강사의 허가를 얻지 못하거나 강사의 명령을 순수하지 않는 사람이 있으면, 비록 한 명이라도 그가 타고 온 상선이 머무르는 것을 허가하지 않는다.

제11조   상선은 특별한 허가를 얻지 않는 이상 조약을 맺지 않은 나라 의 사람을 뭍에 올라오게 할 수 없으니, 조약을 맺지 않은 나라 의 사람을 싣고 항구로 들어오는 배가 있으면 선주에게 벌금을 매긴다. 또 선주로 하여금 그 사람을 귀국시킬 계획을 마련하 게 한다.

제12조   항구를 나가고자 하는 상선은 24시간 전에 선상에 기장(旗章)을 게양하고, 선주는 마땅히 강사에게 나아가 맡겨 놓았던 서책의 반환을 요청한다. 또 홍단(紅單: 세금 장부)·출구단(出口單: 출항을 승인하는 증명서)·탑승객 명단을 가지고 강사에게 보고한다.

제13조   항구 안 및 하코다테 시가(市街)에서는 소총(小銃)의 발사를 허 가하지 않는다.

제14조   하코다테 시가에서 말을 타고 달리거나 빠르게 몰고 가는 것을 허가하지 않고, 또 수부(水夫)가 말을 타고 시장에 들어가는 것 을 허가하지 않는다.

**제15조** 규칙을 위반한 사람은 영사관(領事官)이 양은(洋銀) 500원 이내
로 벌금을 징수하거나, 혹 3개월 이내로 금고(禁錮)에 처한다.

**제16조** 선주는 마땅히 본항의 규칙 및 조약서에 부기된 무역규칙을 확
실히 준수해야 하고, 위반했을 때는 조약서에 기재된 대로 일
본 정부에 벌금을 납부해야 한다.

위의 조약은 모두 하코다테(箱館)에 주재하는 각국 영사(領事)와 의논하
여 정한 것이다.

스기우라(杉浦) 병고두(兵庫頭)          수기(手記)

각국 영사                            동


## 하코다테(箱館) 외국인 분묘지(墳墓地) 증서

메이지(明治) 3년 경오(庚午) 윤(閏) 10월 13일, 곧 서력 1870년 12월 5일
에 하코다테항에서 외국인 분묘지를 의논하여 정한다. 곧 야마세토마리
(山脊泊)에서 서북으로 지장당(地藏堂) 앞뒤에 이르기까지 가로로 78자 세
로로 108자의 땅을 불려천촌다무사종(不呂天寸多武士宗)의 묘지로 삼고,
가로로 120자 세로로 130자의 땅을 기리기종(幾利幾宗)의 묘지로 삼고,
그 남쪽에 가로로 108자 세로로 84자의 땅을 여말무가토리진구종(呂末武
加土利津久宗)의 묘지로 삼는다. 이 세 곳 모두, 외국인 묘지 전체에 푯말
을 세우니 함부로 옮길 수 없다. 앞의 지역은 일본 정부에서 보수하지
않는다.

위의 장소를 왕래하는 도로는 야마세토마리(山脊泊)의 이나리 신사(稲

荷神社) 측면에서 해안까지 건설하니 폭은 18자로 정한다.


위의 증서는 메이지 3년 경오 윤 10월 13일 재판소 회의에서 결정한 것이다.

이와무라(嚴村) 판관(判官)                                          인(印)

스기우라(杉浦) 권판관(權判官)                                      인

영국 고무지유류(古武志由留) 겸

　오스트레일리아 고무지유류 아유류촌천무(阿由留寸天武) 수기(手記)

미국 고무지유류 고무지토무(古武志土武)                        동

러시아 고무지유류 고이어천려자촌기(古伊於天呂字寸幾)        동

독일북부연방 고무지유류 지가류토례류(志加留土禮留)          동


**주반(襦袢: 일본식 속옷)과 모모히키(股引: 통이 좁은 바지 모양의 남자용 의복)의 감세 건(件)으로 영국·프랑스·미국 공사(公使)에게 보내는 서한**


서한을 올립니다. 약조한 조세 목록 안의 모목면 교직물(毛木綿交織物) 부(部) 가운데 다음의 물품이 있습니다. 이 물품의 수입세(輸入稅)를 감세하는 건에 대하여 독일북부연방과 조약을 체결할 때 협의하려는 뜻을 두었기에, 인하여 다음과 같이 서로 감세합니다.

| 목면 주반·<br>모모히키(木綿襦袢股引) | 12(개) | 원세(元稅) | 일분은(壹分銀) | 0.3 |
|---|---|---|---|---|
| | 동 | 감세(減稅) | 동 | 0.25 |
| 모직 주반·<br>모모히키(毛織襦袢股引) | 동 | 원세 | 동 | 1 |
| | 동 | 감세 | 동 | 0.8 |
| 면모 교지물(綿毛交織物)–주반·<br>모모히키이다. | 동 | 원세 | 동 | 0.6 |
| | 동 | 감세 | 동 | 0.5 |

위의 수입 감세는 우리 본년(本年) 11월 30일 곧 서력 1870년 1월 1일부터 시행하니, 마땅히 귀국(貴國)의 국민들에게 포고하여 앞의 항목에 대한 귀국 공사의 뜻이 이와 같음을 알게 해야 합니다.


사(巳) 9월 20일

외무 대보(外務大輔) 데라시마(寺島) 종사위(從四位) 후지와라 무네노리(藤原宗則)

외무경(外務卿) 사와(澤) 종삼위(從三位) 기요하라 노부요시(淸原宣嘉)

영국·프랑스·미국 공사 합하께


## 기(記)


메이지(明治) 7년 갑술(甲戌), 서력 1874년 5월 10일 조세 목록에 기재된 항목 중 숙철(熟鐵: 가공된 철)에 대해 서로 의견 차이가 발생했습니다. 다음에 나열한 항목들을 해결하기 위해, 조약 안에 앞의 한 건 조항의 개정을 협의합니다. 앞의 한 건이 확정될 때까지 일본국 세관[租所]의 관

원 및 물품을 수입하는 영국인과 독일인은 하문(下文)의 결정을 준수해야
합니다.

숙철(熟鑛)

| 도대세(棹大細) | 매 백근(百斤) | 일분은 | 0.3<br>【일분은의 10분의 3이다.】 |
|---|---|---|---|
| 정(釘) | 동 | 동 | 동 |
| 판(板) | 동 | 동 | 동 |
| 박판(薄板) | 동 | 동 | 동 |
| □철(□鐵) | 동 | 동 | 동 |
| 철괴(鐵塊) | 동 | 동 | 0.15 |
| 용우선각철(用于船脚鐵) | 동 | 동 | 0.06 |
| 철선(鐵線) | 동 | 동 | 0.80 |

위의 항목 밖에 다른 숙철들은 공형철(工形鐵) 및 능철(陵鐵)을 제외하
고 모든 게시하지 않은 품류 부분(部分)은 값의 5%로 세금을 거둔다.

전문(前文)에 게시한 숙철 및 공형철과 능형철(陵鐵鐵) 외에는 모두 그
가액(價額)의 5%로 세금을 거둔다.【곧 100분의 5이다.】

이 약정(約定) 전에 이미 전문에서 정한 액수보다 많이 낸 세금이 있으
면 제국(帝國) 운상소(運上所: 무역사무를 취급하는 곳)에서 청구하는 대로 여
분을 환급해 준다.

1874년 5월 10일
데라시마 무네노리(寺島宗則)            수기(手記)
파류리혜촌파구촌(波留利惠寸波久寸)      수기

## 동(銅)을 수출하는 일에 관한 서한

### 각국의 공사와 동 판매법의 개정을 논한 편지

종전에 동을 판매하는 방법은 경매법(競賣法)에 의하여 뭇 사람들이 두 표로 값을 제출하였는데, 현재 국내에 제반 공업이 개혁되어 광갱(鑛坑)에서 산출되는 동이 예전에 비해 배로 늘었습니다. 인하여 박매법을 중지하고 여타의 화물처럼 무역하여 수출할 때 5%로 과세하는 것을 허가하니 일본에 주재(駐在)하는 여러 항구의 강사에게 이 포고를 통지하기를 청합니다.

메이지(明治) 2년 사(巳) 정월 10일
하가시쿠제(東久世) 중장(中將)
각국 공사 합하께

## 초석(硝石: 질산칼륨)을 수출하는 일에 관한 서한

앞서 초석의 수출을 금지하는 내용이 조약 가운데 기재되어 있었는데, 지금 새롭게 그 금지를 해제하여 다른 화물과 동일하게 수출하는 것을 허가합니다. 인하여 5%로 과세하니 나중에 정부가 다시 금지하려고 하면 응당 30일 전에 그 사실을 포고하겠습니다.

메이지(明治) 6년 유(酉) 1월 29일

외무경(外務卿) 소에지마 다네오미(副島種臣)

각국 공사 합하께


## 미맥(米麥)의 수출 금지를 해제하는 일에 관한 서한

제246호 포고를 받들어 미맥(米麥)의 수출금지를 해제하고, 인하여 이 포고를 알립니다.

메이지(明治) 6년 유(酉) 7월 19일

외무 소보(外務少輔) 우에노 가게노리(上野景範)

각국 공사 합하께


## 개척사(開拓使) 및 부·현에 포고함

종전에 미맥의 수출을 금지하던 것을 해제하고 이제 국내의 편의에 따라 8월 1일 이후로는 그 수출을 허가하고 또 그 세금을 면제한다. 나중에 혹 편의에 따라 정부가 다시 개정하려고 하면 응당 2달 전에 그 사실을 포고한다.

메이지(明治) 6년 유(酉) 7월 15일

태정대신(太政大臣) 산조 사네토미(三條實美)

## 미맥분(米麥粉)의 수출 금지를 해제하는 일에 관한 서한

이미 미맥(米麥)의 수출 금지를 해제하였고, 지금 또 제385호 포고가 있어 미맥분의 수출에 세금을 면제하게 되었으므로 이 포고를 알립니다.

메이지(明治) 6년 유(酉) 11월 24일
외무경(外務卿) 데라시마 무네노리(寺島宗則)
각국 공사 합하께

## 개척사 및 부·현에 포고함[29]

전에 이미 미맥(米麥)의 수출에 세금을 면제하였고, 지금 또 미맥분의 수출에 대한 세금을 면제한다. 나중에 혹 편의에 따라 정부가 개정하고자 하면 응당 2달 전에 그 사실을 포고한다.

메이지(明治) 6년 유(酉) 11월 17일
우대신(右大臣) 이와쿠라 도모미(嚴倉具視)

---

**29** 개척사 …… 포고함 : 원문에는 없는데, 문맥이 통하지 않으므로 앞의 내용을 참고하여 보충하였다.

# 일본산 석탄(石炭)을 수출하는 일에 관한 서한

## 기선(汽船)에서 사용하는 석탄의 세금에 관하여 각국 공사에게 보낸 편지

앞서 석탄을 수출할 때 많고 적음을 따지지 않고 세금을 납부해야 될 물품으로 정하여 운상 목록(運上目錄: 과세(課稅) 목록)에 기재하였습니다. 하지만 기선에서 사용하는 물품을 또한 모두 과세하는 것은 이치에 온당하지 않습니다. 때문에 기선에서 사용하는 것에 대해서는 그 세금을 면제하고, 다른 선박은 비록 자신들이 사용한다고 하더라도 많고 적음을 따지지 않고 목록에 기재된 대로 일괄 과세하겠습니다. 지금 급하게 목록을 개정할 수 없기 때문에 지금 이 편지를 개정의 증거로 삼아도 될 듯하니 어떻게 생각하십니까?

메이지(明治) 2년 사(巳) 10월 27일
외무 대보(外務大輔) 데라시마(寺島) 종사위(從四位) 후지와라 무네노리(藤原宗則)
외무경(外務卿) 사와(澤) 종삼위(從三位) 기요하라 노부요시(淸原宣嘉)
각국 공사 합하께
각국 공사는 이의(異議)가 없다고 답하였다.


行副護軍 臣 閔種默
행부호군(行副護軍) 신(臣) 민종묵(閔種默)

# 各國居留條例第二

「目次」

## <u>長崎地所規則</u>【規則年條 始於<u>長崎</u> 神戶次之 <u>橫濱</u>爲後 故以次第 分類錄之】

<u>萬延</u>元年庚申八月十五日, 西曆千八百六十年第九月二十九日, 蓋印。

### 第一, 借地法

我準外國人以借地居留之地, 今外國人, 欲就其地內借地基者, 須先呈請狀於其領事官, 或領事官手代【代攝其事者】, 若在未置領事官之國, 則就其同盟國領事官, 以請焉。而其請狀, 必須詳記其四至【卽四方也】, 領事官, 或領事官手代, 爲問之地所役人【村長、里正之類】及他領事官, 以先是有請借該地者否及無有妨礙他人否。如遇已有先請借該地者, 則命先呈請狀者, 使之限若干日內結約, 其日數, 要有足結約之時日。蹂期而不結約, 則準次者借得, 若確有不得已之故, 而蹂期者, 可矣,

不然, 必準次者借得。

## 第二, 貸與地基

外國人躬親居住者, 卽準次地基, 若夫托名無實者, 不準焉。故借主, 於領地券之後六月內, 必須建築家屋, 踰六月, 猶不建築者, 官收其地券。對海之地建築家屋, 其價每百坪, 不許下洋銀百五十元, 裏街, 百坪, 不許下五十元。

## 第三, 借地基及地券

依前條規則, 請借地, 而借主已定, 則領事官, 作手記蓋印書, 以給借主。借主, 以其書, 交地所役人, 地所役人, 不移時日, 與借主, 相會於其地, 就丈量其地廣狹。

廣狹已明, 先使借主, 納一年地價於地所掛上役。地所掛上役, 迺作領票三枚, 記其坪數境界, 且副之以譯文, 以付借主。借主, 取領票一枚, 以自領, 納其二枚於領事官, 領事官, 又納其一枚於奉行。奉行, 乃作地券三通, 其一通, 自留諸奉行所, 其一通, 附諸領事官, 其一通, 給諸借主。奉行所, 乃報知各國領事官, 以旣給地券之由, 且詳記其地坪數境界。

## 第四, 界上建標

借地之際, 領事官差使員, 與地所掛役人, 或地所掛役人代人及【權攝地所役人事務者】, 借主, 相與會於其地, 建石上刻其地番號者於境, 以爲標, 以要防後來或生事端。且其建石標, 必要其無有所妨礙道路及隣界。

### 第五, 市街、道路、暗渠、埠頭

市街、道路等, 皆係公用所由, 不得混入於借地內, 而借地者, 要無爲市街、道路之障礙。

借新地者, 不可不豫留設入市街、道路、埠頭之餘地。

土地, 係日本政府所有, 政府爲修理市街、道路及埠頭, 浚疏溝渠, 無徵其稅租於借地者。

### 第六, 納租期限

在居留地內借地者, 每年當以我十二月十日, 完淸明年之租。

先其十日, 奉行, 照會領事官, 使某地某【借主姓名】, 以某月某日, 完納明年之租, 領事官, 以命借主。及期, 役人, 作領票三枚, 副之以譯文, 其一枚, 納之奉行所, 一交之領事官, 一給之借主。至期借主不完淸地租, 則奉行, 會照領事官, 領事官, 使借主, 速完納。

### 第七, 賣地

凡借地者, 現記自己姓名在地券上, 則其地爲己所當居之處, 不得使他人代居。或有賣與別人, 則宜於三日內, 改書姓名, 踰三日, 猶未改書姓名者, 不準改書姓名。凡借地者, 距給地券之日, 猶未滿一年者, 不準賣與其地於別人。

不準日本人, 在居留地內, 有接近外國人家屋及商場, 新建造家屋、茅廠, 以致火災蔓延, 奉行, 宜命撒之。下條立罰銀法者, 爲防妨害而設也。以故, 非得領事官準許日本人, 不得擅開設遊興場【妓樓、戲場】於居留場內。

### 第八. 地面制限竝當守法則

在居留地內不準用藁茅蓋屋, 用竹木構屋, 又不準開害人性命, 損人物貨及傷人身體之職業. 若有害人性命、物貨、身體者, 每二十四時, 罰洋銀二十五圓. 火藥、硝石、硫黃, 或過熱酒精等, 皆爲害損身命物品之物. 故官有嚴禁, 不準積貯於人家內外. 若有犯之, 則罰洋銀二十五圓, 猶不搬去者, 每二十四時, 罰銀二十五圓. 營該業, 貯該貨者, 竝當於距人家遠隔之地, 如其地, 則在吏員議定.

建築浚工之後, 倘堆積木閣屋材於路上及枇柵、門陛、戶限等突出, 或物貨堆積, 以妨人行者, 日本吏員, 或領事官, 命撤之, 倘不撤去者, 每二十四時, 罰洋銀十圓. 委棄塵芥於溝渠道路, 或發火器, 或妄騷擾, 或在路上調馬, 或煩擾以妨害他人者, 亦皆罰十圓, 其罰銀, 悉納諸領事官. 若領事官不在, 則納諸日本重役, 重役, 附諸外國世話役【代共衆辨理事務 非官派 卽委員也】世話役者, 爲奉第九條意從事者.

### 第九. 點燈巡夜

街上點燈、灑掃、巡夜等件, 以定規則, 爲緊要. 故每歲首, 當集會借地人, 相與議定募集其費用之法. 每會, 借地人, 宜相與計其地基家屋大小, 以分賦諸費, 又算居留地內外國人上貨金額, 以分賦埠頭稅. 選外國人三名, 或三名以上, 爲世話役, 世話役, 遵會議所決之法幹之. 若有未納金者, 領事官判之, 而世話役糾之, 若其領事官不在, 則世話役, 依他領事官, 以告長崎奉行, 奉行, 爲徵收, 以附世話役. 前年募集銀額及其出納, 詳載在簿上, 歲首集會之際, 世話役出以示借地人. 領事官一名, 或數名, 以爲有要緊事件, 不得不附於會議, 則可以得開會議, 至借地人有請集會者, 亦可以隨時開會. 先會十日, 報知要

會議之件於各員, 以便其熟考。借地人要請集會者, 宜有五人以上連書蓋印, 且詳細記其事由以請。

集會之際所議, 以同論者多, 爲定論, 是日, 借地人, 雖有不來者, 來者上全員三分之一, 則借地人, 須悉從其定論, 不得有異議。會長, 必以領事官尤長老者充之, 是日無領事官臨于會場, 則借地人, 得就會者中丟【丟則套也】票, 選擧會長。其所議, 不必止初所請, 會議之條件, 管居留地件, 亦須於是次, 議決焉, 而會長, 將是日所議決, 報于領事官, 非得衆領事官許諾, 雖經會員議決, 猶未可遵守施行。

### 第十, 遊興場、賣酒店

外國人, 非得領事官準允, 不得開賣酒店、遊興場於居留地內, 在日本人, 亦必須得奉行準允。且要開該業者, 有人確證其必不起喧嚷騷擾而後, 得請之。

### 第十一, 犯罪

外國人有犯罪, 而領事官, 偵知之, 或人告發, 或日本役人照會, 則領事官, 檄犯罪者, 糾治戒勅焉。若係其不置領事官之國人, 則他國領事官, 通知於日本重役, 日本重役, 戒勅犯罪人, 令必守規則。

### 第十二, 豫備

他日欲改定右所臚列之規則, 或欲新加一規則, 或遇有於事情可疑者, 竝如前日, 奉行, 與領事官熟議, 公平決之, 領事官, 當告知其駐日本目代人, 確定。

### 第十三,【附錄】

前第八、第九、第十一, 此三條內所載, 有若處置外國人者, 是則管於公法者, 非奉行所能議定。奉行, 問之江戶重役, 領事官, 問之駐江戶密尼斯德力, 有當刪之命, 則當將此三條削除, 倘當記其由於附錄。

右規則中稱領事官者, 各國領事官, 與日本, 議定條約者【現任其職者】, 是也。

萬延元年庚申八月十五日
岡部　駿河守　花押

## 地所貸渡券

某國商某【姓名】, 要於長崎港居留地內借地基一區, 先以請狀, 經其領事官, 以呈長崎奉行。此地, 在長崎港內外國人居留場內, 前面廣幾十間, 背後廣幾十間幾尺, 凡爲坪幾百幾十坪幾合, 圖中所稱第幾號地者, 是也。西界某地, 東界某地, 北界某地, 南界某地。

右地價, 每一年, 每百坪, 爲墨是哥弗幾十枚, 本月至某月爲年。一年其借地料弗幾十枚, 旣完納畢後來, 某【借主姓名】, 或相續人, 或引請人, 遵守所開列于左規則, 每歲完淸地價, 無有逋欠, 則其時日間, 官決無有所變換支梧。

外國人, 要遵條約借地基, 其法, 列于左。借主, 不當企圖分外之事, 外國人而領遇日本帝國準單。且有其地, 有其家屋, 若欲賣與其地家於外人, 自非日本重役, 或領事官無異議之人, 則不得賣與焉。日本人, 固無於外國人居留地內可有地有家屋之理, 故非有日本重役及領事官蓋官印以準之, 則不得賣與其地於他人。其準之與不準, 則在日本重役, 與領事官。

右券書法則, 列于左。


某【借主姓名】, 或相續人【子弟、親屬等 代主其家者】, 或引請人【受地主委托其家務者】, 欲賣與借地上所得之利益於別人, 宜先請于其領事官, 因以請于奉行也。領事官、奉行, 皆準之而後, 記其事由於簿上然後, 得以授受。若又或全賣與其借地, 或零賣之, 而不待領事官及奉行準, 或貸附於日本人, 或不依每百坪墨是哥弗若干之定規完清來年地價, 或不遵奉行及領事官所議定規則, 或不遵日後所改定規則者, 悉皆當將此地券廢棄, 且其所建築家屋, 皆當沒入于官。

右貸地券如此


年號月日
千八百六十年月日  長崎奉行所 印


## 地所規則添書

因本文地所規則第十三條意, 問之江戶重役, 今接其報曰, 第一條中

所載請借地者, 其國領事官, 不在, 則就其同盟國領事官, 以請焉, 第
八、第九、第十一, 三條中所載, 其領事官, 不在, 則長崎奉行當處置
之及使他國領事官處置之, 皆爲不得其宜。因就規則中屬處置無領事
官之國人條件者, 皆不得遵用, 已經各國密尼斯德力議決矣。因今附
書於規則尾。

文久元年辛酉九月
岡部 駿河守 花押


## 千八百六十年地所規則第二附錄

同盟各國領事官, 長崎奉行, 相與議證就規則第七條內刪除距給地券
之日未滿一年者, 不準賣與其地於他人一節, 其餘, 皆依舊無有所改。
千八百六十二年第四月今二十九日【文久二年戌四月朔日】, 於長崎, 各
自記名蓋印。

岡部 駿河守 花押


## 神戶、大坂居留地規則

議定兵庫、大坂兩處, 外國人租界條約。

慶應三年丁卯四月十三日, 西曆千八百六十七年五月十六日。

### 第一條

已經修好外各國人在, 日本政府, 兵庫地方所居之地, 今指定神戶市街起, 至生田川之間, 準其居住。又照別附繪圖着紅色處, 由海岸築起地土漸離漸高, 使水順流不塞, 且在海邊築其不下四百間石塘, 將後議定新造道路開溝, 爲要。

### 第二條

今所定租界, 漸漸住滿, 無地居住, 願欲別選地土, 則隨其所欲, 準補至背後山脚之地。且準日本業主坐落神戶市街地基, 或房屋, 租與外國人, 各隨其便。

### 第三條

遵條約, 在大坂港劃一區地域, 定以給外國人賃屋寓居, 卽圖上施紅色者, 是也。然其地居人, 或有不肯貸與其家屋於外國人, 政府, 不敢強之。且日本政府, 欲使同盟國人民在大坂港得賃地建屋, 乃準外國人就圖中施藍色者, 租賃地基, 蓋造家屋。日本政府, 當就其西邊田疇之地, 築起之, 使與隣地平坦, 且當施石塘, 設道路, 穿溝渠, 其現今所載之樹木, 則要無斬伐。

### 第四條

該外國人, 旣已租得大坂租地界地基, 尙願別貸地面, 則隨其所願, 開廣向南之地, 以供其用。

### 第五條

兵庫、大坂居留地, 竝須以本年丁卯十二月七日, 止畢照前各條了辨, 可也。

### 第六條

日本政府, 準備該外國人租地界一切費用, 當將地界賣價賠償, 可也。

劃開地基, 當按各坐落方向便否, 定其價額多寡, 但共算價額, 務必日本政府所支諸費相對, 爲要。

又共計支費, 以定拍賣外國人原價, 爲要。

已經修好各外國人, 準其願租地基, 當其拍賣, 比原價過多, 則以充日本政府無息動支, 且不顧能補與否動支之賠償, 日本政府, 盡行收之。

### 第七條

在大坂、兵庫兩處所租外國人地基, 必須每年收地租, 以爲修補道路與溝渠, 竝地租基掃潔約束等費用。爲此豫先算定, 尙其有餘, 爲要, 且完納日本政府, 應收地租, 可也。

### 第八條

前條所載在兵庫、大坂議定外國人租地界, 但非拍賣, 則不論建造房屋, 或爲何等用, 日本政府, 不得租與外國政府, 或公司, 或誰。且日本政府, 不敢別備租地界, 或內或外之地, 以供領事用。

### 第九條

在兵庫、大坂兩處應租外國人地基元價, 每年應納地租, 道路地區,

溝數, 無論大小一總拍賣地基之數, 拍賣方法, 拍賣日期, 竝下條所載 墳墓說法等件, 俟日本政府, 同各國欽差, 議定施行。

### 第十條

日本政府, 遵千八百六十六年六月廿五日在江戶所確定條約書之法, 當設可保險之貨庫官棧, 以備寄存外國人貨物, 兵庫, 圖中施藍色者爲 設立官棧。及政府所須之地及方今所建築修船場者, 亦爲非所貸與於 外國人之地。

### 第十一條

各國人墳墓地, 在兵庫, 爲背後山, 在大坂, 則日本政府, 當爲就瑞 軒山以定。其地, 又當爲設垣墻, 若其修理灑掃之費, 則均賦課外國居 留人, 爲其所當捐金, 以負擔。

### 第十二條

擇西海岸一港以爲外國人居留地及在江戶擇外國人賃屋之地者, 皆 各國公使, 與日本政府, 所當於江戶相議定焉, 當遵條約及上文約書之 意, 又當踐此約定, 以施行焉。

## 大坂表外國人貿易竝居留規則

慶應三年丁卯十二月七日一千八百六十八年一月一日。

### 第一條

大坂, 非指定港口, 不許外國商船碇泊。準備海關未妥之間, 倘有外國人, 欲將貨物輸進本府者, 須照條約附錄通商章程, 稟報兵庫海關完稅。但其已經完稅別口者, 不用再納。又不能在大坂裝貨外國船之間, 應由大坂輸出之貨, 亦須稟報兵庫海關完稅, 可也。

### 第二條

照本規矩並條約附錄通商章程, 不論輪船、脚帆船, 外國人所管漕船、扡船、搭客船等, 準其來往大坂、兵庫間。

### 第三條

準其住大坂外國人, 放行境界。南界, 則大和川至船橋, 轉經敎興寺村至佗田, 爲限境。地方, 雖在大和川之外, 準其遊歷。大坂、兵庫兩處來往所經之路, 離京都十里, 爲限, 準其來往。又大坂府水陸往來, 與日本人, 無異。

## 大坂、兵庫外國人居留地議定

慶應四年戊辰七月八日, 西曆千八百六十八年八月七日。

### 第一條

昨年所議定大坂外國人租地基地界拍賣期日, 要日本役人, 與各國岡士議定, 當以西曆九月一日, 或相距不遠之日, 爲其期。前日旣將其

地圖布告, 雖然應行前經布告地圖, 日本役人及外國各岡士, 並皆以其
地圖, 爲宜其改正, 則改之, 亦可。果有所改正, 宜在拍賣前五日外,
於大坂布告。

### 第二條

兵庫, 則須日本役人, 與各國岡士, 相議定拍賣等事, 日本政府, 須
將當先附拍賣居留地面積方向及拍賣期日及地圖, 於兵庫布告, 使人
衆知悉其布告區地之面積方向及後應開設道路溝渠之所在, 尤要。在
拍賣之前五日以外, 劃地基, 宜以二百坪, 至六百平, 爲一區, 道路之
廣, 應不下四十尺。

### 第三條

如上文所說, 於大坂、兵庫將地基貸與外國人, 一據拍賣法。其拍賣
法也, 豫定元價, 每坪, 爲金二兩, 二分, 納之日本政府, 以償營築地基
之費, 其餘二分, 亦納之日本政府, 政府附之於積金幹事, 以充修居留
地道路, 浚溝渠, 點街燈等諸費。且日本政府, 立約許在大坂、兵庫所
拍賣之價, 若超過元價, 則除元價外, 將所超過之金圓, 分爲二, 以其
一, 附之積金內。

### 第四條

拍賣大坂、兵庫居留地地基, 當照從此書尾所載附錄拍賣規則。拍
賣之後, 猶有地基賣不盡者, 當俟他日, 再附拍賣。若其期日, 在日本
役人, 與各國領事岡士, 相議定, 亦宜在前一月布告。

## 第五條

大坂地稅元額, 爲金三百八十一兩, 兵庫金四百十兩一分, 每年, 當納稅, 每坪, 稅金一分於日本政府. 其殘餘金圓, 以爲居留地積金, 以充修道路, 浚溝渠, 點街燈諸費, 竝皆宜豫納來年之稅.

## 第六條

爲設立積金法, 除非常天災之害外, 辦修道路, 浚溝渠, 點街燈, 居留地諸費, 不要日本政府管攝也. 遇有非常天災所害, 而要日本政府出金, 則應日本役人, 與各國岡士, 相議以定其金額.

## 第七條

外國人已遵此議定書, 以賃地基, 則當納金, 以充居留地積金, 納金者, 先納之於其岡士, 岡士, 以附之於積金幹事. 居留地積金者, 日本官司, 各國領事, 竝租地界總官相議, 以出納焉. 行事者, 不得過三人, 其薦擧時, 查各國領事官花名冊內薦擧, 可也.

## 第八條

若要雇外國人爲巡捕約束, 大坂、兵庫兩處租地界賃地者, 當納每坪, 不超一分銀三分一之租, 以爲積金. 若其每年當納之金額及收納日期, 則日本役人, 各國岡士及居留人行事, 當相議定之.

## 第九條

大坂、兵庫居留地修補石塘、埠頭, 近地河海, 雖逢退潮, 使無掛礙上岸, 在日本政府所擔任.

## 兵庫、大坂外國人居留地地基拍賣規則

### 第一條

製地圖數紙, 抄鎭臺所蓋印信之圖, 存在神、坂兩衙門並各國領事分署, 各一紙, 以爲後憑。其拍賣時, 第一號地基起, 逐號遞次拍賣, 爲規。

### 第二條

拍賣者, 必以最後出價最貴者, 爲買主, 其最後二人同價, 則更將其地附拍賣。

### 第三條

拍賣之際, 出價者, 要大叫地價, 每坪, 但不準少于一分銀之五分之一。爲要拍賣者, 不得自出價, 又不準代他人出價。買主旣定, 卽拍賣者, 大號買主姓名, 速記之簿上, 後給地券之際, 將簿上姓名相照, 不得有違亂。

### 第四條

甲號之地, 評價已決, 買主旣定, 而乙號之地, 未附拍賣之際, 買主, 納金百兩, 以爲結約之證。他日至給地券之際, 將前所出以爲證, 算入地價。若買主不肯納證金者, 不將乙號附拍賣, 更將甲號之地, 再附拍賣。

## 第五條

地契, 須照後開樣式繕寫, 當以千八百六十八年三月一日, 給之, 故要豫作地券。給地券, 宜認明券上所記姓名, 親授其人。若有已將其地賣與別人者, 或有指證書要代人受券者, 或有別有確證當代授者, 竝給之以地券, 不必問簿上姓名。然須納其證書, 或有岡士親蓋印章證書之副本於日本役所。至十五日, 猶未完納地價者, 以爲自破約。故其所旣納之金, 則政府收之, 不還附, 若其地, 則待次會拍賣之日, 更附拍賣。

## 第六條

給地券之際, 使買主, 納金五兩, 以謝其勞。

## 第七條

沽券上規則, 當遵奉, 又當別紙規約第五條所定, 使買主, 或其相續人, 或引請人, 每歲, 納地租, 每坪, 金一分。

## 第八條

除地租外, 宜每歲, 約束居留地各項費用, 其金, 要不逾每坪一分銀三分之一。

## 第九條

無證可據已經修好國籍貫人者, 斷不準給地券。

## 地券式【雛形】

我代日本政府, 領金若干, 將官圖所記第幾號幾坪地基, 貸與某國
某, 其宜守條件, 列于左。

遵千·八百六十八年八月七日, 日本政府, 與外國公使所約, 箇條書第
五條, 地價, 爲每坪, 金一分, 則地價總額, 爲金若干兩, 當以西曆某月
某日, 豫納來年租額於其岡士館無愧。又遵第八條所載, 每歲, 當納居
留地管理諸費於其國岡士無愧, 其金, 每坪, 爲不超一分銀三分之一。
且欲將第幾號地基, 或其幾分地賣與別人, 除盟約國人外, 不準買得。
且要賣與別人者, 必須各得其岡士允準。

或有不奉此條件者, 日本政府, 堂照會其岡士。今作地券二通, 一給
之借主, 一留之日本長官, 以爲證左。

## 覺書

明治元年戊辰八月廿三日, 西曆千八百六十八年十月八日。

日本政府代辦甲股兵庫知縣事 伊藤俊介, 與外國衆人代辦乙股條約
國領事, 約定。

於神戶地所賣渡取極書第九條載海河石塘事, 官圖明載之, 且居留
地周圍道路上, 有溝渠, 現今方修築其石塘及蓋覆者, 亦明載其內。該
溝在住裏街者, 爲不可無之之溝渠。故甲股代其官府相續人, 結約當常
浚疏, 使之清潔永無損害。乙股欲速領其地, 且欲賣與別人, 因要其架

橋之廣狹, 與在居留地街上者同一, 且要速落其工, 此與甲股所約也。

甲股結約保護生田川石塘, 此爲防漲水泛溢, 害及居留地也。

千八百六十八年十月八日, 蓋印以證。


| | | |
|---|---|---|
| 兵庫知縣事 | 伊藤俊介 | 花押 |
| 英國 領事 | 代壽古道壽之窩婁道 | 手記 |
| 蘭國 領事 | 阿伊甫道仍 | 同 |

伊藤俊介君及代壽古道壽之窩婁道君, 竝爲使是非蒙證, 在其面前, 親自蓋印, 相與交付。


## 大坂、兵庫間設引船、輸物運送船及搭客船規則【此規則　與設江戸、橫濱間運送船、搭客船規則同 故不必疊錄】

慶應三年丁卯十一月朔日, 西曆千八百六十七年第十一月廿六日。


### 第一條

非得日本長官準單, 不準外國人將扡船、艀船、搭客船, 往回于大坂、兵庫間。


### 第二條

遇有請領準單人, 兵庫鎭臺同該管領事合同查明, 以定可否發給準單。至于準單定, 必兩國言語, 註明該船模樣, 兵庫鎭臺, 加蓋印信, 領事官, 蓋印其傍, 爲規。

### 第三條

發給準單後, 過一年, 鎭臺同領事, 各行査考, 議定停止, 或再準發給, 可也。其發給準單時, 不論頭次二次, 必須將一分銀一角, 納于<u>日本</u>政府, 以爲規費。

### 第四條

外國船裝貨吃水逾八尺者, 不給準單。

### 第五條

得準單之船, <u>日本</u>政府, 派員塔坐有準單之船隻, 或該船往來<u>神</u>、<u>阪</u>兩港時, 派員看守, 均隨其便。

### 第六條

由<u>兵庫</u>將貨裝載, 有準單船隻至<u>大坂</u>者, 該貨主, 每貨必附其收稅單, 或免稅單, 爲要, 若無該單在<u>大坂</u>起貨者, 將貨入官。

### 第七條

有準單船隻, 在<u>大坂</u>、<u>兵庫</u>兩港, 將貨起貨時, 必當<u>日本</u>政府所準一定埠頭, 或必當爲政府所準一定三板船。

### 第八條

官許船, 除在<u>大坂</u>、<u>兵庫</u>間, 裝貨搭客拖船外, 不準用諸他事。又不準接近外國船、<u>日本</u>船, 或別處地方, 可也。

### 第九條

官許船, 除外國人船長外, 不準水手等上岸。

### 第十條

收沒準單, 一面該管領事官, 將本國政府所任務, 令該管國人遵守各條約並約定規則之權利, 懲辨, 爲規。

## 大坂布告

海關前埠頭川, 蒸氣船卸碇, 已逾二十四時, 宜移碇於下流, 此回與各國領事熟議, 勿論內外人, 須守此規則此布告。

明治六年癸酉二月二日
大坂府權知事 渡邊昇

## 與各國領事定大坂港境界書

大坂港, 北界左門川, 南界大和川, 西以天保山燈臺以西三里, 爲界。左問川、大和川當建設標木, 使境界分明。

港則第四則未定之境界, 今因政府命所劃定如此, 請布告貴國人民, 使之知悉此布。

明治六年癸酉三月十二日
大坂府權知事 渡邊昇


## 大坂布告

海關前埠頭東岸長十二間之地, 爲進出口船上下貨物之場, 不準碇
泊汽船, 欲其無礙他船上下貨物也。今與各國領事商議, 新設此規則,
內外人民宜遵守。


明治六年癸酉四月四日
大坂府權知事 渡邊昇


## 大坂開港規則

明治二年己巳四月八日, 西曆千八百六十九年五月十九日。


### 第一則
接近居留地設有海關, 今當更設出張運上所於安治川 波除山近地,
以便人衆。


### 第二則
商船進出收稅, 總在海關徵之。

**第三則**

入口船隻, 或有爲風波所阻, 不能登陸報關, 而會海關有休業日, 逾四十八時, 猶不得報關者, 確係事情分明者, 則準之, 不然者, 不準逾時限。

外國商船進口, 海關派吏員, 每隻看守, 且將開港規則書, 示其船長。

爲風浪所阻逾時限不能報關者, 船長, 記其進口月日時刻及海關吏人來看時刻, 以交關吏。

**第四則**

大坂港界限, 當俟日本吏員, 與各國岡士, 相議劃定, 且以設其標木。設標木, 爲日本政府所任。

**第五則**

於本港界限內, 不許棄擲船墜, 各國岡士, 宜嚴制之, 令守規則。

**第六則**

上下貨物, 宜必由海關所定二所埠頭, 若不由二所埠頭, 而上下貨物者, 將其貨入官。

**第七則**

除上下貨物二所埠頭外, 更別設二所埠頭於居留地內, 以便人衆上下, 不許上下貨物。

## 第八則

汽船, 或桅船, 欲試其機械, 或欲有所遊行, 或別有故, 要暫出港外者, 其船長, 先須告其岡士, 岡士以報海關然後, 準暫出港外。

海關所派吏員, 猶當在船上看守, 不準使之離去。

## 第九則

日本祝日、祭日及休業日, 不許上下貨物, 若先已領準單者及已經查驗者, 則竝告海關而後, 上下貨物。惟在飛脚船, 雖休業日, 欲上下貨物者, 呈願狀上蓋岡士館官印者, 或呈岡士手記願狀背者, 則準。日本休業日, 列于左。正月一日、三日、七日, 三月三日, 五月五日, 六月廿五日, 七月七日、十四日、十六日, 八月朔日, 九月九日、廿二日, 十二月廿七日、晦日。

十二月廿七日、廿八日, 二日, 自朝九時, 至午十二時, 開關。

## 第十則

西曆五月, 至十月, 每日朝九時開, 夕五時閉。十一月, 至四月, 每日朝十時開, 夕四時閉。出入港等, 海關事務, 惟在開館時內執行。

雖屬時限外, 若有緊急事情, 各國岡士, 以狀請者, 則爲開關。

## 第十一則

將應稅貨物, 輸送於日本準通商各口, 當呈狀自證其貨載向某港, 期日內, 當得其港海關上貨單, 以上呈。若過期不呈上貨單者, 當納其稅之由。又將違禁物品, 輸送於準通商各港, 逾期日不呈別港上貨單者, 則當納其貨價於海關, 亦要先以書證之。

在長崎、橫濱, 以四月爲期, 箱館、新瀉, 六月爲期, 期內不呈證書者, 照會其港, 其船, 已入其港, 則使納其金額, 若船, 猶未至其港, 則待之六月而後, 確知其船果爲沈沒而後, 始廢其證書。

## 第十二則

貨物已經海關查檢, 猶置之埠頭, 而過四十八時者及有不遵第十則所定, 而開關內, 不呈狀請查檢者, 竝將其貨納之官棧, 其棧租, 則徵之貨主, 或引請人。不宜或有不受查檢。

## 第十三則

火藥及强烈爆發物品, 別有官棧, 準寄儲之, 其棧租, 則俟他日議定。

## 第十四則

進出貨物其準單, 竝宜受之海關, 惟進口貨物, 從貨主所請, 或在安治川出張運上所給其準單, 亦可。

## 第十五則

或裝貨, 或搭客, 往回大坂、神戶間者, 必須留船於安治川運上出張役所, 以報焉。貨船入口者, 宜停之於出張役所, 然不得超十五分時。出張役所, 使吏員乘之, 看守以至埠頭。貨船出口者, 海關差使員, 在埠頭乘之, 看守至出張役所, 吏員, 明言其無濫貨, 且已經查檢然後, 出張役所, 準其出港。若曰未經查檢, 則出張役所吏員, 使速就查檢, 若貨主, 不報出張役所, 而私出口者, 以偸漏法, 論之。

川蒸氣船, 過安治川運上所出張所, 而無有吏員待以搭之, 則直過,

亦可。

川蒸氣船, 碇泊自有一定埠頭, 應就泊之, 不準不呈請狀, 而濫自泊
他埠頭。

### 第十六則

安治川沖洲, 至出張運上所前, 現今海底尙淺, 要浚疏之, 使爲一丈,
至一丈四尺之深。浚疏未卒其工之際, 準由木津川, 與安治川, 二港
口, 及浚疏已卒, 則日本司人, 照會各國岡士, 使之布令人民爾後, 船
舶悉當由安治川, 不準由木津川。

木津川一號番所, 至海關前之間, 貨船, 必須有吏員看守。

在番所, 若察看從他海口所進入船舶裝貨物者, 使之悉轉由安治
川。

貨船, 會烈風激浪, 避入于尻無川第一號番所附近之地, 或木津川,
及風浪已定, 則宜轉向安治川。

### 第十七則

右規則, 西曆千八百六十九年五月十九日, 相議定條約, 嗣後, 若有
二三條, 或悉皆, 要重修者, 俟千八百七十年一月一日, 當以相與會議
重證。

| 日本 | 大坂府判事兼外國官判事 | 五代才助 | 花押 |
| 英國 | 岡士 | 阿邊惠也古字留 | 手記 |
| 米國 | 岡士代 | 阿不留由呂比乃土 | 同 |
| 蘭國 | 副岡士 | 比比寸土利由寸 | 同 |

孛國 岡士代 伊宇留寸                同

## 兵庫 神戶外國人居留地內所稱墓地約定地券書

兵庫縣令神田孝平, 與各國駐本港領事, 各代其政府, 議定將數千坪
左右墓地者【此地 北界三十二番地 至三十四番地 東西南界西町、明石町】, 貸
與條約國領事以下, 以爲公園地, 且準或爲居留人公用蓋造家屋。每
年當納一分銀五百角, 以爲地租, 爾後使居留世話役管理之, 其納地
租。以定約蓋印日, 爲起頭, 每年必納明年地租, 使以地租堆積金內,
支發明年地租先納, 可也。

千八百七十二年四月十二日, 相與蓋印, 手書姓名, 用爲確證。

兵庫縣令 神田孝平

此係明治五年壬申三月五日條約。

## 關於兵庫港內貸地區家屋于外國人等件之書翰

一筆啓呈。卽今日以後, 於本地日本人, 自貸於外國人基地, 或家
屋, 或修理外購買之家屋, 可爲自由。右境界, 東以生田井, 西宇治川,
北山邊, 南海岸, 爲限。以去三月, 於京師, 與佛、英、蘭三國公使所
旣協談旨進述之。但從千八百六十七年五月之附屬條約, 所設之居留
場並居留地西方, 到海岸而可除幅十六間四尺之地, 爲道路。由積在

於此處之材木及外國人構建之假住宅, 如報其各國領書, 逐後可撤去之。因右境界內地區, 或家屋請借之者, 出告兩國吏, 以得其押印, 且記留居住地留帳中, 可以爲後日之證。但坊內需用出費及地稅, 可如日本人納於日本政府。右條, 請得貴意以上。

慶應四年辰三月七日

各國岡士【足下】

## 外國人貸地及競賣地取調書類【現行居留表式 故撥摘錄附】

### 貸地取調表

表中規式, 一曰番號、二曰地坪、三曰借法、四曰借地期限、五曰借地料、六曰同百坪當、七曰【自營、官營】原價、八曰【官、私】修繕、九曰家稅、十曰各國。其番號者, 等其雜居之地, 上中下次第也。借法者, 自政府直貸者也。【官營、自營】原價者, 本自縣官營價, 比今私自營者也。【官、私】修繕者, 本自縣官修繕, 比今私自修繕者也。家稅者, 稅其家基也, 而今不收稅。【番號、借法、官營、官修、家稅】五條, 竝一例皆同, 故不入表中。但以地坪、借地期限、借地料、同百坪當、各國, 此五條表分, 餘倣此。

| 地坪 | 借地期<br>【限無年限】 | 借地料<br>【一年】 | 同百坪當 | 各國 |
|---|---|---|---|---|
| 三百五拾七坪七合五夕 | 自慶應四年<br>四月七日 | 八拾九圓四拾三錢八厘 | 二拾五圓 | 蘭國 |
| 七百七拾八坪 | 四月拾六日 | 百九拾四圓五拾錢 | 同 | 米國 |
| 三百八坪 | 閏四月廿五日 | 七十七圓 | 同 | 米國 |
| 三百四拾九坪 | 五月八日 | 六拾六圓五拾錢 | 拾九圓五錢四厘 | 元米國當時英國 |
| 百拾坪 | 明治元辰年<br>九月十九日 | 二拾圓六拾二錢五厘 | 拾八圓六拾八錢一 | 佛國 |
| 三百八坪 | 慶應四辰年<br>五月十五日 | 七拾七圓 | 同 | 協和集會所 |
| 千坪 | 明治二巳年<br>正月十日 | 二百五拾圓 | 同 | 米國 |
| 九拾八坪六合 | 同年四月七日限五年滿 | 四拾圓 | 四拾圓五拾六錢八 | 英國 |

### 永代貸地取調表

永代貸者賣渡原價, 則下渡於元持主人民, 如年年地租米, 約定日, 上米相庭以計算, 相約與借地料地租, 相記也。表中規式, 一曰番號、二曰地坪、三曰借法、四曰借地期限、五曰地租、六曰同百坪當、七曰【官營、自營】原價、八曰【官、私】修繕、九曰家稅、十曰各國。而但番號者, 等其山手永代貸地之上中下次第也。【番號、借法、官營、官繕、家稅】五條, 並一例皆同, 故不入表中。但以地坪、借地期限、地租、同百坪當、各國, 此五條, 表分, 只摘錄十區耳。

| 地坪 | 借地期限 | 地租 | 同百坪當 | 各國 |
|---|---|---|---|---|
| 二千四拾<br>九坪七合 | 明治二年二月 | 五石一斗<br>一升九合 | 無 | 英國 |
| 五百拾<br>坪六合 | 四月 | 未定 | 同 | 元米國當<br>時英國 |
| 六百七拾<br>二坪八合 | 同 | 同 | 同 | 英國 |
| 三百七拾<br>九坪九夕 | 五月 | 同 | 同 | 米國 |
| 千二百拾<br>一坪八合 | 同 | 同 | 同 | 英國 |
| 四百五拾二坪 | 同 | 同 | 同 | 英國 |
| 四百四坪二合 | 同 | 二石七斗<br>七升六合 | 同 | 當時米國 |
| 五百拾五坪 | 六月 | 未定 | 同 | 英國 |
| 二千八百拾<br>一坪八合 | 七月 | 拾四石四斗<br>八升一合 | 同 | 英國 |
| 四百拾四坪 | 八月 | 二石一斗<br>三升二合 | 同 | 英國 |

## 競賣地取調表

表中規式， 一曰番號、二曰地坪、三曰借法、四曰競賣年月、五曰競賣地價、六曰同百坪當、七曰【官營、自營】原價、八曰【官、私】修繕、九曰家稅、十曰各國。其番號者， 等其居留地之上中下次第也。借法，則卽競賣地之名也。【番號、借法、官營、官修、家稅】五條，竝一例皆同，故不入表中。但以地坪、借法、競賣地價、同百坪當、各國，此五條，表分，又摘錄十區耳。

| 地坪 | 借法 | 競賣地價 | 同百坪當 | 各國 |
|---|---|---|---|---|
| 五百廿一坪 | 競賣地 | 千六百九拾三圓二拾五錢 | 三百二拾五圓 | 英國 |
| 五百廿七坪 | 同 | 千三百拾七圓五拾錢 | 二百五拾圓 | 米國 |
| 三百二拾二坪二合五夕 | 同 | 八百六拾六圓四錢七厘 | 二百六拾八圓七拾五錢 | 米國 |
| 三百四拾八坪七合五夕 | 同 | 八百七拾一圓八十七錢五 | 二百五拾圓 | 米國 |
| 五百九拾六坪八合七夕 | 同 | 千九百三十九圓八十二錢八 | 三百二拾五圓 | 蘭國 |
| 同 | 同 | 千六百四拾一圓三拾九錢三 | 二百七拾五圓 | 蘭國 |
| 同 | 同 | 千九百七拾七圓拾三錢二 | 三百三拾一圓二拾五錢 | 米國 |
| 同 | 同 | 千六百七拾八圓六拾八錢 | 二百八拾一圓二拾五錢 | 同 |
| 五百六拾二坪五合 | 同 | 千七百二拾二圓六拾五錢六 | 三百六圓二拾五錢 | 蘭國 |
| 同 | 同 | 二千二百拾四圓八拾四錢四 | 三百九拾三圓七拾五錢 | 孛國 |

## 居留地外官有地外國人之貸渡分取調書

只摘錄十區。

明治元年四月貸渡, 蘭國

一地坪, 三百五拾七坪七合五夕

右地料, 壹年, 金八拾九圓四拾三錢八厘

同, 米國
一地坪, 七百七拾八坪
右地料, 壹年, 金百九拾四圓五拾錢

同閏四月貸渡, 米國
一地坪, 三百八坪
右地料, 壹年, 金七拾七圓

同五月貸渡, 元米國【當時英國】
一地坪, 三百四拾九坪
右地料, 壹年, 金六拾六圓五拾錢

同九月貸渡, 右同上
一地坪, 百拾坪
右地料, 壹年, 金二拾圓六拾二錢五厘

同五月貸渡, 佛國
一地坪, 三百八坪
右地料, 壹年, 金七拾七圓

明治二年正月貸渡, 協和集會所
一地坪, 千坪
右地料, 壹年, 金二百五拾圓

同四月貸渡, <u>米國</u>
一地坪, 九拾八坪六合
右地料, 壹年, 金四拾圓


同, <u>英國</u>
一地坪, 千坪
右地料, 壹年, 金二百五拾圓


## 居留地競賣價區分表

一百二十六區中只摘錄十區。


第一番, 辰年競賣, <u>英國人</u>
一坪數, 五百二拾壹坪
此地代金, 千六百九拾三圓二拾五錢【壹坪, 金三圓二拾五錢】


第貳番, 同, <u>米國人</u>
一坪數, 五百貳拾七坪
此地代金, 千三百拾七圓五拾錢【壹坪, 金二圓五拾錢】


第三番, 同, <u>米國人</u>
一坪數, 三百二拾二坪二合五夕
此地代金, 八百六拾六圓四錢六厘九毛【壹坪, 金二圓六拾八七五】

第四番, 同, 右同上

一坪數, 三百四拾八坪七合五夕

此地代金, 八百七拾壹圓八拾七錢五厘【壹坪, 金二圓五拾錢】


第五番, 同, 蘭國人商會

一坪數, 五百九拾六坪八合七夕

此地代金, 千九百三拾九圓八拾二錢七厘五毛【壹坪, 金三圓二拾五】


第六番, 同, 蘭國人

一坪數, 五百九拾六坪八合七夕

此地代金, 千六百四拾壹圓三拾九錢二厘五毛【壹坪, 金二圓七拾五】


第七番, 同, 米國人

一坪數, 五百九拾六坪八合七夕

此地代金, 千九百七拾七圓十三錢一厘九毛【壹坪, 金三圓三拾壹錢二厘五】


第八番, 同, 米國人

一坪數, 五百九拾六坪八合七夕

此地代金, 千六百七拾八圓六拾九錢六厘九毛【壹坪, 金二圓八拾一二五】


第九番, 同, 蘭國人

一坪數, 五百六拾貳坪五合

此地代金, 千七百二拾二圓六拾五錢六厘【壹坪, 金三圓六錢二厘五毛】

第十番, 同, <u>孚國人</u>
一坪數, 五百六什二坪五合
此地代金, 二千二百拾四圓八拾四錢三厘八毛【壹坪, 金三圓九拾三錢七厘五】

## 横濱居留規則【地券規則與競賣法 與<u>東京</u>參用 而最詳於<u>神戶</u> 故並不疊錄】覺書【覺猶記錄之意 卽<u>下關</u>結定時所記也】

<u>柴田</u> 日向守、<u>白石</u> 下總守, 與各國公使相議, 欲爲外國人駐<u>横濱</u>者, 拓其居留地, 且議關居留地事務, 乃以八月八日西曆九月八日, 九月二十四日西曆十月二十四日及十月九日西曆十一月八日, 相會通遂議, 證其拓地之法及土木之資, 以定其約。<u>日本</u>全權及各國公使, 相與畫押, 約五日內, 必當取<u>江戶</u>大君準許, 仍約定如左。

### 第一
劃其地在溝外周圍<u>日本</u>里程十八町【英法一里 英尺六千四百十二尺半 當日本六千四百八十尺 一里】者, 定以充各國人練兵場, 及現住居留地外國人跑馬之場。該地, 現今爲池沼, 埋築之者, 爲日本政府所任, 以<u>日本</u>人, 亦練兵焉。不課地租於外國人, 只外圍馬埒, 則當議定其地租。

## 第二

條約各國, 海陸軍兵有病者, 其他有患痘者, 已設有病舍, 足以容
之。然病舍, 猶或至不足給, 而更要增築者, 岡士有立償費之約以請,
則日本政府, 當爲速造建病舍一二區。

## 第三

已定爲外國人墓地, 而其地偶未有葬之, 而其隣界接居留地, 有欲將
墓地割截, 以拓其地基者, 各國岡士, 莫有違議, 悉皆爲請則準。

## 第四

屠牛場接近人家, 不惟害外國人身體, 亦有害日本人, 因欲遠之, 乃
今相共議定, 宜就海岸擇一所。據前日所呈圖, 新構一舍, 尤要速成。
且要雖屠者, 非得岡士準許者, 不得濫入焉。構舍之費, 要一萬元左
右, 若其實價, 尙在日本政府, 與岡士, 相商議焉, 而日本政府, 宜負擔
其費, 因歲課其金額十分之一, 以爲租。

## 第五

日本政府, 所開溝渠以內池沼, 宜盡埋之。及其土木工畢, 宜遠移港
崎町於居留地一方, 港崎町, 現在居留地中央。若工未畢, 而偶有火,
不準日本人再建造家屋。

悉埋池沼之後, 宜如圖中赤線就稅關與岡士館之間, 開一直街路。
又宜設地基於太田町與大岡川之間, 以應各國岡士所要擧, 賃地之金,
以充土地元金, 以備修街路浚溝渠之用。其地租, 宜與外國居留地一
般。

## 第六

圖中第二號, 爲築造各國岡士館及蓋造居宅之地, 宜盡撤去日本人家屋。且曩旣經約定, 故區別其地, 惟宜在岡士等所爲, 不要再與日本官吏議, 若其租, 則與居留地一般, 宜使賃地者納之。

## 第七

自稅關埠頭沿海而至佛人租地及海岸至大路之間【卽圖中第三號】及其他設地基, 而便於外國人之地, 悉不問日本人外國人, 宜依投票法貸與。

果如此, 則日本政府, 宜遠移外國人居留地, 地界上所設石欄以設之於佛人辨天租地外。依八月八日西曆九月八日, 九月二十四日西曆十月二十四日, 兩日面議, 且原前議, 當將賃地金一半, 充土木之費, 將應償設地基之費金額之半, 納諸神奈川鎭臺【前旣償日本借主移居之費】, 以至完償土木費及諸費而止。其地租, 則與他居留地一般。

## 第八

同盟各國公使, 現今不得再寓江戶, 因要權營官舍於橫濱, 而若佛蘭西、和蘭等公使, 旣得其地於辨天【與孛國岡士同】。故欲就辨天海岸, 至圖中第四號者, 卽孛漏生地界之西, 新爲大不列顚及合衆國全權公使, 設地基。若其廣狹大小, 在日本政府, 與兩國岡士相議, 而其地在公使, 或雖不必急要, 非得公使許諾, 日本政府, 惟當不得有所改作。

## 第九

要將圖上第五號, 卽英國 尾士道喜是冷【士官】寓居, 爲各國公使會

集之所。不然，要別就其近傍指定一所，至其地，已經結約，則應速辦，且使會社幹事，辦從前居人屋價及移居諸費。及納其地租，皆與諸外國人一般。

### 第十

要使日本人，開市店賣飮食物，宜拓圖中第六號曠地築之，使平坦，以設立小店數箇。

### 第十一

現今多不虞之事，以故，日本政府，欲使外國人無由東海道，宜新開長不下四五英里【一里 英尺六千四百十二尺半 當日本一十八町】，廣不下二十英尺【一尺 當日本尺一零零五八二】大路，使之過根岸村轉回，以供外國人縱遊。已依圖，且經建築長阿屢圍之指揮，以經營者，亦宜畢其工，其費，則竝係日本政府所出。

### 第十二

前是外國人納地租於日本政府，以故，日本政府，修理道路溝渠。然以其徵租過多，外國人相議，欲無委日本政府，而自修理道路溝渠，且辦其諸費。故就外國人所納地租，控其十之二，以充元金。

爲證明以上諸件，日本全權及外國公使，於元治元年甲子十一月廿一日，西曆千八百六十四年十月九日，作約定書五通，竝畫押蓋印。

| | |
|---|---|
| 柴田 日向守 | 花押 |
| 白石 下總守 | 同 |

| 英國 特派全權公使 | 阿屢曲九 | 手記 |
| 佛國 全權公使 | 魯細西 | 同 |
| 米國 辨理公使 | 苟羅仍 | 同 |
| 和蘭國 總領事兼公使 | 甫屢西無屢九 | 同 |

## 約書【外國目代】

欲使橫濱居留地人, 無火災之患, 得安寧, 因要改正其地中央, 且欲增補千八百六十四年十二月十九日約書, 更結定約束。日本政府, 以御勘奉行小栗上野介、外國奉行柴田 日向守、神奈川奉行水野 若狹守, 爲全權, 與外國代辦人, 議證約定十二條, 如左。

### 第一條

約書中第一條埋築大岡川外池沼, 爲跑馬、操練、遊步之場者, 今解其約, 改用根岸灣上原野, 現爲跑馬場者。將港崎町者, 爲公遊場, 準日本外國人共入焉。日本政府, 約拓港崎町, 平坦其地, 植之樹木, 因移港崎町於大岡山南。雖不徵公遊地之稅, 欲永遠使其地不至廢蕪者, 在神奈川奉行, 與外國岡士相議, 以設其法。

### 第二條

約書第七條有將稅關前埠頭至辨天之間居留地, 大路之後沿海地, 附拍賣, 使日本人外國人, 共競賣之條, 外國人代辦人, 今解此約。日本政府, 諾其請約新開三大路, 其廣六十英尺, 自海岸, 通西邊, 達佛蘭

西公使館前大路, 又接之開廣六十英尺坦路, 直達吉田橋, 又開廣六十
英尺大路, 起於吉田橋頭沿大岡川北岸, 至西橋。日本政府, 又約應於
距結約日十四月內, 畢其土工, 且永遠修理。

### 第三條

外國人及日本人欲改定居留地, 且爲避火災延燒, 日本政府, 新約開
廣百二十英尺大路, 自海岸, 穿居留地中央, 至公遊場。公遊場, 地形
中央底卑, 宜築之, 使平坦, 與他稱。至大岡川, 地形寢低下, 使地上
水, 皆歸大岡川。據圖上伊字號, 分作八區, 岡士館地基及新三區在中
央道東, 依下所載法, 留以待外國人需, 海關及新三區在中央道西者,
留以待日本人需。然只因政府所爲無不可。此條所載埋築及平地之
工, 宜限以七月內。

### 第四條

當設於中央道之東新三區者內, 有一區岡士爲宜以造築公館者, 當
以供外國人所要。公館者, 謂 町會所、公會所、飛脚所、市中取締役
所、藏水龍所, 當納每百坪洋銀二十七圓九十七, 先土地租。新約據圖
上伊字號, 改市街中央, 築土平道路, 開溝渠, 日本政府, 算其費額。
將所餘地基二所在大路東, 附外國人投票, 欲使外國人知悉, 當報告岡
士。

### 第五條

圖上伊字號所載中路及兩大路, 其他許多橫道, 爲日本政府當築之
處, 使汚水能流下道路宜修理。若其溝渠之大小方向, 係神奈川奉行,

與外國岡士議決。

設廣二十英尺行道於中央大路兩畔，就其外側，列植綠木。若新兩路，亦當設廣十英尺行道於其兩側。


### 第六條

圖上伊字號地內，欲蓋家屋，不論日本人外國人，宜堅牢築造，屋蓋以瓦，壁以石磚，或塗石灰。日本政府，布告此令，猶不改正者，不問日本人外國人，官收其地券，將地入官。


### 第七條

大岡川北有池沼埋築之者，載在約書第五條，已卒其工者，只有此而已。今所結約埋池沼在居留地內日本人所佔居之後者，宜以距此結約日七月內，畢其工。


### 第八條

圖上伊字號地，當據約書第十號作市場。此今所約日本政府作屋舍，收租貸與，又約書第三條所載廣各國人墓地，宜據此約書所附地圖。


### 第九條

大岡川下流日淺，日本政府，宜浚疏之。居留地周圍川水，要使水落潮時，深不減四英尺。


### 第十條

山下地在居留地東者，日本政府，貸與外國人，年納其租，爲每百坪，

洋銀十二元。以距今三月以後, 尤使投票, 其所收之金, 以充修繕其地之費。

此約書所附圖上波字號傍山地, 納每百坪, 洋銀六元地稅, 以爲外國人民公遊園, 結此約之後, 三月內, 使因外國岡士呈願狀然後, 準之。其地所有樹木, 不須斬伐, 及其作公遊園, 並其樹木讓與外國人, 不要代價。

第一條所載跑馬場地, 明載地圖仁字號, 且其租, 爲每百坪, 年洋銀拾圓豫納來年租。其造築之費, 係日本政府所任, 爾後修造之費, 係外國人負擔。

## 第十一條

此約書第四條、第八條、第十條所載爲公用館舍、墳墓、公遊、跑馬之用所定各地, 以外國目代等所爲可信之證書, 使外國岡士, 任其事。

外國岡士, 或有違背此約束, 神奈川奉行, 照會岡士, 岡士不改者, 日本政府, 與外國目代相議, 收其地入官。

岡士, 除就其地, 築屋宅, 營公館外, 用諸他事者, 日本政府, 將其地券廢棄, 是據此約書中第六條也。

## 第十二條

現今所定外國居留地, 至人家塡溢, 外國目代等, 以爲當要別地者, 日本政府, 當將溝渠與山下之地, 至新路, 據地圖呂字號, 以供外國人用, 宜使可得及他日定約廣居留地在溝渠上本村者。然該地, 非立此約之後, 四年外, 不得請之。及其日, 不得不使日本人估居者移轉, 其

費及其所失之利, 在於外國人當爲相償。然社、寺則當依舊。

千八百六十六年十二月廿九日, 下所列外國目代等, 與日本全權立約, 畵押蓋印, 以爲確證。所附地圖伊、呂、波、仁四字號, 亦皆係手記可爲證者。


慶應二年丙寅十一月廿三日

小栗上野介　花押

柴田 日向守 同

水野 若狹守 同


## 會議書

慶應三年丁卯十月九日, 西曆千八百六十七年十一月四日, 小笠原壹岐守, 決諾。

千八百六十七年七月十五日, 橫濱外國人居留地賃地者會議, 欲將管理居留地事, 托之日本政府。因增書於各國公使, 公使一同會議, 擬擧管理居留地及切於居留人攝生之事, 以托於日本政府。


### 第一條

日本政府, 雇外國人一名, 以爲取締役, 使之管理橫濱居留地諸般事, 以神奈川奉行統割之。

### 第二條

取締役, 當視察居留地內道路溝渠, 能修理浚疏與否等事, 當聽斷關道路溝渠爭訟。外國人有不從情理事, 取締役, 當受<u>神奈川</u>奉行命, 以糾其罪, 欲糾其罪, 必使其國岡士參坐。

### 第三條

取締役, 宜保護外國人在<u>橫濱</u>者, 又宜監督巡捕人, 巡捕人者, 爲拿捕外國人犯法者之吏。且取締役及<u>日本</u>人隸<u>神奈川</u>奉行治下者及外國人爲巡捕者, 皆得拿捕條約國人犯法者, 已捕之, 則交之其國岡士, 岡士糾明其人, 宜控留之於其館內, 以至結局。

### 第四條

管理<u>淸</u>人及無約各國人在居留地及<u>神奈川</u>港者及刑其犯罪者等, 在<u>神奈川</u>奉行, 則當問取締役意見, 且與外國岡士相議然後, 決之。

### 第五條

取締役, 徵收外國人應納之地租, 若有過期而不納者, 照會其國岡士。

### 第六條

各國公使, 爲豫防人破其生産, 當命其國岡士, 使減飮食、遊戲及酒館在居留地及<u>神奈川</u>港者。嗣後, 有營該業者, 取締役, 當照會其國岡士。

### 第七條

日本政府, 爲使外國人無危害之患, 宜相地設官棧, 以備寄儲所進口火藥及易發火燒物品之用, 以收其租。各國公使, 宜使其國人, 無儲該貨於別所。


千八百六十七年十月卄八日

慶應三年丁卯十月二日


## 橫濱山邊公園地請書

書翰啓呈。卽據千八百六十六年第十月卄九日結定之約定書中第十條, 於山邊, 選凡六千步程地一區, 向後爲公園, 可被貸附, 此旨, 自卒者輩, 請乞。


於日本 橫濱

千八百七十年第一月十一日

| | |
|---|---|
| 伊惠寸邊武利武 | 手記 |
| 武土不留由阿寸匕留 | 同 |
| 土不留古惠津知寸志津 | 同 |
| 神奈川縣權知事貴各員 | |


前書之旨, 承諾之。

英、米、佛、伊、白、瑞、蘭、丁、且、葡, 各國領事, 姓名印

# 千八百六十六年第十二月廿九日臆記書第十九條

所副于此約書之圖上揭于波號之山邊地區, 每百步六【尺名 三尺三寸】
地租, 可爲外國人之公遊園。自此約定之日三月內, 由外國古武地留
等, 可請之, 而此間在於其地所有之卉木, 依然存置之。且與其地區,
俱與給卉木, 而無賃價, 是日本政府, 所契約焉。

## 神奈川縣權知事所與山邊公園之地券

據千八百六十六年第十二月廿九日於江戶所決議之約書, 下名之神
奈川縣權知事, 代于日本政府, 而如別紙圖上山邊妙香寺附近之地六
千六百十八步, 竝所屬於其地之樹木, 附與之條約諸國之古武志留竝
其嗣官, 以供居留外國人民之用。但右侯地區, 代所揭于前文約書附
屬之圖波號山邊地所, 而爲公園, 前文之各國古武志留, 倣左條規則,
爲居留人民遊園。

### 第一

如前文之約書所定, 每年地租, 每百坪六佛, 而總計, 墨斯哥銀三佛
八【貨名 九里九毛零八】之額, 居留人民, 每年預可支發之。但爲修理等,
無減于銀額。

### 第二

右委托之古武志留, 命居留人民, 爲右公園之提管及管接歟, 否則爲

右居留人民代理, 可定管下部, 右管下部者, 設公園管接之規律。地租, 每年四月一日, 可納於居留地課。但右云規律, 可受<u>日本</u>長官竝各國古武志留承諾。

### 第三

貸給于委托古武志留之地區, 爲居留外國人用之公園, 而無敢供他用, 且無設建築於右地區。但附屬于公園之建築, 非此例。

### 第四

若背右規則時, 此地券, 屬無用, 而本地與所屬物, 皆可爲<u>日本</u>政府所有。但此後, <u>日本</u>長官, 與各國古武志留決議, 而改設之規則, 從之。

<u>神奈川縣</u>權知事


## <u>越後</u>、<u>新潟</u>、<u>佐州</u>夷港居留規則

<u>慶應</u>三年丁卯十一月朔日, 西曆千八百六十七年第十一月廿六日。

第一條 <u>日本</u>政府, 爲供貿易用, 創建<u>佐州</u>夷坊內適可貨納舍, 可令積在舶來貨物, 但日數三十日間, 不收其積賃。

第二條 爲下錨<u>新潟</u>夷港海上商船, 設適應貨物搬運船, 令搬岸搬載

輸品。且設往來新瀉夷港之運送船, 可令無阻搬送輸品。

右收每箇應分賃銀

第三條　爲便新瀉夷港渡船, 日本政府, 備置火輪船, 以供往來者及搬送貨物, 又挽貨物搬送船。雖收適應賃銀, 外國人, 以所有火船, 或運送船, 供其用, 亦無妨。

第四條　若以夷港海岸爲輸品上下不便, 日本政府, 可開海邊, 抵夷坊後湖之往來通路。

第五條　日本政府, 創建新瀉川口適應燈臺, 點第一等燈火。且水口, 具標木或浮標, 以便川口出入。

第六條　於新瀉, 築他開港地, 同搬貸納舍, 且爲利輸品上下, 可創築適宜之上口。

第七條　外國人, 於新瀉夷港市中, 直向日本人爲旅寓, 或借倉庫, 或買收, 付其自由。又於西所, 爲公明所, 用借受地區, 亦同前。但別不定居留地, 於新瀉外國人借受地區之經域, 東北限海岸及川脈, 西南限卽今奉行提下, 有標杙之地。田畝其他納貢政府之地, 不聽直爲, 前上稟奉行所, 可得其準。

第八條　於新瀉, 約各國人民遊步程規, 雖以奉行所各方十里, 爲限, 由其山川, 景況可定, 佐渡全島, 不立其限。

# 新瀉外國人墓地約定書

明治三年庚午七月晦日, 西曆千八百七十年第八月卄六日, 捺印.

第一條　新瀉裁判所, 設外國墓地於寄居道近傍一番山。東南迄西北, 長九十尺【且日本曲尺九十尺】, 東北迄西南, 幅三十尺【且日本曲尺三十尺】, 一區之地基樹木, 可正與地處, 交付於約了各國古武波由留。

第二條　所給與之地基了之, 外國人墓地之外, 不可用于他事。

第三條　外國古武波由留, 可領知支發所供於墓地之門柵, 其他之總雜費。是故爲一墳墓所與之地, 命納相當之費額, 可以充墓地之用。

第四條　當今可到墓地之道路, 要開啓之, 此墓地之四方十五間內之樹林, 雖要依舊存之, 若不得不洗代, 與各國古武波由留, 可協議之。

第五條　何來墓地, 爲漸次可增者, 故附近之地區, 新裁判所, 不前報知之外國古武波由留, 而不可付與之於他用。此猶請此地區, 而欲爲墓地, 則遏閣他事, 可許其所請。

第六條　就墓地保有之諸雜費, 還償之件, 雖爲外國古武波由留任, 兇徒犯墓地者, 該裁判所收轄, 吏注意而防之。

新瀉知縣事 三條西公允　　　　　　　　花押

新瀉大參縣事 名和道一　　　　　　　　同
　　　　　　本野盛享　　　　　　　　同
英國兼澳國古武波由留 勤方也津留也　　手記
獨逸北部聯邦古武波由留 阿土天伊寸禮留　同
和蘭副古武波由留兼伊國古武波由留 阿留惠女寸　同

## 箱關港規則

慶應三年丁卯九月十八日, 西曆千八百六十七年十月五日。

第一 公布此規則之日, 卽將從前本港規則, 一齊廢止。

第二 箱關港碇泊場, 直線劃界, 砲臺至七重濱之間, 以爲其定界。

第三 商船進口, 除日曜日, 限四十八時內, 將船上書冊、艙口單及塔各姓名, 交其國岡士, 得其領票, 以呈海關然後, 始準撤旗章。

第四 進口船, 不準在港內棄擲荷足土石【或曰輕荷俗呼土石爲船脚曰荷足】, 其在碇泊場境界內, 非日出至日沒之間, 不準起卸河足及貨物。

第五 不得海關準許, 而起上貨物, 或移之他船者, 將貨物入官, 罰其船主。

第六　商船多裝火藥及易引火物者，宜從關吏所命，而碇泊焉，以俟起岸。

第七　船人上陸，或有不正之事，岡士斷其罪，船主就受其命。水夫上陸，須在日出至日沒之間，不準夜間在陸。

第八　水夫或日沒後猶在陸，或酩酊，或狂暴者，宜挐之，以徵罰金。在其人不能納罰金，則岡士使船主出之，或船主失檢束，亦課之罰金。

第九　水夫擅脫去其船者，船主宜速報領事館。

第十　商船水夫，其他雇夫，非受岡士準許，非遵守岡士命令者，雖一名，不準遺留。

第十一　商船非得特許，不可使無約國人上陸，搭無約國人進口者，罰船主，且使船主，爲謀歸國計。

第十二　商船欲出口者，前二十四時，船上揭旗章，船主宜先就岡士，請船中書冊，且將紅單、出口單、搭客姓名，報岡士。

第十三　港內及箱館市街，不許發小銃。

第十四　箱館市街，不許馳馬疾驅，又不許水夫乘馬入市。

第十五　違規則者，領事官，罰洋銀五百元以內，或處三月以下禁錮。

第十六　船主宜確守本港規則及條約書所附貿易規則，其罰金，則當如條約書所記載，納之日本政府。

右各條，悉與各國駐箱館領事議定。

杉浦　兵庫頭　　　　　　　　手記

各國領事　　　　　　　　　　同

## 箱館外國人墳墓地證書

明治三年庚午閏十月十三日，西曆千八百七十年十二月五日，於當箱館港，議定外國人墳墓地。卽自山脊泊，到於西南地藏堂前後，橫口我七十八尺，經線百八尺之地，爲不呂天寸多武士宗墓地，橫口百二十尺，經線百三十尺地，爲幾利幾宗墓地，於其南，以橫線百八尺，經線八十四尺之地，爲呂末武加土利津久宗墓地，都此三所，樹標杙以爲外國人全墓地，不可猥動。右地內，日本政府，無加修繕。

同所往來之道路，自山脊泊 稻荷側，迄海岸，修造，可以幅十八尺地定。

右明治三年庚午閏十月十三日，於裁判所會議決定。

嚴村　判官印

衫浦 權判官印

<u>英國</u>古武志由留兼<u>澳國</u>古武志由留 <u>阿由留寸天武</u>　手記

<u>米國</u>古武志由留 <u>古武志土武</u>　　　　　　　同

<u>魯國</u>古武志由留 <u>古伊於天呂字寸幾</u>　　　同

<u>獨逸</u>北部聯邦古武志由留 <u>志加留土禮留</u>　同


## 就襦袢、股引減稅之件付英、佛、米公使書翰

手簡啓呈。卽條約租稅目錄內, 毛木綿交織物部中, 左件之品, 輸入減稅之件, 曾與<u>獨逸</u>北部聯邦, 締結條約之際, 協議之旨有之, 因如左相減。

| | 十二 | 元稅 | 壹分銀 | 零三 |
|---|---|---|---|---|
| 木綿襦袢、股引 | 同 | 減稅 | 同 | 零二五 |
| 毛織襦袢、股引 | 同 | 元稅 | 同 | 壹箇 |
| | 同 | 減稅 | 同 | 零八 |
| 綿毛交織物【襦袢股引】 | 同 | 元稅 | 同 | 零六 |
| | 同 | 減稅 | 同 | 零五 |

右輸入減稅, 從我本年十一月三十日, 西曆千八百七十年第一月一日施行, 宜布告貴國人民, 右爲領貴意如此。

巳九月二十日

外務大輔 寺島從四位<u>藤原宗則</u>

外務卿　澤從三位淸原宣嘉

英、佛、米公使 閣下


# 記


明治七年戌西曆千八百七十四年五月十日, 記名租稅目錄中所載, 就號熟鑛辭之意議, 異趣相發, 爲解之下名輩, 協議改定關條約中右一件之條款。右一件, 迄其確定, 日本國租所官員及輸入品物之英國人獨逸國人, 可守下文之結定。


熟鑛

| 棹大細 | 每百斤 | 壹分銀 | 零三【一分銀十分三】 |
|---|---|---|---|
| 釘 | 同 | 同 | 同 |
| 板 | 同 | 同 | 同 |
| 薄板 | 同 | 同 | 同 |
| □鐵 | 同 | 同 | 同 |
| 鐵塊 | 同 | 同 | 零一五 |
| 用于船脚鐵 | 同 | 同 | 零零六 |
| 鐵線 | 同 | 同 | 零八零 |


右之他熟鐵諸類, 除工形鐵及陵鐵之外, 見做總不揭品類部分, 就可收從價五分之稅。

所揭於前文之熟鐵及工形、陵形鐵之外, 總可收稅其價額之五分【卽百分之五】。

此約定前, 有旣納過於前文正額之稅者, 則帝國運上所, 隨其請求,
可給還餘分也。

一千八百七十四年五月十日
寺島宗則　　　　　　手記
波留利惠寸波久寸　　手記

## 銅輸出事關書翰

與各國公使論改賣銅法書

從前賣銅之法, 據拍賣法, 使人衆投票出價, 現今國內改革諸般功
業, 鑛坑産銅倍舊, 仍罷拍賣法, 如他貨物, 準貿易輸出, 課以五分之
稅, 請爲報知駐日本諸港岡士此佈。

明治二年巳正月十日
東久世　中將
各國公使　閣下

## 硝石輸出事關書翰

先是禁硝石出口載條約中, 今新解其禁, 準同他貨輸出, 因課以五分

之稅, 嗣後政府, 欲再有所禁, 應於前三十日, 布告此布.

明治六年酉一月廿九日
外務卿 副島種臣
各國公使 閣下

## 解米麥輸出事關書翰

奉第二百四十六號布告, 解米麥出口之禁, 仍將布告報知

明治六年酉七月十九日.
外務少輔 上野景範
各國公使 閣下

## 布告開拓使及府、縣

從前禁米麥出口, 今依國內便宜, 以來八月一日以後, 準其出口, 且免其稅. 嗣後或依便宜, 欲有所改正, 應以前二月布告.

明治六年酉七月十五日
太政大臣 三條實美

## 解米麥粉輸出事關書翰

旣解米麥出口之禁, 今又有第三百八十五號布告, 準米麥紛免稅出口, 因將布告書報知。

明治六年酉十一月廿四日
外務卿 寺島宗則
各國公使 閣下

## 布告開拓使及府、縣[30]

前旣準米麥免稅出口, 今又將米麥紛使免稅出口, 嗣後依便宜, 欲有所改正, 應以前二月布告。

明治六年酉十一月十七日
右大臣 巖倉具視

---

**30** 개척사 …… 포고함 : 원문에는 없는데, 문맥이 통하지 않으므로 앞의 내용을 참고하여 보충하였다.

# 日本産石炭輸出事關書翰

與各國公使免汽船需用煤炭稅書

先是煤炭出口, 不問多少, 爲納稅物品, 載在運上目錄, 然在需用品, 亦皆課稅者, 於理不妥。故惟在汽船需用, 則免其稅, 在他船, 則雖自以爲需用, 不問多少, 一課其稅如目錄所載。今不可遽改訂目錄, 今故以此書, 證其改正而可, 不知尊意以爲如何?

明治二年巳十月卄七日
外務大輔 寺島從四位藤原宗則
外務卿　澤從三位淸原宣嘉
各國公使閣下
各國公使答以爲無異義


行副護軍 臣 閔種默

# 日本國內務省職掌事務全
## 附農商務省

# 各國居留條例第二

|

일본국 내무성 직장사무(전) (부)농상무성

각국 거류조례 제2

여기서부터는 영인본을 인쇄한 부분으로 맨 뒤 페이지부터 보십시오.

行副護軍臣閔種默

先是煤炭出口不問多少為納稅物品載在運上目録然

在需用品亦皆課稅者於理不妥故惟在汽船需用則免其

稅在他船則雖自以為需用不問多少一課其稅如目録所

載全不可遽改訂目録仝姑以此書證其改正而可不知尊

意以為如何

明治二年巳十月廿七日

外務大輔寺島從四位藤原宗則

外務卿澤從三位清原宣嘉

各國公使　閣下

各國公使答以為無異議

解米麥粉輸出事關書翰

既解米麥出口之禁今又有第三百八十五號布告准米麥
粉免稅出口因將布告書報知

明治六年酉十一月九四日

　　　　　外務卿寺島宗則

　　　各國公使　閣下

前既准米麥免稅出口今又將米麥粉使免稅出口嗣後依
便宜欲有所改正應以前二月布告

明治六年酉十一月十七日

　　　　　右大臣巖倉具視

日本產石炭輸出事關書翰

與各國公使免颿船需用煤炭稅書

解米麥輸出事關書翰

奉第二百四十六號布告解米麥出口之禁仍將布告報知

明治六年酉七月十九日　　外務少輔上野景範

　　　　各國公使　閣下

布告開拓使及府縣

從前禁米麥出口今依國內便宜以來八月一日以後准其
出口且免其稅嗣後或依便宜欲有所改正應以前二月布
告

明治六年酉七月十五日

太政大臣三條實美

諸般工業鑛坑産銅倍舊仍罷拍賣法如他貨物准貿易輸

出課以五分之稅請爲報知駐日本諸港岡士此佈

明治二年巳正月十日

　　　　　　東久世中將

　　　　各國公使 閤下

硝石輸出事關書翰

先是禁硝石出口載在條約中仝新解其禁准同他貨輸出

因課以五分之稅嗣後政府欲再有所禁應於前三十日佈

告此布

明治六年酉一月廿九日

　　　　外務卿副島種臣

　　各國公使 閤下

所揭於前文之熟銕及工形稜形銕之外總可收稅其價額隨

之五分之五　即百分之五

此約定前有既納過於前文定額之稅者則帝國運上所

其請求可給還餘分也

一千八百七十四年五月十日

寺島宗則　　手記

沒畱利惠寸沒久寸　手記

銅輸出事關書翰

與各國公使論改賣銅法書

從前賣銅之法援拍賣法使人衆挨票出價現今國內改革

| 品名 | | | 價 |
|---|---|---|---|
| 釘 | 同 | 同 | |
| 板 | 同 | 同 | |
| 薄板 | 同 | 同 | |
| 箔鍮 | 同 | 同 | |
| 帶鍮 | 同 | 同 | |
| 鍮塊 | 同 | 同 | 零一五 |
| 用干船脚鍮 | 同 | 同 | 零零六 |
| 鍮線 | 同 | 同 | 零八零 |

右之他熟鍮諸類除工形鍮及稜鍮之外見做總不揭品物部分就可收從價五分之稅

124

外務卿澤從三位清原宣嘉

英佛米公使　閣下

記

明治七年戌西曆千八百七十四年五月十日記名租稅目

錄中所載就院熟銕辭之意義異趣相發爲解之下名輩慍

議改定關條約中右一件之條欵右一件迄其確定日本國

租所官員及輸入品物之英國人獨逸國人可守下文之結

定

熟銕

棹大絪

每百斤壹分銀　零三十分三

一分銀

就橋祥股引減稅之件付英佛米公使書翰

手簡啟呈即條約租稅目錄内毛木綿交織物部中左件之

品輸入減稅之件曾與獨逸北部聯邦締結條約之際恊議

之旨有之因如左相減

| 木綿橋祥股引 | 十二 | 元稅壹分銀零三 |
| | 同 | 減稅同　　零二五 |
| 毛織橋祥股引 | 同 | 元稅同　壹箇 |
| | 同 | 減稅同　　零八 |
| 綿毛交織股引 | 同 | 元稅同　　零六 |
| | 同 | 減稅同　　零五 |

右輪八減稅從我本年十一月三十日西曆千八百七十年

第一月一日施行宜布告貴國人民右爲領貴意如此

巳九月二十日

外務大輔寺島從四位藤原宗則

右明治三年庚午閏十月十三日於裁判所會議次定

巖寸　判官印

杉浦　權判官印

英國古武志由留無澳國古武志

由留阿由留寸天武　手記

米國古武志由留古武志王武同

魯國古武志由留古伊於天呂宇

寸癸　同

獨逸北部聯邦古武志由留志加

留土禮留　同

箱舘外國人墳墓地證書

明治三年庚午閏十月十三日西曆千八百七十年十二月

五日於當箱舘港議定外國人墳墓地即自山脊泊到於西

南地藏堂前後橫口我七十八尺經線百八尺之地為不呂

天寸多武土宗墓地橫口百二十尺經線百三十尺地為義

利義宗墓地於其南以橫線百八尺經線八十四尺之地為

呂末武加土利津久宗墓地都此三所樹標栽以為外國人

全墓地不可很動右地內日本政府無加修繕

同所往來之道路自山脊泊稻荷側迄海岸修造可以幅十

八尺地定

第十四

箱舘市街不許馳馬疾驅又不許水夫乘馬入市

第十五

違規則者領事官罰洋銀五百元以內或處三月以下禁錮

第十六

船主宜確守本港規則及條約書所附貿易規則其罰金則

當如條約書所記載納之日本政府

右各條悉與各國駐箱舘領事議定

杉浦兵庫頭　手記

各國領事　同

商船水夫其他雇夫非受岡士准許非遵守岡士命令者雖

第十一

一名不准遺畱

商船非得特許不可使無約國人上陸搭無約國人進口者

罰船主且使船主爲謀歸國計

第十二

商船欲出口者前二十四時船上掲旗章船主宜先就岡士

請船中書冊且將紅單出口單搭客姓名報岡士

第十三

港内及箱舘市街不許發小銃

第七　船人上陸或有不正之事岡士衝其罪船主就受其命水夫

上陸須在日出至日沒之間不准夜間在陸

第八　水夫或日沒後猶在陸或酩酊或狂暴者宜拏之以徵罰金

在其人不能納罰金則岡士使船主出之或船主失檢束亦

課之罰金

第九　水夫擅脫去其船者船主宜速報領士館

第十

116

章

第四

進口船不准在港内棄擲荷足土石或曰輕荷俗呼土石為船脚曰荷足其在

碇泊場境界内非日出至日沒之間不准起卸荷足及貨物

第五

不得海關准許而起上貨物或移之他船者將貨物入官罰

其船主

第六

商船多裝火藥及易引火貨物者宜從關吏所命而碇泊焉

以俟起岸

箱舘港規則

慶應三年丁卯九月十八日西曆千八百六十七年十月五

日

第一

公布此規則之日即將從前本港規則一齊廢止

第二

箱舘港碇泊場直線劃界砲臺至七重濱之間以為其定界

第三

商船進口除日曜日限四十八時內將船上書冊艙口單及

搭客姓名交其國岡士得其領票以呈海關然後始准撤旗

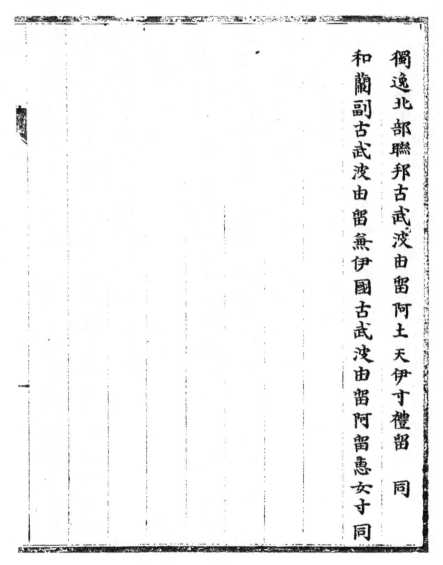

獨逸北部聯邦古武波由留阿土天伊寸體留　同

和蘭副古武波由留無伊國古武波由留阿留惠女寸同

何來墓地為漸次可增者故附近之地區新裁判所不前報

知之外國古武沒由留而不可付與之於他用此猶請此地

區而欲為墓地則過闊他事可許其所請

第六條

就墓地保有之諸雜費還償之件雖為外國古武沒由留任

免徒犯墓地者該裁判所収轄吏可注意而防之

新潟大參縣事名和道一　同

新潟知縣事三條西公允　花押

本野盛享　同

英國無澳國古武沒由留勤方也津留不　手記

所給與之地基了之外國人墓地之外不可用于他事

　第三條

外國古武浚由留可領知支發所供於墓地之門栅其他之

總雜費是故為一墳墓所與之地命納相當之費額可以充

墓地之用

　第四條

當今可到墓地之道路要開啓之此墓地之四方十五間內

之樹林雖要依舊存之若不得不洗代與各國古武浚由留

可協議之

　第五條

於新潟約各國人民遊步程規雖以奉行而各方十里爲限

由其山川景況可定佐渡全島不立其限

新潟外國人墓地約定書

明治三年庚午七月晦日西曆千八百七十年第八月卄六

日捺印

第一條

新潟裁判所設外國墓地於寄居道近傍一番山東南遠西

北長九十尺 但日本曲尺九十尺 東北远西南幅三十尺 但日本曲尺三十尺 一

區之地基樹木可正與地屬交付於約了各國古武波由留

第二條

第六條

於新潟築他開港地同搬貨納舍且爲利輸品上下可劃築

適宜之上口

第七條

外國人於新潟夷港市中直向日本人爲旅寓或借倉庫或

買取付其自由又於西哷爲公明哷用借受地區亦同前但

別不定居留地於新潟外國人借受地區之經域東北限海

岸及川脈西南限即今奉行提下有標栈之地田卸其他納

貢政府之地不聽直爲前上稟奉行哷可得其准

第八條

第三條

為便新潟夷港渡船日本政府備置火輪船以供往来者及

搬送貨物又挽貨物搬送船雖尤適應貸銀外國人以所有

火船或運送船供其用亦無妨

第四條

坊後湖之往来通路

若以夷港海岸為輸品上下不便日本政府可開海邊抵夷

第五條

日本政府創建新潟川口適應燈臺點第壹等燈火且水口

其標木或浮標以便川口出入

越後新潟佐州夷港居留規則

慶應三年丁卯十一月朔日西曆千八百六十七年第十一月廿六日

第一條

日本政府爲供貿易用創建佐州夷坊內適可貸納舍可令積在船來貨物但日數三十日間不收其積貸

第二條

爲下錨新潟夷港海上商船設適應貨物搬運船令搬岸搬載輸品且設住來新潟夷港之運送船可令無阻搬送輸品右收每箇應分貸銀

若背右規則時此地券屬無用而本地與所屬物皆可為日本

政府所有但此後日本長官與各國古武志留決議而改設

之規則從之

神奈川縣權知事

第二

右委托之古武志留命居留人民為右公園之提管及管接

歟否則為右居留人民代理可定管下部右管下部者議公

園管接之規律地租每年四月一日可納於居留地課但右

云規律可受日本長官並各國古武志留承諾

第三

貸給于右委托古武志留之地區為居留外國人用之公園

而無敢供他用且無設建築於右地區但附屬于公園之建

築非此例

第四

書下名之神奈川縣權知事代于日本政府而如別紙圖上山

邊妙香寺附近之地六千七百十八步并所屬於其地之樹

木附與之條約諸國之古武志留並其嗣官以供居留外國

人民之用但右俠地區代所揭于前文約書附屬之圖波號

山邊地所而爲公園前文之各國古武志留嵌左條規則爲

居留人民遊園

第一

如前文之約書所定每年地租每百步六佛而總計墨斯哥

銀三弗八 九毛零八 賀名九里之額居留人民每年預可支發之但爲

修理等無減右銀額

前書之旨承諾之

英米佛伊白瑞蘭丁日葡各領士姓名印

千八百六十六年第十二月廿九日臆記書第十九條

所副于此約書之圖上揭于淺號之山邊地區每百㢲六尺 名尺

三尺地租可為外國人之公遊園自此約定之日三月內由

外國古武地留等可請之而此間在於其地所有之卉木依

然存置之且與其地區俱與給卉木而無賃價是日本政府

所契約焉

神奈川縣權知事所與山邊公園之地券

據千八百六十六年第十二月廿九日於江戸所決議之約

横濱山邉公園地請書

手翰啓呈即攄千八百六十六年第十月九九日結定之約

定書中第十條於山邉撰凡六千坪程地一區向後為公園

可被貸附此旨自拙者輩請乞

於日本横濱

千八百七十年第一月十一日

伊惠寸邉武利武　手記

武土不留由阿寸乇留　同

土不留古惠津知寸志津　同

神奈川縣權知事貴各員

日本政府為使外國人無危害之患宜相地設官棧以備寄

儲所進口火藥及易發火燒物品之用以収其租各國公使

宜使其國人無儲該貨於別所

千八百六十七年十月九八日

慶應三年丁卯十月二日

犯罪者等在神奈川奉行則當問取締役意見且與外國岡

士相議然後決之

第五條

取締役徵收外國人應納之地租若有過期而不納者照會

其國岡士

第六條

各國公事爲預防人破其生產當命其國岡士使減飲食遊

戲及酒舘在居留地及神奈川港者嗣後有營該業者取締

後當照會其國岡士

第七條

管理清人及無約各國人在居留地及神奈川港者及刑其

第四條

其舘内以至結局

法者已捕之則交之其國岡士糺明其人宜控留之柊

川奉行治下者及外國人爲巡捕者皆得拿捕條約國人犯

者爲拿捕外國人犯法者之吏且取締後及日本人隷神奈

取締後宜保護外國人在横濱者又宜監督巡捕人巡捕人

第三條

受神奈川奉行命以糺其罪欲糺其罪必使其國岡士叅坐

當聽衛開道路溝渠爭訟外國人有不從情理事取締後當

日小笠原歧守決諾

千八百六十七年七月十五日橫濱外國人居留地貸地者

會議欲將管理居留地事托之日本政府因增書於各國公

使公使一同會議擬擧管理居留地及切於居留人攝生之

事以托於日本政府

　第一條

日本政府雇外國人一名以爲取締役使之管理橫濱居留

地諸般事以神奈川奉行統割之

　第二條

取締役當視察居留地內道路溝渠能修理浚疏與否等事

096

外國人當爲相償然若社寺則當依舊

千八百六十六年十二月廿九日下府列外國目氏等與日

本全權立約畫押蓋印以爲確證所附地圖伊呂波仁四字

號亦省係手記可爲證者

慶應二年丙寅十一月廿三日

小栗上野介花押

柴田日向守同

水野若狹守同

會議書

慶應三年丁卯十月九日西曆千八百六十七年十一月四

095

外國岡士或有違背此約束神奈川奉行照會岡士岡士猶

不改者日本政府與外國目代相議択其地入官

岡士除就其地築屋宅營公舘外用諸他事者日本政府將

其地泰廢棄是擾此約書中第六條也

第十二條

現今所定外國居留地至人家填溢外國目代等以為當要

別地者日本政府當將溝渠與山下之地至新路擾地圖呂

字號以供外國人用宜使可得及他日定約廣居留地在溝

渠上本村者然該地非立此約之後四年外不得請之及其

日不得不使日本人佔居者移轉其費及其所失之利在於

以爲外國人民公遊園結此約之後三月内使因外國岡士

呈願狀然後准之其地所有樹木不傾斬伐及其作公遊園

併其樹木讓與外國人不要代價

第一條所載跖馬場地明載在地圖仁字號且其租爲毎百

坪年洋銀拾圓預納来年租其造築之費係日本政府所任

爾後修造之費係外國人員擔

第十一條

此約書第四條第八條第十條所載爲公用館舍墳墓公遊

跖馬之用所定各地以外國目代等所爲可信之證書使外

國岡士任其事

府作屋舍水租貸與又約書第三條所載廣各國人墓地宜

據此約書所附地圖

第九條

大岡川下流日淺日本政府宜浚疏之居留地周圍川水要

使雖落潮時深不減四英尺

第十條

山下地在居留地東者日本政府貸與外國人年納其租為

每百坪洋銀十二元以距今三月以後尤使投票其所收之

金以充修繕其地之費

此約書所附圖上淺字號傍山地納每百坪洋銀六元地税

第六條

圖上伊字號地內欲蓋家屋不論日本人外國人宜堅牢築

造屋蓋以瓦壁以石磚或塗石灰日本政府布告此令猶不

改正者不問日本人外國人官氷其地卷將地入官

第七條

大岡川北有池沼理築之者載在約書第五條已卒其工者

只有此而已今所結約理池沼在居留地內日本人所佔居

之後者宜以距此結約日七月內畢其工

第八條

圖上伊字號地當擾約書第十號作市場且今所約日本政

府市中取締後所藏水龍所當納每百坪洋銀二十七圓九

十七先土地租新約據圖上伊字號改市街中央築土平道

路開溝渠日本政府冀其費額將所餘地基二所在大路東

附外國人投票欲使外國人知悉當報告岡士

第五條

圖上伊字號所載中路及兩大路其他許多橫道為日本政

府當築之處使汙水能流下道路宜修理若其溝渠之大小

方向係神奈川奉行與外國岡士議決

設廣二十英尺行道於中央大路兩畔就其外側列植樹木

若新兩路亦當設廣十英尺行道於其兩側

府新約開廣百二十英尺大路自海岸寄居留地中央至公

遊場公遊場地形中央低甲宜築之便平坦與他稱至大岡

川地形窪低下使地上水皆歸大岡川擾圖上伊字號分作

八區岡士舘地基及新三區在中央道東依下所載法留以

待外國人需海關及新三區在中央道西者留以待日本人

需然只因政府所為無不可此條所載埋築及平地之工宜

限以七月內

第四條

當設於中央道之東新三區者內有一區岡士為宜以造築

公舘者當以供外國人所要公舘者謂町會所公會所飛脚

第二條

約書第七條有將挖開前埠頭至辨天之間居留地大路之後沿海地附拍賣使日本人外國人共競買之條外國代辨人仝解此約日本政府諾其請約新開三大路其廣六十英尺自海岸通達西邊達佛蘭西公使館前大路又接之開廣六十英尺坦路直達吉田橋又開廣六十英尺大路起於吉田橋頭沿大岡川北岸至西橋日本政府又約應於距結約日十四月內畢其工且永遠修理

第三條

外國人及日本人欲改定居留地且爲避火灾延燒日本政

約束日本政府以御勘奉行小栗上野介外國奉行柴田日

向守神奈川奉行水野若狹守爲全權與外國代辨人議證

約定十二條如左

第一條

約書中第一條理築大岡川外池沼爲跑馬操錬遊步之場

者今觧其約改用根岸灣上原野現爲跑馬場者將港崎町

者爲公遊場准日本外國人共入焉日本政府約拓港崎町

平坦其地植之樹木因移港崎町扵大岡山南雖不徵公遊

地之稅欲永遠使其地不至廢蕪者在神奈川奉行與外國

岡士相議以詼其法

五通並畫押蓋印

崇田日向守花押

白石下總守同

英國特派全權公使阿屢曲九手記

佛國全權公使魯細西同

米國辦理公使符羅仍同

和蘭國總領事無公使甫屢西無屢九同

約書

外國
目代
書目

欲使橫濱居留地人無火災之患得安寧因要改正其地中

央且欲增補千八百六十四年十二月十九日約書更結定

二十英尺　一尺當日本尺一
尺零零五八二

大路使之過根岸村轉回以供

外國人縱遊已依圖且經建築長阿屬圍之指揮以經營者

亦宜畢其工其費則并係日本政府所出

　第十二

前是外國人納地租於日本政府以故日本政府修理道路

溝渠然以其徵租過多外國人相議欲無委日本政府而自修

理道路溝渠且鞴其諸費故就外國人所納地租控其十之

二以充元金

爲證明以上諸件日本全權及外國公使於元治元年甲子

十一月九一日西曆千八百六十四年十月九日作約定書

要將圖上第五號即英國尾士道喜是冷官寓居爲各國公

使會集之所不然要別就其近傍指空一所至其地已經結

約則應速辦且使會社幹事辦從前居人屋價及移居諸費

及納其地租皆與諸外國人一般

第十

要使日本人開市店賣飲食物宜拓圖中第六號曠地築之

使平坦以設立小店數箇

第十一

現今多不虞之事以故日本政府欲使外國人無由東海道

宜新開長不下四五英里　一里英尺六千四百十二　廣不下
尺半當日本一十八町

納諸神奈川鎮臺前既償日本借之費移居之費以至完償土木費及諸費而

止其地租則與他居留地一般

　第八

同盟各國公使現今不得再寓江戶因要權營官舍於橫濱

而若佛蘭西和蘭等公使既得其地於辨天與孝圖土同岡土故欲就

辨天海岸至圖中第四號者即孝漏生地界之西新為大不

列顛及合眾國全權公使詼地基若其廣狹大小在日本政

府與兩國公使相議而其地在公使或雖不必急要非得公

使許諾日本政府惟當不得有所改作

　第九

賣地者納之

第七

自稅關埠頭沿海而至佛人租地及海岸至大路之間即國中篆
三及其他諸地基而便於外國人之地悉不問日本人外國
人宜依接票法貸與
果如此則日本政府宜遠移外國人居留地地界上所諸石
欄以諸之於佛人辦天租地外依八月八日西曆九月八日
九月二十四日西曆十月二十四日兩日面議且原前議當
將貸地金一半充土木之費將應償諸地基之費金額之半

所爲不要再與日本官吏議若其租則與居留地一般宜使

日本政府所開溝渠以内池沼宜盡理之及其土木工畢宜

遠移港崎町於居留地一方港崎町現在居留地中央若工

未畢而偶有火不准日本人再建造家屋

悉理池沼之後宜如圖中赤線就稅關與岡士舘之間開一

直街路又宜設地基於太田町與大岡川之間以應各國岡

士所要舉貸地之金以充土地元金以備修街路浚溝渠之

用其地租宜與外國居留地一般

第六

圖中第二號為築造各國岡士舘及蓋造居宅之地宜盡撤

去日本人家屋且曩既經約定故區別其地惟宜在岡士等

地有欲將墓地割截以拓其地基者各國岡士莫有違議卷

皆為請則准

第四

屠牛場接近人家不惟害外國人身體亦有害日本人因欲

遠之乃今相共議定宜就海岸擇一所援前日所呈圖新搆

一舍尤要速成且要雖屠者非得岡士准許者不得濫八焉

搆舍之費要銀一萬元左右若其實價尚在日本政府與岡

士相商議焉而日本政府宜頁擔其費因歲課其金額十分

之一以為租

第五

議定其地租

以日本人亦練兵焉不課地租於外國人只外國馬埒則當
人跑馬之場該地現本為池沼埋築之者為日本政府所任
八十尺一里者定以充各國人練兵場及現住居留地外國
末六千四百

第二

條約各國海陸軍兵有病者其他有患痘者已該有病舍足
以容之然病舍猶或至不足給而更要增築者岡士有立償
費之約以請則日本政府當為速造建病舍一二區

第三

已定為外國人墓地而其地偶未有葵之而其隣界接居留

橫濱居留規則

地券規則與競賣法與東京參用而最詳於神戶故並不疊錄

覺書

覺備記錄之意即下

關結定時西記也

柴田日向守白石下總守與各國公使相議欲爲外國人駐

橫濱者拓其居留地且議關居留地事務乃以八月八日西

曆九月八日九月二十四日西曆十月二十四日及十月九

日西曆十一月八日相會通遂議證其拓地之法及土木之

資以定其約日本全權及各國公使相與畫押約五日內必

當取江戶大君准許仍約定如左

第一

劃其地在溝外周圍日本里程十八町　英法一里英尺六千四百十二尺半當日

078

一坪數五百六拾二坪五合

此地代金二千二百拾四圓 八拾四錢 三厘八毛 壹坪金三圓九拾三錢七厘五

第七番同　　米國人

一坪數五百九拾六坪八合七夕

此地代金千九百七拾七圓拾　壹坪金三圓三三錢一厘九毛　拾壹錢二厘五

第八番同　　米國人

一坪數五百九拾六坪八合七夕

此地代金千六百七拾八圓六拾　壹坪金二圓九錢六厘九毛　八拾一二五

第九番同　　蘭國人

一坪數五百六拾貳坪五合

此地代金千七百二拾二圓　壹坪金三圓六六拾五錢二厘五毛　六里

第十番同　　李國人

此地代金八百六拾六圓四錢六厘九毛　壹坪金二圓　六拾八七五

第四番同　右同上

此地代金八百七拾壹圓八拾七錢五厘　壹坪金二圓　五拾戈

一坪數三百四拾八坪七合五夕

第五番同　蘭國人

此地代金千九百三拾九圓八拾二錢七厘五毛　壹坪金三圓　二拾五

一坪數五百九拾六坪八合七夕　商會

第六番同　蘭國人

此地代金千六百四拾壹圓三拾九錢五毛　二厘　壹坪金二圓　圓七拾五

一坪數五百九拾六坪八合七夕

居留地競賣價區分表

一百二十六區中只摘錄十區

第一番辰年競賣　英國人

此地代金千六百九拾三圓二拾五錢　　壹坪金三圓二拾五錢

一坪數五百二拾壹坪

第貳番同　米國人

一坪數五百貳拾七坪

此地代金千三百拾七圓五拾錢　　壹坪金二圓五拾錢

第三番同　米國人

一坪數三百二拾二坪二合五夕

明治二年正月貸渡

一地坪千坪

右地料壹年金二百五拾圓　米國

同四月貸渡

一地坪九拾八坪六合

右地料壹年金四拾圓

同

一地坪千坪　英國

右地料壹年金二百五拾圓

協和集會所

右地料壹年金七拾七圓

同五月貸渡

一地坪三百四拾九坪　元米國

右地料壹年金六拾六圓五拾錢　當時英國

同九月貸渡

一地坪百拾坪　右同上

右地料壹年金二拾圓六拾二錢五厘

同五月貸渡

一地坪三百八坪　佛國

右地料壹年金七拾七圓

居留地外官有地外國人之貸渡分取調書

只摘録十區

明治元年四月貸渡　蘭國

一地坪三百五拾七坪七合五夕

右地料壹年金八拾九圓四拾三錢八厘

同　　　　　　　　米國

一地坪七百七拾八坪

右地料壹年金百九拾四圓五拾錢

同閏四月貸渡　　米國

一地坪三百八坪

| | | | | | | | | | | | |
|---|---|---|---|---|---|---|---|---|---|---|---|
| 同 | 同 | 同 | 同 | 坪八合七夕 | 五百九拾六 | 坪七合五夕 | 三百四拾八 | 坪二合五夕 | 三百二拾二 | | |
| | | | | | | | | | | | |
| 同 | 同 | 同 | 同 | 同 | 同 | 同 | 同 | 同 | 同 | | |

（本文は縦書き表組のため、各列を右より左へ読む）

- 三百二拾二 同 八百六拾六 二百六拾・八米
- 坪二合五夕 同 圓四錢七厘 圓七拾五錢國
- 三百四拾八 同 八百七拾一圓 二百五米
- 坪七合五夕 同 八十七錢五 拾圓國
- 五百九拾六 同 八十二錢八 三百二蘭
- 坪八合七夕 同 千九百三十九圓 拾五圓國
- 同 同 三千六百四拾一圓 二百七・國
- 同 同 千六百七拾八 圓二拾五錢
- 同 同 圓拾三錢二 二百八拾一同
- 同 同 千六百二拾五錢六 三百六拾三李
- 五百六拾二坪五合 同 千七百二拾二圓 二百六拾五錢國
- 同 同 二千二百拾四圓 三百九拾五錢國

競賣地取調表

表中規式一曰番號二曰地坪三曰借法四曰競賣年

月五曰競賣地價六曰同百坪當七曰　<small>官營原價八曰</small>

秘修繕九曰家稅十曰各國其番號者等其居留地之

上中下第次也借法則即競賣地之名也　<small>番號借法官營官修家稅</small>

五條並一例皆同故不八表中但以地坪借法競賣地

價同百坪當各國此五條表分又摘録十區耳

| 地坪 | 借法 | 競賣地價 同百坪當 各國 |
|---|---|---|
| 五百坩 | 借法 | 競賣地 |
| 一坪 | 競賣 地 | 千六百九拾三　三百二　英 |
| 五百坩 | 圓二拾五錢 | 拾五圓　圓 |
| 七坪 | 同 | 千三百拾七　二百五　米 |
|  | 圓五拾錢 | 拾圓　圓 |

068

| | | | | | | | | | | | |
|---|---|---|---|---|---|---|---|---|---|---|---|
| 四百拾四坪 | 一千八百合拾坪 | 二千八百拾坪 | 五百拾五百合坪 | 四百二合百坪 | 拾四二百坪 | 四百二百五坪 | 一千二百八合拾坪 | 九三百七拾坪 | 二六百七拾坪八合拾 | 五百合拾坪 | 二千四拾九坪七合拾 |
| 月 | 八月 | 七月 | 六月 | 同 | 同 | 同 | 五月 | 同 | 四月 | 明治二年二月 |
| 三石二一合一斗 | 八拾四石一斗一合 | 未定 | 二石七斗六合 | 同 | 同 | 同 | 同 | 定未一斗九合 | 五石一斗九合 |
| 同 | 同 | 同 | 同 | 同 | 同 | 同 | 同 | 同 | 無 |
| 英國 | 英國 | 英國 | 英國 | 當時米國 | 英國 | 英米國 | 英國 | 英國 | 英元米國當時英國 | 英國 |

永代貸地取調表

永代貸者賣渡原價則下渡於元持主人民如年年地

租米約定日上未相庭以計筭相約與借地料地租相

記也表中規式一日番號二日地坪三日借法四日借

地期限五日地租六日同百坪當七日 官營官營自營原價八日

私修繕九日家祝十日各國而但番號者等其山手永

代貸地之上中下第次也

同故不入表中但以地坪借地期限地租同百坪當各

國此五條表分只摘錄十區耳

地坪　　借地期限　地租　　　同百坪當各國

此

| 地坪 | 借地期〔限無・年限〕 | 借地料〔一年〕 | 同 百坪當〔各國〕 |
|---|---|---|---|
| 三百五拾七坪七合五夕 | 自慶應四年 四月七日 | 八拾九圓四二拾 | 蘭 |
| 拾八坪 | 閏四月 六日 | 百九拾四圓五拾錢 | 同 米國 |
| 七百七坪 | 四月十日 | 拾三錢八里五圓 | 米國 |
| 三百四坪 | 閏四月 五日 | 七十 | 同 國 米 |
| 三百八坪 | 八日 | 六拾六圓 | 米國 |
| 百拾坪 | 五月九日 | 拾九圓五 錢四厘 | 時英國 |
| 三百九坪 | 明治元辰年 九月十九日 | 五拾錢 | 元米國當 |
| 三百坪 | 慶應四辰年 九月十九日 | 二拾圓六拾 拾八錢一國 | 佛 協和集 |
| 八百坪 | 慶應四辰年 五月十五日 七拾圓 | 七拾圓 | 同 會府 |
| 千坪 | 明治二己年 正月十日 | 二百五拾圓 | 同 米國 |
| 九拾八坪六合 | 同年四月七日 日限五年滿圓 | 四拾圓五拾六錢八圓 | 英國 |

外國人貸地及競賣地取調書類<sub></sub>現行居留表式 故撥摘錄附

貸地取調表

表中規式一曰番號二曰地坪三曰借法四曰借地期

限五日借地料六曰同百坪當七日 官營原價 自營 八曰私官

修繕九日家稅十曰各國其番號者等其雜居地之上

中下第次也借法者自政府直貸者也 官營原價者本 自營

自縣官營價此本私自營者也 私官修繕者本自縣官修

繕比今私自修繕者也家稅者稅其家基也而今不收

稅 番號借法官 營官修家稅 五條並一例皆同故不八表中但以地

坪借地期限限借地料同百坪當各國此五條表分餘傚

地稅可如日本人納於日本政府右條請得貴意以上

慶應四年辰三月七日

各國岡士 足下

關於兵庫港內貸地區家屋于外國人等件之書翰

一筆啟呈即今日以後於本地日本人自貸於外國人地基

或家屋或修理外購買之家屋可為自由右境界東以生田

井西宇治川北山邊南海岸為限以去三月於京師與佛英

蘭三國公使所既協談旨進述之但從千八百六十七年五

月之附屬條約所設之居留場并居留地西方到海岸而可

除幅十六間四尺之地為道路由積在於此處之材木及外

國人搆建之假住宅如報其各國領書逐後可撤去之因右

境界內地區或家屋請借之者出告兩國吏以得其押印且

記留居住地留帳中可以為後日之証但坊內需用出費及

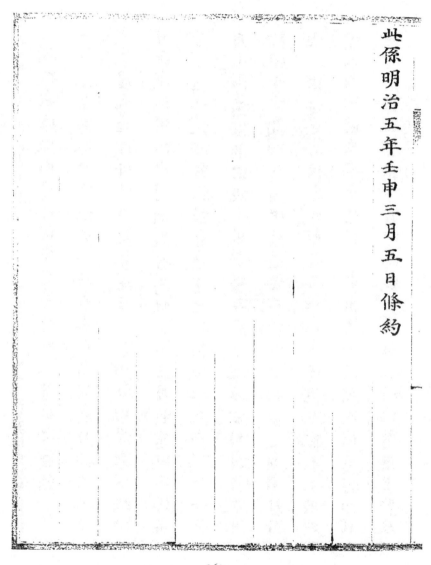

此係明治五年壬申三月五日條約

兵庫神戶外國人居留地內所稱墓地約定地券書

兵庫縣令神田孝平與各國駐本港領事各代其政府議定

將數千坪左右墓地者 此地北界三十二番地至三十番地東西南界西町明石町貸與

條約國領事以下以爲公園地且准或爲居留人公用蓋造

家屋每年當納一分銀五百角以爲地租爾後使居留世話

役管理之其納地租以定約蓋印日爲起頭每年必納明年

租使以地租堆積金內支發明年地租先納可也

千八百七十二年四月十二日相與蓋印手書姓名用爲確

　證

兵庫縣令神田孝平

木津川及風浪已定則宜轉向安治川

第十七則

右規則西曆千八百六十九年五月十九日相議定條約嗣

後若有二三條或悉皆要重修者俟千八百七十年一月一

日當以相與會議重證

日本大坂府判事兼外國官判事五代才助　花押

英國岡士阿邊惠也古宇留　手記

米國岡士代阿不留由呂比乃土　同

蘭國副岡士比比寸土利由寸　同

孛國岡士代伊宇留寸　同

濫自碇泊他埠頭

　第十六則

安治川冲洲至出張運上所現今海底尚淺要浚疏之使

為一丈至一丈四尺之深浚疏未卒其工之際准由木津川

與安治川二海口及浚疏已卒則日本司人照會各國士

使之布令人民甫後船舶悉當由安治川不得由木津川

木津川一號番所至海關前之間貨船必須有吏員看守

在番所若寮着從他海口所進八船舶裝貨物者使之悉轉

由安治川

貨船會烈風激浪避八于尻無川第一號番所附近之地或

或裝貨或搭客往回大坂神戸間者必須留船扵安治川運

上出張役所以報爲貨船八口者宜停之扵出張役所然不

得超十五分時出張役所使吏員乘之看守以至埠頭貨船

出口者海關差吏員在埠頭乘之看守至出張役所吏員明

言其無濫貨且已經查檢然後出張役所准其出港若日未

經查檢則出張役所吏員須速就查檢若貨主不報出張役

所而私出口者以偸漏法論之

川蒸氣船過安治川運上所出張役所而無有吏員待以搭之

則直過亦可

川蒸氣船碇泊自有一定埠頭應就泊之不准不呈請狀而

057

貨物已經海關查檢猶置之埠頭而過四十八時者及有不

遵第十則所定而開關內不呈狀請查檢者並將其貨納之

官棧其棧租則徵之貨主或引請人不宜或有不受查檢

　第十三則

火藥及強烈爆發物品別有官棧准寄儲之其棧租則俟他

日議定

　第十四則

進出貨物其准單並宜受之海關惟進口貨物從貨主所請

或在安治川出張運上所給其准單亦可

　第十五則

将應稅貨物輸送扵日本准通商各口當呈状自證其貨載

向某港期日内當得其港海關上貨單以上呈若過期不呈

上貨單者當納其稅之由又將違禁物品輸送扵准通商各

港逾期日不呈別港上貨單者則當納其貨價扵海關亦要

先以書證之

在長崎橫濱以四月為期箱館新潟六月為期期内不呈

證書者照會其港其船已八其港則使納其金額若船猶

未至其港則待之六月而後確知其船果為沉浸而後始

廢其證書

第十二則

日十四日十六日　八月朔日　九月九日廿二日　十二

月廿七日晦日

十二月廿七日廿八日二日自朝九時至午十二時開關

第十則

內執行

每日朝十時開夕四時閉出八港等海關事務惟在開舘時

西曆五月至十月每日朝九時開夕五時閉十一月至四月

雖屬時限外若有緊急事情各國岡士以狀請者則為開

關

第十一則

瀜船或桅船欲試其機械或欲有所遊行或別有故要暫出

港外者其船長先須告其岡士岡士以報海關然後准暫出

港外

海關所沁吏偵猶當在船上看守不准使之離去

第九則

日本祝日祭日及休業日不許上下貨物若先已領准單者

及已經查驗者則並告海關而後上下貨物惟在飛脚船雖

休業日欲上下貨物者呈願狀上蓋岡士舘官印者或呈岡

士手記願狀背者則准日本休業日列于左　正月一日　三

日七日　三月三日　五月五日　六月廿五日　七月七

第五則

於本港界限內不許棄擲船隆各國岡士宜嚴制之令守規
則

第六則

上下貨物宜必由海關所定二所埠頭若不由二所埠頭而
私上下貨物者將其貨八官

第七則

除上下貨物二所埠頭外更別設二所埠頭於居留地內以
便人衆上下不許上下貨物

第八則

業日逾四十八時猶不得報關者確係事情分明者則准之

不然者不准逾時限

外國商舶進口海關派吏負每隻看守且將開港規則書示

其船長

反海關吏人來看時刻以交關吏

為風浪所阻逾時限不能報關者船長記其進口月日時刻

第四則

大坂港界限當俟日本吏負與各國岡士相議劃定且以設

其標木

設標木為日本政府所任

大坂開港規則

明治二年巳巳四月八日西曆千八百六十九年五月十九
日

　第一則

接近居留地設有海關今當更設出張運上所於安治川波

除山近地以便人眾

　第二則

商船進出扠税總在海關徵之

　第三則

八口船隻或有為風波所阻不能登陸報關而會海關有休

明治六年癸酉三月十二日

大坂府權知事渡邊昇

大坂布告

海關前埠頭東岸長十二間之地爲進出口船上下貨物之塲不准碇泊漁船欲其無礙他船上下貨物也今與各國領事商議新設此規則內外人民宜遵守

明治六年癸酉四月四日

大坂府權知事渡邊昇

大坂布告

海關前埠頭川蒸氣船卸碇已逾二十四時宜移碇於下流

此回與各國領事熟議勿論內外人須守此規則此布告

明治六年癸酉二月二日

　　大坂府權知事渡邊昇

與各國領事定大坂港境界書

大坂港北界左門川南界大和川西以天保山燈臺以西三

里為界左門川大和川當建設標木使境界分明

港則第四則未定之經界今因政府命所劃定如此請布告

貴國人民使之知悉此布

第九條

官許船除外國人船長外不准水手等上岸

　第十條

扠浸准單一面該管領事官將本國政府所任務令該管國

人遵守各條約並約定規矩之權利懲辦爲規

第六條

由兵庫將貨裝載有准單船隻至大坂者該貨主每貨必附

其収稅單或免稅單為要若無該單在大坂起貨者將貨八

官

第七條

有准單船隻在大坂兵庫兩港將貨起貨時必當日本政府

而准一定埠頭或必當為政府而准一定三板船

第八條

官許船除在大坂兵庫間將貨搭客扲船外不准用諸他事

又不准接近外國船日本船或別處地方可也

鎮臺加蓋印信領事官蓋印其傍為規

　第三條

發給准單後過一年鎮臺同領事各行查考議定停止或再

准發給可也其發給准單時不論頭次二次必須將一分銀

一角納于日本政府以為規費

　第四條

外國船裝貨吃水逾八尺者不給准單

　第五條

得准單之船日本政府派員搭坐有准單之船隻或該船往

來神阪兩港時派員看守均隨其便

大坂兵庫間設引船輸物運送船及搭客船規則與設江

戶橫濱間運送船搭客

艇規則同故不必疊錄

慶應三年丁卯十一月朔日西曆千八百六十七年第十一

月廿六日

　第一條

非得日本長官准單不准外國人將挖船艜船搭客船往回

于大坂兵庫間

　第二條

遇有請領准單人兵庫鎮臺同該管領事合同查明以定可

否發給准單至于准單定必兩國言語註明該船模樣兵庫

甲胘結約保獲生田川石塘此爲防漲水泛溢害及居留地
也

千八百六十八年十月八日蓋印以證

　　兵庫縣知事伊藤俊介花押

米國領事代壽古道壽之窩婁道手記

蘭國領事阿伊甫道仍同

伊藤俊介君及代壽古道壽之窩婁道君並爲使是非蒙證
在其面前親自蓋印相與交付

明治元年戊辰八月廿三日西曆千八百六十八年十月八
日
日本政府代辨甲股兵庫知縣事伊藤俊介與外國衆人代
辨乙股條約國領事約定
於神戶地所賣渡取極書第九條載海河石塘事官圖明載
之且居留地周圍道路上有溝渠現今方修築其石塘及蓋
覆者亦明在其內該溝在住裡街者為不可無之之溝渠故
甲股代其官府相續人結約當常浚疏使之清潔永無損害
乙股欲連領其地且欲賣與別人因要其架橋之廣狹與在
居留地街上者同一且要連落其工此與甲股而約也

遵千八百六十八年八月七日日本政府與外國公使所約

簡條書第五條地價為每坪金一分則地價總額為金若干

兩當以西曆某月某日預約來年租額於其岡士館無悞又

遵第八條所載每歲當納居留地管理諸費於其國岡士無

悞其金每坪為不超一分銀三分之一且欲將第幾號地基

或其幾分地賣與別人除盟約國人外不准買得且要賣與

別人者必須各得其岡士允准

或有不奉此條件者日本政府當照會其岡士仝作地券二

通一給之借主一留之日本長官以為證左

覺書

沽券上規則當遵奉又當另紙規約第五條所定使買主或

其相續人或引請人每歲納地租每坪金一分

第八條

除地租外宜每歲約束居留地各項費用其金要不逾每坪

一分銀三分之一

第九條

無證可援已經修好國籍貫人者斷不准給地券

地券式 形雛

我代日本政府領金若干將官圖所記第幾號幾坪地基質

與某國某其宜守條件列于左

給之故要預作地券給地券宜認明券上所記姓名親授其

人若有已將其地賣與別人者或有持證書要代他受券者

或有別有確證當代授者並給之以地券不必問簿上姓名

然須約其證書或有岡士親蓋印章證書之副本於日本後

而至十五日猶未完納地價者以為自破約故其所既納之

金則政府収之不還附若其地則待次會拍賣之日更附拍

賣、

　　第六條

給地券之際使買主納金五兩以謝其勞

　　第七條

038

五分之一為要拍賣者不得自出價又不准代他人出價買

主既定則拍賣者大呼買主姓名速記之簿上後給地券之

際將簿上姓名相照不得有違亂

　　第四條

甲號之地評價已決買主既定而乙號之地未附拍賣之際

買主納金百兩以為結約之證他日至給地券之際將前將

出以為證箕入地價若買主不肯納證金者不將乙號附拍

賣更將甲號之地再附拍賣

　　第五條

地契領照後開樣式繕寫當以千八百六十八年三月一日

兵庫大坂外國人居留地地基拍賣規則

　第一條

製地圖數紙抄鎮臺兩蓋印信之圖存在神坂兩衙門并各
國領事分署各一紙以爲後憑其拍賣時第一號地基起逐
號遠次拍賣爲規

　第二條

拍賣者必以最後出價最貴者爲買主其最後二人同價則
更將其地附拍賣

　第三條

拍賣之際出價者要大叫地價每坪但不准少于一分銀之

馬行事者不得過三人其薦舉時查各國領事官花名冊內

薦舉可也

　　第八條

若要雇外國人爲巡捕約束大坂兵庫兩廳租地界賃地者

當納每坪不超一分銀三分一之租以爲積金若其每年當

納之金額及收納日期則日本役人各國岡士及居留人行

事當相議定之

　　第九條

大坂兵庫居留地修補石塘埠頭近地河海雖逢退潮使無

掛礙上片在日本政府所擔任

納来年之税

第六條

為設立積金法除非常天災之害外辦修道路浚溝渠點街
燈等居留地諸費不要日本政府管渉也遇有非常天災而
害而要日本政府出金則應日本後人與各國岡士相議以
定其金額

第七條

外國人已遵此議定書以賃地基則當納金以充居留地積
金納金者先納之於其岡士岡士以附之於積金幹事居留
地積金者日本官司各國領事并租地界總官相議以出納

價外將所超過之金圓分爲二以其一附之積金內

　第四條

拍賣大坂兵庫居留地地基當照從此書尾所載附錄拍賣

規則拍賣之後猶有地基賣不盡者當俟他日再附拍賣若

其期日在日本役人與各國領事同士相議定亦宜在前一

月布告

　第五條

大坂地稅元額爲金三百八十一兩兵庫爲金四百十兩一

分每年當納每坪稅金一分於日本政府其殘餘金圓以爲

居留地積金以充修道路浚濠渠點街燈等諸費並皆宜預

府領將當先附拍賣居留地面積方向及拍賣期日及地圖

於兵庫布告使人衆知悉其布告區地之面積方向及後應

開設道路溝渠之所在凡要在拍賣之前五日以外劃地基

宜以二百坪至六百坪為一區道路之廣應不下四十尺

第三條

如上所說於大坂兵庫將地基貸與外國人一擾拍賣法其

拍賣也預定元價每坪為金二兩二分納之日本政府以償

營築地基之費其餘二分亦納之日本政府政府附之於積

金幹事以充修居留地道路溪溝渠點街燈等諸費且日本

政府立約許在大坂兵庫所拍賣之價若超過元價則除元

大坂兵庫外國人居留地議定

慶應四年戊辰七月八日西曆千八百六十八年八月七日

第一條

昨年所議定大坂外國人租地基地界拍賣期日要日本役
人與各國岡士相議定當以西曆九月一日或相距不遠之
日爲其期前日旣將其地圖布告雖然應衍前經布告地圖
日本役人及外國各岡士並省以其地圖爲宜改正則改之
亦可果有所改正宜在拍賣前五日外於大坂布告

第二條

兵庫則須日本役人與各國岡士相議定拍賣等事日本政

所管漕船拕船搭客船等准其來往大坂兵庫間

第三條

准其往大坂外國人放行境界南界則大和川至船橋轉經

教興寺村至伀田為限境地方雖在大和川之外准其遊歷

大坂兵庫兩處來往所經之路離京都十里為限准其來往

又在大坂府水陸往來與日本人無異

大坂表外國人貿易並居留規則

慶應三年丁卯十二月七日一千八百六十八年一月一日

第一條

大坂非指定港口不許外國商船碇泊准備海關未妥之間

倘有外國人欲將貨物輸進本府者須照條約附錄通商章

程稟報兵庫海關完稅但其已經完稅別口者不用再納又

不能在大坂裝貨外國船之間應由大坂輸出之貨亦須稟

報兵庫海關完稅可也

第二條

照本規矩幷條約附錄通商章程不論輪船脚帆船外國人

擇西海岸一港以為外國人居留地及在江戸擇外國人貸

屋之地者皆各國公使與日本政府所當於江戸相議定焉

當遵條約及上文約書之意又當踐此約定以施行焉

第十條

日本政府遵千八百六十六年六月九五日在江戸所確定
約定書之法當設可保險之貨庫官棧以備寄存外國人貨
物兵庫圖中施藍色者爲設立官棧及政府所領之地及方
今所建築修船場者亦爲非所貸與扵外國人之地

第十一條

各國人墳墓地在兵庫爲背後山在大坂則日本政府當爲
乾瑞軒山以空其地又當爲設垣墻若其修理灑掃之費則
均賦課外國居留人爲其所當捐金以員擔

第十二條

第八條

前條所載在兵庫大坂議政外國人租地界但非拍賣則不

論建造房屋或為何等用日本政府不得租與外國政府或

公司或誰且日本政府不敢另備租地界或內或外之地以

供領事用

第九條

在兵庫大坂兩處應租外國人地基元價每年應納地租道

路地區溝數無論大小一総拍賣地基之數拍賣方法拍賣

日期并下條所載墳墓設法等仵侯日本政府同各國欽差

議定施行

劃開地基當接各坐落方向便否定其價額多寡但共美價

額務必日本政府所支諸費相對為要

又共計支費以定拍賣外國人原價為要

已經修好各外國人准其額租地基當其拍賣比原價過多

則以充日本政府無息動支且不顧能補與否動支之賠償

日本政府盡行收之

　第七條

在大坂兵庫兩處所租外國人地基必價每年收地租以為

修補道路與溝渠并租地基掃潔約束等費用為此額先笋

定尚其有餘為要且完納日本政府應收地租可也

要無斬伐

　第四條

該外國人既已租得大坂租地界地基尚願另賃地面則隨

其所願開廣向南之地以供其用

　第五條

兵庫大坂居留地並領以本年丁卯十二月七日止畢照前

各條了辨可也

　第六條

日本政府准備該外國人租地界一切費用當將地界賣價

賠償可也

今所定租界漸漸住滿無地居住願欲另選地土則隨其所

欲准補至背後山脚之地且准日本業主坐落神戶市街地

基或房屋租與外國人各隨其便

　　第三條

遵條約在大坂港畫一區地域定以給外國人賃屋寓居卽

圖上施紅色者是也然其地居人或有不肯賃與其家屋於

外國人政府不敢強之且日本政府欲使同盟國人民在大

坂港得賃地建屋乃准外國人就圖中施藍色者租賃地基

蓋造家屋日本政府當就其西邊田疇之地築起之使與隣

地平坦且當施石塘設道路穿溝渠其現今所載之樹木則

神戶大坂居留規則

議定兵庫大坂兩處外國人租界條約

慶應三年丁卯四月十三日西曆千八百六十七年五月十
六日

第一條

已經修好外各國人在日本政府兵庫地方所居之地今指
定神戶街市起至生田川之間准其居住又照另附繪圖着
紅色慶由海岸築起地土漸高漸高使水順流不塞且在海
邊築起不下四百間石塘將後議定新造道路開溝爲要

第二條

020

岡部駿河守 花押

得其宜因就規則中屬慶置無領事官之國人條件者皆不

得遵用已經各國密尼斯德力議決矢因今附書於規則尾

文九元年辛酉九月

　　　　　岡部駿河守　花押

千八百六十年地所規則第二附錄

同盟各國領事官長崎奉行相與議論就規則第七條內刪

除距給地券之日未滿一年者不准賣與其地於他人一節

其餘皆依舊無有所改

千八百六十二年第四月今二十九日　文九二年戌四月朔日　於長

崎各自記名蓋印

或不遵日後所改定規則者悉皆當將此地券廢棄且其所

建築家屋皆當沒入于官

右貸地券如此

年號月日

千八百六十年月日　長崎奉行所印

地所規則添書

因本文地所規則第十三條意問之江戶重後仝接其報日

第一條中所載請借地者其國領事官不在則就其同盟國

領事官以請焉第八第九第十三條中所載其領事官不

在則長崎奉行當慶置之及使他國領事官慶置之皆爲不

有家屋之理故非有日本重役及領事官蓋官印以准之則

不得賣與其地於他人其准之與不准則在日本重役與領

事官

右券書法則列于左

某 或相續人 或引請人

與借地上所得之利益於別人宜先請于其領事官因以請

于奉行也領事官奉行皆准之而後記其事由於簿上然後

得以授受若又或全賣與其借地或零賣之而不待領事官

及奉行准或貸附於日本人或不依每百坪墨是哥弗若干

之定規完清来年地價或不遵奉行及領事官所議定規則

坪幾合圖中所稱第幾号地者是也西界某地東界某地北

界某地南界某地

右地價每一年每百坪為墨是哥弗羅十枚本月至某月為

年一年其借地料弗羅十枚既完納畢後來某 姓名 或相續

人或引請人遵守所開列于左規則每歲完清地價無有通

欠則其時日間官決無有所變擾支梧

外國人要遵條約借地基其法列于左借主不當企圖分外

之事外國人而領遇日本帝國准單且有其地有其家屋若

欲賣與其地家於外人自非日本重佼或領事官無異議之

人則不得賣與焉日本人固無於外國人居留地內可有地

官問之駐江戸密尼斯德力有當刪之命則當將此三條削

除倘當記其由於附錄

右規則中擱領事官者各國領事官與日本議定之條約者

　現任其是也
職者

萬延元年庚申八月十五日

地所貸渡券

　　　　岡部駿河守　花押

某國商某　姓
　　　　名　要於長崎港居留地內借地基一區先以請状

經其領事官以呈長崎奉行此地在長崎港內外國人居留

場內前面廣幾十間背後廣幾十間幾尺凡爲坪幾百幾十

國人則他國領事官通知於日本重役日本重役戒勅犯人

令必守規則

第十二

豫備

他日欲改定右所臚列之規則或欲新加一規則或遇有於

事情可疑者並如前日奉行與領事官熟議公平決之領事

官當告知其駐日本日代人確定

第十三 附錄

前第八第九第十一此三條內所載有若慶置外國人者是

則管於公法者非奉行所能議定奉行問之江戶重役領事

經會員議決猶未可遵守施行

　第十

　遊興場賣酒店

外國人非得領事官准允不得開賣酒店遊興場於居留地
內在日本人亦必須得奉行准允且要開該業者有人確證
其必不起喧嚷騷擾而後得請之

　第十一

　犯罪

外國人有犯罪而領事官偵知之或人告發或日本後人照
會則領事官檄犯罪者紀治戒勅焉若係其不置領事官之

領事官一名或數名以為有要緊事件不得不附於會議則
可以得開會議至借地人有請集會者亦可以隨時開會先
會十日報知要會議之件於各員以便其熟考借地人要請
集會者宜有五人以上連署盖印且詳細記其事由以請
集會之際所議以同論者多為定論是日借地人雖有不來
者来者上全員三分之一則借地人須悉從其定論不得有
異議會長必以領事官尤長老者充之是日無領事官臨于
會塲則借地人得就會者中丟〔丟則票也〕撰舉會長其所議不
必止初所請會議之條件管居留地件亦領於是次議決焉
而會長將是日所議決報于領事官非得衆領事官許諾雖

第九

點燈巡夜

街上點燈灑掃巡夜等件以定規則為緊要故每歲首當集
會借地人相與議定募集其費用之法每會借地人宜相與
計其地基家屋大小以分賦諸費又羨居留地內外國人上
貨金額以分賦埠頭捄撰外國人三名或三名以上為世話
役世話役導會議所決之法幹之若有未納金者領事官判
之而世話役紀之若其領事官不在則世話役依他領事官
以告長崎奉行奉行為徵収以附世話役前年募集銀額及
其出納詳載在簿上歲首集會之際世話役出以示借地人

人家內外若有犯之則罰洋銀二十五圓猶不撤去者每二十四時罰二十五圓營該業貯該貨者並當於距人家遠隔之地如其地則在吏員議定

建築浚工之後倘堆積木閣屋材於路上及枇柵門樘户限等突出或物貨堆積以妨人行者日本吏員或領事官命撤之倘不撤去者每二十四時罰洋銀十圓委棄塵芥於溝渠道路或發火器或妄騷擾或在路上調馬或煩擾以妨害他人者亦當罰十圓其罰銀悉納諸領事官若領事官不在則納諸日本重役重役附諸外國世話役(代共衆辦理事務非官派即委員也)世話役者爲奉第九條意從事者

不准日本人在居留地內有接近外國人家屋及商塲新建
造居家茅厰以致火災蔓延奉行直命撤之下條立罰銀法
者爲防妨害而設也以故非得領事官准許日本人不得擅

開設遊興塲 技樓
戲塲 於居留塲內

第八

地面制限並當守法則

在居留地內不准用藁茅蓋屋用竹木搆家又不准開害人
性命損人物貨及傷人身體之職業若有害人性命物貨身
體者每二十四時罰洋銀二十五圓火藥硝石硫黃或過烈
酒精等皆爲害損身命物品之物故官有嚴禁不准積貯於

納明年地租領事官以命借主及期後人作領票三枚副之

以譯文其一枚納之奉行而一交之領事官一給之借主至

期借主不完清地租則奉行照會領事官領事官使借主速

完納

第七

賣地

凡借地者現記自己姓名在其地券上則其地為已所當居

之處不得使他人代居或有賣與別人則宜於三日內改書

姓名踰三日猶未改書姓名者不准改書姓名凡借地者距

給地券之日猶未滿一年者不准賣與其地於別人

市街道路等皆係公共所由不得混入於借地內而借地者

要無為市街道路之障礙

借新地者不可不預留談入市街道路埠頭之餘地

土地係日本政府所有政府為修理市街道路及埠頭後疏

溝渠無徵其稅租於借地者

　第六　納租期限

在居留地內借地者每年當以我十二月十日完清明年地

租

先期十日奉行照會領事官使某地某姓名以某月某日完
（借主）

所其一通附諸領事官其一通給諸借主奉行所乃報知各

國領事官以既給地券之由且詳記其地坪數境界

第四

界上建標

借地之際領事官差吏員與地所掛役人或地所掛役人代權攝地所掛役人事務者借主相與會於其地建石上刻其地畫號

者於境以為標以要防後來或生事端且其建石標必要其

無有所妨礙道路及隣界

第五

市街道路暗渠埠頭

下洋銀百五十元裡街百坪不許下五十元

第三

借地基給地券

依前條規則請借地而借主已定則領事官作手記蓋印書

以給借主借主以其書交地而後人地而後人不移時目與

借主相會於其地就丈量其地廣狹

廣狹已明先使借主納一年地價於地而掛上後地而掛上

後遞作領票三枚記其坪數境界且副之以譯文以付借主

借主取領票一枚以自領納其二枚於領事官領事官又納

其一枚於奉行奉行乃作地券三通其一通則自留諸奉行

役人村長里正之類及他領事官以先是有請借該地者否及無有

妨礙他人否如遇已有先請借該地者則命先呈請狀者使

之限若干日內結約其日數要有足結約之時日踰期而不

結約則准次者借得若確有不得已之故而踰期者可矣不

然必准次者借得

第二

貸與地基

外國人躬親居住者即准次地基若夫托名無實者不准焉

故借主於領地券之後六月內必須建築家屋踰六月猶不

建築者官収其地券對海之地建築家屋其價每百坪不許

各國居留條例

長崎地所規則　規則年條始於長崎神戸次之橫濱爲後故以第次分類錄之

萬延元年庚申八月十五日西曆千八百六十年第九月二

十九日蓋印

第一

借地法

我准外國人以借地居留之地今外國人欲就其地內借地

基者領先呈請狀於其領事官或領事官手代　代攝其事者若在

未置領事官之國則就其同盟國領事官以請焉而其請狀

必須詳記其四至　即四方也　領事官或領事官手代爲問之地所

002

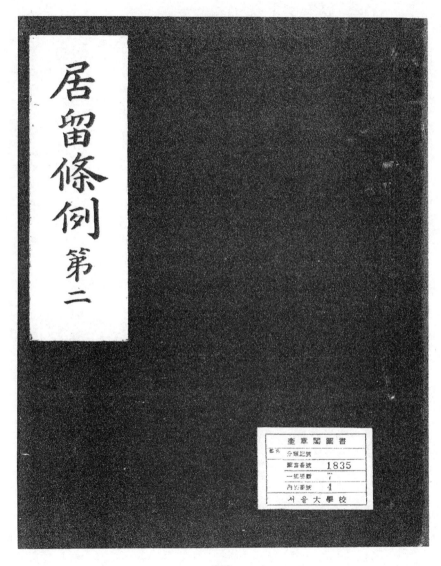

居留條例 第二

日本國內務省職掌事務

內務省在東京中城外大手町一丁目廿番地九關

國內事務無不管理故曰內務省全國地理戶籍之

測量計算官民土木之施役費用衛生察俗等百般

事務並自該省掌理且三府三十七縣知事令之道

退黜陟以至神社佛宇之冗務摠係內務卿管轄日

人所謂行政之司也該省始於癸酉十一月曆至於

甲戌正月曆兩開省于今八年之間局課職制之沿

革無常政規法令之變更不一尚無定則茲以現行

者論之自一等至三等曰人稱曰勅任勅任者曰主

之命除兩特任也自四等至七等補曰奏任奏任者

各省長官奏請後任之也自八等至十七等則謂之

屬官兩補曰判任判任者各省長官自判委任也十

七等以外則補曰等外等外則至於四等而止夫此

外又有御用掛之補此則官員之定額外特因事務

而權設者也本省官員則卿一人一等職也見今松

方正義正四位月給五百圓大輔一人二等職也見

今工方久元正五位月給四百圓少輔一人三等職

也見今關寬自大書記官至權少書記官奏任官也

月給各隨等級而有定九一省內官吏摠額上自卿

003

輔下至寺外合五百八十四員小使七十八名各有
分掌之事務省中分置十二局曰内局庶務局圖書
局會計局衛生局警保局戸籍局土木局地理局社
寺局取調局監微局是也各局各有局長局長皆是
書記官之魚任而局中又分為課為掛各有所掌事
務列錄于左是白齊
内局者卿輔之官房也卿者統率一省事務輔者輔
即其卿凡關省内事或有卿之自意慶之者或有申
請於太政官後慶之者夫申請之事務凡七條其一
行政察俗等規法慶更其二因地理土木等事務派

遣部下官更於外國其三各局之廢置局長之任免
其四各局慶務規程之制定其五凡關重大事務之
布達於各省各府縣其六外國人傭八解傭等其七
新事之創始舊規之變更也大抵此省專管一國事
務故若有地理土木等事則沙遣官更於西洋各國
西學術焉或備八西洋人西視務焉至於制規之變
更政法之布達局貞奏任官之進退黜陟俱係重大
故或陳意見於太政官或與議席於元老院以為裁
斷所以太政官中別設內務部若有此等議案文書
則必自內務部調理也大書記官常在內局一從卿

輔之指導而行之故亦有所掌事務其條有四第一

曰各局文書調理事也無論何局欲為申請於卿則

必以文書先送於內局書記官書記官審查其可否

可者進之於卿否者自意退之又或有回議之例回

議者回示於各局局長局長詳審其可否而可者則

以紅印署之否者則以墨印署之此謂之傳票回議

也第二曰本省官吏及府縣官奏任以上進退黜陟

賞與懲戒等文書調理事也本省官吏之任期初無

定例惟以奉務之勤慢考績進退至於府知事縣令

則毎以三年為一期十二年為一任毎於一期內務

卿考其治績否則黜之可則仍爲續期而每一期加
給月俸五十圓至十二年一任則元俸月給二百圓
加俸金一百五十圓合計爲三百五十圓與三等勅
任之月俸一般故仍升爲三等勅任官十二年滿任
後若其辭職者以月俸之十倍三千五百圓賞賜之
若其續仕者每年只以月俸之半額一百七十五圓
賞與更無加俸之例而係是勅任官故內務卿雖不
得考績至於事務則必爲內務卿管轄而各府縣亦
有大小書記官此亦六等七等奏任官也其進退黜
陟亦係內務卿奏請後施行其任期亦以三年考績

定規自已卯以後因廢其規而姑無定例云至若官
吏之懲戒則亦有條例凡三曰譴責曰罰俸曰免職
免職者免其職罰俸者隨其罪過輕重以半月以上
三月以下之俸給奪之譴責者只以譴責書付之第
三曰府縣判任官以下賞與吊祭料等事府縣之判
任官者自郡長以下至于匭戶長是也此任之進退
黜陟盡委於知事令而判任故雖非內務卿所轄至
於吊祭料賞與之典必自內務卿其陳于太政官後
施行蓋其黜陟于職務者追褒之意也於府縣庶務其
條不一西各有所管之各局故其事務則庶務局掌

之本局所管只擬其直報文案兩論之也第四日本
省內機密文書調理事本局書記官專任卿輔之措
揮故凡於機密緊急之文書無不掌理也大抵日本
一國無論官吏民人憎簡好煩自成習俗雖尋常汗
漫之事必為製表製圖或以刊行或為書謄文書如
山事務枉煩雖以內務一省論之官員之數恰為六
百餘人而上自卿輔下至等外每日赴省無時不執
筆尚患不足每備得他人而任役局中又設往復課
往復課者一省內諸般文書往復之所也無論何等
文書欲送于內局者先送于此內局之欲布于各局

者亦送于此所以往復課中分為六部第一部掌各
府縣受付之公文第二部掌各局囬議而達等文案
第三部掌各府縣人民之建白直願等書第四部掌
各部諸文書之郵送及府縣官吏出入東京之事第
五部掌局中事務禣緩之者督月表所製之點檢等
事第六部掌需用物件之整備及諸印刷事是白齊
庶務局者專管各府縣之庶務大抵本省庶務則内
局總理府縣庶務則此局主幹凡關官吏之職務以一
至收八支出等無不管掌其條有十二第一曰府縣
會事盖府縣會者即日國之最大會也自昨年倣西

洋之法創立此會三府三十七縣各設一會人民中

如有府縣事務利害之意見則必就此議決自各郡

區特設撰舉會而募集人民使二十歲以上者各書

一郡區內解事可堪人之姓名投之鈐中稱曰投票

法而取其最多數二十五歲以上者四五人送于府

縣官撰爲議員議員中又以投票法撰得議長副議

長各一人以幹一會之事務每年一度以三月曆日開

通常之會又或因事而開臨時之會凡關一府縣內

政令制規之便否取八支出之措辦地方官與人民

互相恊議每從半數以上之議而決行若或地方官

之意見與議員不同牴牾相爭則地方官及議長各
為申報於政府請其裁斷且此會之設係是一國之
大政故每於會議之時無論細大必以議案申由於
內務卿而如或事關於地方稅等議案則亦以一例
具報於大藏卿此其會規之定例而又有常置委員
之摠以議員中五人以上七人以下撰定或因緊急
之事則不可會卒開會故特置此員每與地方官時
時開會於廳內先為議定後報告於府縣會是故一
國內政法制定之際官民共有其權而至於會議及
議員之多寡費用自會席議定以地方稅中支給也

第二曰地方稅事盖地方稅者地租外別收以補地
方之費用者也其目有五曰地租割曰戶數割曰營
業稅曰雜種稅曰抹藻稅是也地租割者地租三分
一之徵稅也大抵地租以地價百分之二分五厘為
定兩地租割則取其三分一故假如地價百圓則地
租二圓五十錢兩地租割八十三錢三厘也戶數割
者課稅於戶數也此亦有二目市街上戶價高騰之
地則以戶價百分之二分五厘每年一度收捧竆術
間戶價稍廉之地則以間數每間或五十錢或三十
錢或十錢隨其上中下三等每年六月十二月兩度

013

排捧也營業稅者各商會社及卸賣商雜商等以

商業營生者每年金十五圓以内隨等課稅也雜種

稅者各工匠製造所及織工等亦每年金十五圓以

内辦漁船回漕船馬車人力車荷積車之類亦有大

藏省國稅之收納故每年計其國稅之羊額而收入

市塲演劇塲遊覽所等慶則計其一年營利之數以

百分五以内收納遊技等圍碁吹矢之類以每年二

十圓以内料理屋茶屋旅店飲食店湯屋理髮屋等

上自二十圓下至五圓西每年收納俳優幇間藝妓

之類各有身稅每年以六十圓以内收捧至於牛馬

屠畜等各皆有稅而漁業採藻之稅則必以府縣會協議定額而申請於內務大藏兩卿後施行或排月排日兩捧之或合計一年而總收此外又有零零瑣瑣之許多稅目而第以今年四月日曆所調者觀之各府縣合計地租割六百二十八萬四百三十三圓七厘戶數割二百六十四萬七千五百五十八圓十錢五厘營業稅雜種稅并三百十六萬三千三百九十五圓九十九錢五厘漁業稅採藻稅并十八萬一千五百五十九圓七十五錢三厘外他雜收八三十五萬七十三百十九圓十四錢六厘而此外又有賦金

之名即娼妓等之收稅者兩合為八萬四千三百七
十七圓四十一錢四厘也第三曰府縣官及郡區町
村吏之職務事盖郡長區長戶長之任雖係知事令
之黜陟知事令既係內務省故此局亦有所幹也第
四曰諸會社之申請願快事盖銀行及米商等會社
必得官許後設行故各府縣官必為申報而此則今
屬於農商務省第五曰備荒儲畜法事在前則每當
荒年或有窮民賑助之規或有租稅延期之規自庚
辰并為傅廢更定新法以二十年為限盖其法有中
央儲畜所有地方儲畜所每歲自政府支出一百二

十萬圓內三十萬圓以中央儲蓄金置諸大藏省九

十萬圓分排於各府縣以為地方儲蓄金而又使府

縣人民隨地租之幾分府縣會議決後各自出金總

額必要不少於政府支出之金折其半額或以米穀

糴置以為備荒之資其半額則以公債証書交換以

置細究其由雖曰政府之支出還以公債証書交換

其半則其實不然也其儲蓄金備荒之法每當荒歲

或貸與於民或救助於民以補地租之不得納者又

給三十日以內食料若其不能搆屋者則捐以十圓

以為搆屋之資農具不備者則給以二十圓以補農

具之資以外揆觀之便同官捐而其實則以民財反
助民産也第六曰府縣官舍事蓋官舍之修繕在前
則以地方稅及地租互半支出自今年不以地租中
支出兩專以地方稅補充也第七曰府縣經費事蓋
府縣之每年經費自府縣會籌定而報于大藏内務
兩省則兩省協議後登記於大藏省簿帳也弟以今
年四月曆所調整者觀之警察費二百七十九萬一
千三百二十六圓八十三錢二厘河港道路隄防橋
梁等建等修繕諸費一百九十三萬九千四百十三
圓八十二錢七厘府縣會議費十三萬四百十五圓

十三錢二厘衛生及病院費六十五萬四十二百六
十一圓十錢一厘府縣立學校費及小學校補助費
一百三十二萬七百八十二圓二錢三厘郡區廳舍
建築修繕費六萬八千七百三十一圓五十五錢五
厘郡區吏員給料等諸費二百六十一萬七千七百
八十圓二十一錢四厘救育費三萬九千六百圓六
十三錢二厘浦役場及難破船諸費二千一百三十
二圓七十二錢三厘外他戶長以下給料及諸公文
揭示等費及勸業豫備之費并為五百餘萬圓統以
許之則恰為一千四百四十六萬餘圓而此皆地方

019

税中支出者也若其不足則更付府縣會而加徵若
其有剩則留置以補明年之費用其人民之便否雖
不可擾知而質用之浩大從可知也第八日府縣判
住官月給額事蓋郡區長以下之月給則以地方稅
中議決於府縣會隨軍支給而鎮郡長之月給每月
無踰八十圓也第九日人民建白及直願狀事每因
該事務有人民訴書則必經此局然後報于省卿第
十日府縣賦金之給與方法事蓋賦金者在關白時
凡係營業稅雜種稅并補賦金矣今則分爲營業
雜種之補而獨娼妓之稅金謂之賦金此則補充於

病院救育等費云第十一曰府縣無用之器物需賣

事盖此等器物之賣下者必以價文經由於此局而

轉送于大藏省也第十二曰外國公使領事轉免之

報告等受理事每有此等轉免之事則自外務省通

知於內務省內務省必爲報知於開港場之地方官

故有此一條也大抵此局專係各地方之事務故曾

無分課之定各每隨府縣之務而各有分掌是白齊

圖書局者專管圖書事務分爲八條第一曰省中公

文及年報等凡係府縣公文之來報者或編纂而置

於省中自各局相報者或蒐集而送于太政官每月

兩修月報每年兩修年報蓋其便於檢考而然也第
二曰制度法令之沿革類輯事凡於法令制度自太
政官布告者自本省廣布者幷為類別纂輯者也第
三曰出板之板權寫真之板權事凡一國內人民如
欲著書刊行則必申請於內務省內務省又請於太
政官得許可後特許三十年專賣之權而其寫真亦
然也第四曰飜譯外國書信及新聞紙事蓋西洋之
書信及新聞紙必自本局翻譯也第五曰古今圖書
記錄事第六曰關於獻本賞與褒詞事一國人民如
有獻納圖書於官省則其賞與褒詞必御必自本局

然量施行也第七日曆書之編次及其發賣人許否
事蓋曆書之校訂地理局掌之其編次頒行則爲圖
書局所關兩若有人民中願爲發賣者則呈請本局
兩得許可後營業也第八日省中刊行書類事凡關
省中文書之刊行雖是此局所掌及其印刷之節必
付大藏省印刷局兩刊行也區分局中事務爲六掛
曰編纂掛掌省中一切公文編纂之事曰出板掛掌
官民之著譯圖書及板權檢查之事曰翻譯掛掌各
國書籍及書柬等翻譯之事曰庶務掛掌文書之受
付局賣之計算及刊行書籍寫字寫圖等雜務曰保

存掛掌古今圖書及人民戶本蒐集保存之事曰編

曆掛掌曆書編製之事是白齊

會計局者專管一省内金財出納之事務本省各局

官吏之月俸各府縣之許多經費自各該局計算以

來則并自此局管理每月之初以一月費額豫爲取

來於大藏省以供當月之費用而其不足與剩餘則

每於翌月并爲會計且本省内一年収入之數亦爲

較算其費用之額剩與不足間以爲會計於大藏省

此其局務之所掌而計算之法有穣算決算之補豫

算者合計甲乙兩三年之額取其所乘而穣定其丁

年之額也決算者決其已過之算也每年六月曆一日

度合算謂之年度弟以已卯條觀之一年經費豫算

之額本廳官吏月俸及諸費為三十一萬八千四十

三圓九十三錢二釐琉球出張所三萬八千二百二

圓小笠原島出張所一萬六千四百九十五圓勸農

費三十六萬六千三百圓驛遞費一百九萬九千圓

勸商費六萬三千二百圓博物費三萬四百圓地理

費九萬一千九十一圓一錢三釐土木費五萬八百

圓衛生費七萬二千圓山林費四千一百八圓九十

八錢七釐監獄費二萬四百七十三圓七十六錢九

025

釐合計爲二百十六萬九千九百三十四圓七十錢

一釐兩及其決算爲二百八萬九千一百二十圓十

七錢則餘剩爲八萬八百十四圓五十三錢一釐納

于大藏省且一年收入之豫算額官祿稅四十八百

二十圓郵便稅八十萬圓海負試驗手數料三千八

十圓森林收入八十一萬二千一百八十三圓八十

八釐官有物賣下代四萬九千九百十三圓七十四

錢四釐官有物貨下料一千五百五十六圓九十九

錢二釐罷因懲役等雜八六千圓合九十七萬六千

五百五十四圓五十四錢四釐及其決算爲一百十

三萬五千六百三十九圓五十三錢七釐以收入較

諸費用則一年不足條為九十五萬三千四百八十

圓六十三錢、三釐取來於大藏省此其内務省一年

費用之大畧兩局中事務分為十條第一曰出納省

中之金錢事第二曰省中之收入經費穰算決籌事

第三曰府縣之警察土木營繕三官費穰算決籌事

第四曰作業費起業基金及諸下賓金穰算決籌事

第五曰各塲各局經費出納檢查事第六曰各局資

用之器物贖八及當下事第七曰本省所屬建物營

繕事第八曰戒飭省中事第九曰本省所管用地及

地券事弟十曰各府縣遞送金穀費用事此其局務
之大要局中設置五課分掌事務曰檢查課其中又
分四掛調查掛掌金穀出納之回議起草之事豫算
掛掌收入支用等豫算之事傳票掛掌收入支用等
傳票之事簿記掛掌金貨出納製表之事曰用度課
其中又分四掛調度掛掌省內需用物購入敗損物
賣下之事營繕掛掌廳舍等修簿之事取締掛掌省
內官吏監督之事廐掛掌省內車馬檢督之事曰文
書課其中又分為三掛庶務掛掌文書上雜務及更
負等查理之事受付掛掌交書受付之事記錄掛

公文往復及編輯之事曰出納課專掌金錢出納之

事兩無分掛曰支給課亦無分掛兩專掌質用金支

辦考準之栗是白齊

衛生局者曰人所謂專爲保民衛生兩設者也在內

務省爲衛生局在府縣爲衛生課在郡區置衛生吏

在町村置衛生委員以議定人民之衛生要務故又

設衛生會在內務省中曰中央衛生會在各府縣曰

地方衛生會會期有定每月一囘者曰通常會有事

故兩別設者曰臨時會其衛生之法有二類焉曰間

接衛生法曰直接衛生法衣食家屋等人民資生之

業屬于直接法定醫瘉藥等疾病治療之方屬于間
接法其事之議定衛生會掌之其法之制定衛生局
管之其效之寶行警察官掌之此是西法之倣行者
而方今衛生局中設置事務二十條蓋統舉衛生事
而包括者也第一日閔於衛生諸規則事蓋中央衛
生會係是元老院管轄兩會長則元老院幹事官○
任之屬於內務卿管理又有副會長諸委員并以醫
學化學工學之人任之凡係利民之方或諸詢於府
縣或各陳委員之意見決議於內務卿兩制定規則
須行於府縣公告於人民故第一條泛補衛生諸規

則也第二曰疾病生死等事蓋全國人民之某疾某
病一生一死自各府縣每月申報則自衛生局每於
六月十二月曆兩度統計以為製表一以驗衛生事
項之實施與否一以察疾病症集之根委源由也第
三曰年報報告祿誌等發行事蓋全國內人民生死
疾病諸般各目編成年報報告於人民又惑本國與
他國官民中若有益民之術可以為補於衛生事項
者則或為譯成或為編誌刊行頒布屬之書肆許民
買賣廣告於各地方也第四曰風土氣像習俗職業
食飲水液之關於人身健康利害事蓋風土水液或

随地方而有異每驗疾病之類別習俗職業或有健
康之傷害必設改良之方法至於飲食之節亦必檢
查其品味以人身上利害者蓋示於一國兩且巡查
行察於市街旅店之間以禁食物質敗品之發賣所
以日人以淡食為務初無餘滓之留存也第五日學
校救濟院諸工場囚獄旅舍劇場舟車公園浴場等
之關於健康利害事蓋全國内學校雖係文部省所
轄此万教育之町而且是象人聚集處故警察吏以
勸獎之意時時徃諭以衛生之術至於救濟院及
各製作工役之塲亦便巡查檢察伊無職業上惰急

之習兩罪囚之獄无是戕民易病之地故獄舍搆造
十分檢察其房室之寬敞區劃之大小極力精淨且
設醫院於獄内以救囚人之疾病旅舍劇塲衆人往
來稠雜之處則使無喧囂損害而舟車公園浴塲等
處亦為戒飭以導便利務從衛生之實施也第六日
街市屠畜塲溝渠厠圊等潔清方法事盖此等塲所
係是腥羶不潔之地或有觸臭而生疾又或媒穢而
傳病所以百服掃除必為清潔此皆警察官之職務
而實係衛生之事項也第七日埋糞法火糞法墓地
火糞塲事盖日本糞法自昔有埋糞火糞之法夫埋

葬者每於各村各區必設葬場互相聚埋不成墳形
只以短碼立表火葬之法亦有一定之場昕而戌辰
以後雖為禁止習俗已久尚多行之故此等葬場必
便不近於人家不遍於泉脉者蓋為齣穢生病之慮
也第八日傳染病流行病風土病穢防等事蓋日本
傳染流行之病其種有六曰虎列剌疾曰膓窒扶私
曰赤痢曰實布垤里亞馬脾曰發瘀窒扶私寒
曰痘瘡此皆日本風土之病而日人最忌者也若
有此等病感行醫師診察後必詳記其病狀通知於
村町之衛生委貟委貟速為通知於郡區長郡區長

申報于地方官地方官申報于内務省而又為傳布
於隣近地方及接近船舶來往之處以為豫防之術
而必以病名及症狀詳錄貼付於病者門戸上使絶
外人之交通廣施豫防消毒之術又於町村設避病
院先設消毒法而使病者移居便不得傳染於次又
於各港口設立檢疫所每值此等病流行之時則必
為檢察船舶之往來至於豫防之法其規不一兩此
其事務之大槩也官吏醫師委員人民中若有違背
定行之規則者則必以罰金百圓以下一圓五十錢
以上隨宜而責捧前以雖一家一人之病或以新聞

或以雜誌具其病類之症各藥用之效驗告諭於全

國內深山窮谷之間無使一人不知至於痘瘡之病

日本近百牛痘之術設立牛痘種繼肜於東京府下

以施其方而係是新設人民或有不信者故每年二

四令飭於各府縣使之接種而現今多有試驗云也

第九日獸畜病之危害於人體事凡於六畜皆有治

療之方而今屬於農商省農學校非內務省肜管云

第十日醫師産婆之開業試驗等戒飭事蓋醫師之

營業者必經試驗請得官許後施行其試驗之法自

各府縣置試驗塲每年二月五月八月十月曆四度

開塲而以開塲之時日豫爲廣告於管内凡醫學人

年二十以上者以其醫學之修業履歷及教授之卒

業證書自顧醫學中一科而赴塲地方官以其由申

報於內務省而請問題自內務省各隨醫學之科目

每一學科或以一問再問三問定題付送則地方官

每揀公立病院長中醫學人一各定爲委負以問題

次舉出給於應舉人使不得出塲必於面前限以二

時或筆記或口述卒畢後受取荅記送于內務省內

務卿考察其可否後出給免許狀若夫文部省醫學

部中生徒只以卒業證書來請則不爲試驗而即許

免狀蓋其醫學部生徒則術業精明然後始受教師
之卒業證書故不為試驗也日本人民生產之際必
有救濟之老婆雖無試驗之法自官必察其成跡可
否後許其營業見今東京府下往往有産婆出張所
也第十一曰鍼灸按摩營業事蓋鍼灸按摩亦係衛
生事務必得內務省許可後營業也第十二曰藥舖
開業營業等戒飭事第十三曰藥物毒物危險物及
毒藥劇藥贋敗藥等檢查戒飭事第十四曰製藥及
賣藥事蓋火藥焰硝砲銃刀鯛等危險物係是衛生
上損傷之物故買賣營業者必得官許而特使警察

吏百方檢查嚴立課規以禁其濫賣與私賣至若藥
物一自各國通商以後每多藥品之自各國輸来而
就其中或有不知種名者故別立檢查之規特設司
藥塲於東京大阪橫濱長崎四處并自内務省管轄
而以詳明藥性之人定置官員以筭術學物理學化
學藥物學處方學等術多般試驗其術甚博擇難通
曉故厚給崔價備得西洋人以為教師于今幾年之
間日人中或百有辨辨之人試驗之規則分為三類曰
注意藥曰毒藥曰劇藥是也以礦水等或分或化百
方較量驗其性效之緩急察其品製之真(價若其三

類中可供藥用者以注意毒劇等各詳記於其器以
便考覽至於製藥賣藥等開舖爲業者亦依醫師之
例而經試驗得官許後始可營業凡有病者持醫師
之處方書來購則必以年月日及姓名詳錄於藥物
之封罷及証書而賣與者蓋爲其贋製之慮听以藥
舖之人若有新發之種他國輸來之品則先經司藥
場之試驗後爲用一則爲其衛生上審慎也一則爲
其試驗時手數料之全捧也又有賣罰之法犯違規
則者各以罰金一圓以上五百圓以下量宜徵捧又
或以懲役施罰盖此醫藥等諸般規則實係衛生局

之剰務也．第十
五曰諸病院事盖病院者病人療病
之院以醫學人任為病院長以藥理人任為藥局長
無論官吏與人民有疾病者必就院議症或有來留
者兩病院有官立公立私立之補現今全國內合為
三百三十七處內二處屬于東京大學校以救生徒
之病一處屬于海軍省一處屬于陸軍省以療兵卒
兴病二十九處并屬于警視廳及開拓使以療人民
之病此所謂官立官立者自政府設置而其院長之
月給及外他費用并自大藏省支給一百五十四處
并屬校各府縣此所謂公立公立者各府縣議決受

內務省許可後設立者而其諸般費用自地方稅中
支給一百五十處係是私立私立者郡區町村人民
協議得各地方官之許可後設立者而其諸般費用
以人民協議費中充補也第十六日溫泉場療養所
及鑛泉等試驗事盖鑛泉者即溫泉也內含鑛物及
蓋類自然湧出其水溫熱性質各殊或有病荷之療
治故土人隨處撘造以便病人之留宿是所謂療養
所也此亦使分析學化學等術業人檢查其性質之
如何量察其含物之多寡又按其對症效驗之實否
編成雜誌廣告人民此皆衛生局及各府縣之事務

現今全國內鑛泉總聚合為六百九處云弟十七日

救療貧民事蓋貧民及病者之不能自存者救育之

所其名有五、曰貧院貧民之無依無賴者救濟之處

也曰聾啞院人民之瘖聾至窮難保者収

養之處也曰棄兒院稚兒之無室無依而丐乞於道

路者救育之處也曰顛狂院貧民之有顛狂病者救

療之處也此皆公立者其衣食藥料之費須各府縣

地方稅中辨給而各院定置醫員以為看護雖瞽啞

聾之人必便執業或有篤學者或有讀書者棄兒稚

兒亦教以絢索造器之業晝宵勤勵俾不得惰情遊

食而統計一年費用恰為十萬餘圓計其救育民作
業之所八足當此數盖此法之設始在數年以前故
只於東京西京二府行之各地方姑無實施云第十
八曰地方衛生町村衛生委貞及郡區町村醫事
盖地方衛生會者開設於府縣應中其規略與中央
衛生會相同兩府縣衛生課則專掌事務之施行地
方衛生會則專掌事務之議定亦有議長議貞而議
長則府知事縣令自任之議貞則以人民中醫業者
擇定委貞則以公立病院長及藥局長撰舉以議衛
生要務郡區町村亦置委貞及醫師而其月給則以

地方協議費中支用也第十九日關於衛生篤行奇

特者賞與手當郎酬勞之意事蓋人民中或有孝子節婦

義僕等卓行秀於郡區者許其持操之年數宗其實

行之優芳下自五十錢上至五圓必自府縣先為施

賞後每月終申報內務省兩如其絕倫之名譽者則

先為申報後賞與此蓋日人勸獎之道而此則各府

縣專行也第二十日解視死體事蓋人民中或因怪

症異疾而死者或囚獄中死尸無人收瘞者則各病

院申於內務省後請剖割解視此日人所謂經驗博

覽之術也此皆衛生之事務而該局中特設四課分

掌其事曰庶務課者專管告達之諸規則及地方照
會之公文其目有十四其一人民衣食職業習俗之
事其二市街道路溝渠厠圊芥溜等位置搆造事其
三學校說教墳等慶查看事其四市塲製造墳等慶
審查事其五墓地糞塲之位置事其六病院救濟諸
院之廢立事其七各地方衛生課等檢察事其八諸
費用議定事其九流行病穢防方法事其十諸病檢
查事其十一諸病之費用照會事其十二諸病穢防
者實與事其十三貧民救療事其十四人民之有奇
特者施實事課中又分書記受付二掛而視務焉曰

事也所以特設警察之司於各地方在東京者警視
廳一慶官負則三等總監一人養任官五十三人判
任官六百七十人御用掛四人等外之巡查出仕看
守等并三千九百八八月給雇人七十三各外國人
備八教法者一人合計四千七百十二人此則內務
省直轄也警察署二十五慶蓋東京府下十五區五
郡每郡區各置一署郡區之稍大者或置二署故為
二十五慶兩自警察使至于巡查合為二百十六人
此則警視廳管轄也巡查屯所三十一慶蓋東京府
下五方面兩每方面分置六屯所方面之稍大者或

置七所故為三十一處兩自巡查副長至巡查等一
千七十一人此亦警視廳管轄也巡查巡出所三百
三十處兩汕出巡查合計二千二十四人此則各屯
所管轄以上只舉東京府下而論之也在各府各縣
者警察本署三百四十二處警察分署一千一百九
十五處此則各知事令管轄而知事令係是內務省
所轄故於警察事務一遵內務省規則而汕出巡查
於各町各村市街道路之上或以國法告諭於人民
或以衛生之術布示於區戶長官闕公廨之門守直
不撤會社集眾之塲是非或雜各國火旅行於境內

則隨行而防人民之雜還本國人出傷於他邦則沁
道而掌行李之保護以至水火盜賊之防察砲銃藥
物之繼餉并皆責任日日行走於各豪探察風俗之
利害時時於會於本廳商議職務之勤慢若於巡邏
之際或有背法違令之人則罪之小者謂之違警罪
而各該署裁斷之其重者則付之於司法警察一依
司法省定律而施行且各地方有警察會者凡官民
中如有警察上可以助益者則必就會立議此皆定
規成目者而其於巡邏之際錐有許多規則每多生
獎不能實踐故今夏自陸軍省特設憲兵之柄以察

巡查之勤慢夫巡查者雖是兵卒之類而不似陸軍
之拔募每以自願人二十歲以上四十五歲以下者
擇取而隨其人品定為四等每月給料則比於陸軍
稍優上自七圓下至四圓各隨等級又有冬夏衣服
之備給矣丁丑以後為其晝夜勤務更定月給上自
十圓下至六圓此外又有諸費之備給昕以巡查之
自願者種種有之且警視廳中有消防署蓋東京府
下每多火災或至數里焦土故特設此署以為消滅
之備而此亦警察上最急務云就其中警係局昕管
者不過為十六條第一曰國事警察事若有國事上

警察之事務則必受太政大臣及参議之令飭而行
之也第二曰各地方警察諸規則事即各府縣警察
之規則自該局定給也第三曰警察官吏及警察署
之配置事每於警察署配置之時必爲申請於內務
省而施行且警察官吏判任以下則雖是警視總監
及各府縣知事令之專行至於奏任以上則奏請於
內務卿轉請太政官而行之也第四曰爲察地方民
情及警察實況招集警察吏及派送局員事也第五
曰風俗健康等戒飭事也第六曰砲銃彈丸及外他
危險物戒飭事也第七曰諸集會檢察事也夾諸集

會者各地方人民若有政治上會議之事則必為願
請於管轄之警察署得其聽許證文後設行此亦有
定規而警察官必著公服徃赴會場察其會議之可
否而如有不可者則必使停會又或有罰金之徵收
也第八日新聞紙雜誌等檢查事也第九日新聞紙
雜誌及著譯圖書類有害於世治風俗者慶分事也
日本國法初無朝廷定行之新聞紙無論思人民若
有願行者則必請於内務省得官許後設業蓋是發
賣營業之意也此亦有官許證印之定稅兩現今東
京府下新聞紙營業所為三十餘慶各府縣為百餘

慮或曰郵便新聞或曰朝野新聞其目不一各有定
規必以編輯人印刷人之姓名詳錄於紙尾以某其
虛僞誹訕之習有一違化其罰甚重雖然施其中多
有所開之爽實且雜誌及外國文著譯發行等事亦
與新聞紙一般而每多違法之獎故警察官必為檢
查探偵其利害於世治而自內務省措慮也第十日
護送囚人事罪人之裁決則雖是司法省裁判所主
管而裁決以後則獄署之押送監外之懲役專係行
政巡查之職責故為內務省所管也第十一曰遺失
物取扱事凡有一人遺失自己之物又有一人拾得

他人之物遺失者必以遺失之物品及所失塲所詳
明記載於証書願出於警察署拾得者亦以拾得之
物品依失者之倒而徃訴於警察署警察官較者其
両人之證書合符後以其物價百分之五以上百分
之二十以下報償其得者之勞而暢品則還給其主
若或得者有証書而無失者之証書則必為掲榜於
通衢期於廣探後覓給失者有証書而得者無証書
則必為警捺於市街期以搜覓以益贓懲勘所以國
人無遺失之物品云而似涉浮誇之説此外又有得
者還給之倒物品官浸之覰而其條不一有難枚舉

第十二曰人民之直願書及建白書等事警視廳錄
不管人民之訴訟若其緊急如遺失物及盜警等願
書則或有聽理也第十三曰警部之費外國人雇入
費及警察諸費事第十四曰官費警察費之增減及
稼算精算報告書事第十五曰各地方警察月報年
報事大抵東京警察費則元額內其半自大藏省國
租中支給其半自東京府地方稅中支給各府縣警
察費則全自地方稅中支給而每自警察署或有每
月一報或有一年一報年報者自今年之七月至翌
年之六月〈曆日〉警察署及官吏等排置之增減也官吏

月給費警察上賞與恩給吊祭等諸費也事務之繁
閒也警察上事故實效之係於人民及物件歟畜也
賊難罪犯等拿捕實數也并爲合計申報于本局則
本局或爲製表或爲編度以供便覧也第十六日警
察官吏之有功者褒賞吊祭扶助療治料等事吊祭
扶助料者指其爲國戰死傷痍瘈者也盖巡查之設非
但巡邏之意每當動兵之時或充陸軍之兵隊故曾
在癸酉六月日曆西鄉隆盛亂勦減後定此規例死者
之吊祭料三十圓其父母妻子扶助金百圓其餘傷
痍者之療治料随其輕重而上自百圓下至十五圓

夫賞與者巡查中或有獲捕其盜賊及外伽難捕者
則上自十圓下至五圓兩次弟施實者是也此等事
皆係内務省警保局所轄所以警保局中分置五課
曰庶務課掌警察諸規則文書事務曰安寧課掌諸
集會新聞紙雜誌等爲妨國家者檢査等事曰編纂
課掌警察月報年報等編纂之事曰受付課掌警察
諸費祿算決算等黜檢之事曰受付課掌誠局公文
之受付往復等事是白齊
户籍局者專管一圓内户籍事務府縣下置郡區郡
區下有町村焉郡内之町村則置户長區内之町村

則以區長之書記兼行戶長事各其管內町村每戶
貼付番號以便戶數之點檢又使各戶主詳報其人
口於戶長戶長每月寫戶籍簿凡三件一件留置一
件送于地方廳一件直送于內務省內務省每於十
一月（暦日）都聚編製越十二月（暦日）內送于太政官此則
每年一度之規也又有六年一度改正之規此則事
務稍煩每自二月一日（暦日）至五月十五日（暦日）限以百
日間編製此亦戊辰以後新制也凡有人民之生死
嫁娶出入增減則隨時登簿不便遺漏重複每戶必
有責稅名曰戶數割此是（地方稅中一目）西夫編籍

之法除其海陸軍外無論華士族平民寺院僧侶并
以户主之父母兄弟姉妹妻子随其同居詳記其姓
各反生年月日而登簿此其大畧兩第以己卯庚辰
兩年所調者觀之已卯户為七百三十萬二千四十
户人口合三千五百七十六萬二千二百九口内男
口一千八百十三萬七千六百七十女口一千七
百六十二萬四千五百三十九口庚辰人口三千五
百九十一萬七千四百五十三口内男口一千八百
二十六萬六千六百九十四口女口一千七百七十一
萬七百五十九口現今本局所管之事務凡十四條

059

第一曰整理户籍及統計表事第二曰族籍及姓名
變更事日本國法有族籍姓名變更之例雖非同姓
互相立續假如甲氏之子入嗣於乙氏乙氏之子入
嗣於甲氏習俗已久而若有此等事則族籍姓名不
得不變更而以申請於本局後許施住昔關白之時
重其姓氏不許輕改自戊辰以後禁其姓而只以氏
貫用之第三曰家名之興廢分合事日本國規每户
有番號又有屋名若因事故而興廢分合則必請於
地方廳及户籍局然後施行非但屋名凡一人自甲
區移居於乙區則甲區户長以其籍移送於乙區户

長乙區戶長以其籍受來於甲區互無漏疊此編籍

之例規也第四曰親屬之稱辭及家督之意即家產相續

婚姻養子女等身分事日本國法既以他人子養為

己子又以已女配其而養之子則於斯之際不無踈

屬之見疑所以往往有訴訟者此等訴訟則不關於

司法省裁判所自戶籍局管理釋疑而尬係交子間

家產之相傳婚姻養女養子等事亦必申請於內務

省兩行之第五曰後見人及代人事戶主幼少不得

幹事則以親戚故舊之人定其年限代幹戶主之事

此日本方語所謂後見人或代人也每有此等之人

061

必以此由申請於户籍局然後施行一則為其户籍
之立證也一則應其家産之襲有也第六曰失踪逃
亡者棄兒遺子復籍人及行旅病人倒斃人事日本
籍法欲其眼詳凡係失踪逃亡之人路上棄遺之兒
以至出居他國遷居日本而復籍之人及行旅之病
人倒斃人并為增減於户帳申請於該省故有此一
條兩日本每多此等事云第七曰内外國人轉籍事
日本國法自癸酉許與外國人結婚雖日本女子嫁
于外國人則不入於日本編籍他國女子嫁于日本
人則仍入日本編籍故曰轉籍也第八曰服忌事盖

日本喪服之制補曰服忌令自式部寮制定兩戶籍
司係是一國人民之管轄故於服忌事亦有所管夫
喪服之制有五等父母喪一期其次五月其次三月
其次一月其次七日其制雖如是其實不然有服忌
之補忌者即其實服之定期假如期年之喪只服五
十日五月則只服三十日三月則只服二十日一月
則只服十日七日則只服三日此日人所謂喪制兩
即閣白以來古規然也第九曰資産之贈遺契約貸
借遺囑等事凡人民欲以資産作物贈遺貸借於人
則與者受者必以竹物証書申請於內務省後施行

蓋為後日之杜弊云第十日民有地之地券授與及
土地建物之賣買讓渡質入書入事人民之土地
券既自内務省及管轄廳成給者則建物之家屋舟
車等類亦在官簿中故凡於賣買讓與質入之際必
為申請於該廳該局而行之所以為戶籍局所管而
此等證書自官押印之時有曰證印稅許其代價之
元額而隨宜定稅下自五十錢上至三圓七十五錢
兩收稅若有暗地賣買者并以土地建物與代金共
為官沒且以罰金責出於本村之辦事人所以人民
畏其苟而從其規在官者則以為令僕而兩民者則

每以爲苦也第十一曰死亡逃亡失踪者及絕家人
之遺産事凡此等遺産則區長戸長其由於該廳該
廳或百官沒者或有分給於戸主之親戚者也第十
二曰賞典賞與事凡人民之賞典賞與銓是府縣官
之責任每月終必甲請於內務省然後行之故此係
本局所管而道路橋梁等修築濟貧卹窮等費用若
有補充擔當之人隨其金數之多寡而有賞物賞物
即銀盃木盃也計金百圓以下則并以不盃施賞百
圓以上四千圓以下則并以銀盃施賞各有盃數之
所定而但不越三箇日人以此爲榮至若四千圓以

上則内務卿必申請扵太政官後量宜行之也第十
三曰賑恤救窮事在昔則各府縣随其時宜或以金
圓或以米穀以地方税中支出補用矣自昨年朝議
以為恤窮而以教民急慢荒年凶歲之外不許賑恤
特設儲蓄之法此亦西洋人之所教誘曰人者兩儲
蓄之規屬扵庶務局主管也第十四曰陸海軍恩賜
扶助退隱料事夫海軍陸軍雖非戸籍局所管凡軍
人之諸般功勞及期滿退隱者或因職務負傷不得
供役者自海陸兩省酌量定規自大藏省支出金額
兩施與在陸軍謂之恩給令在海軍謂之退隱料海

陸軍既不供役於軍務則與國民同歸亦係內務省所管而大抵日本國規以軍兵為重務故此等事極為用力且軍人戰死者之寡婦孤兒亦有拯助料各有定額一依海陸兩省之規例而內務省則只為施行而已也局中事務分為五掛曰人事掛掌人民生死繼承婚姻養子女族籍稱呼等事曰財產掛掌戶口民財產相續契約賣買貸借等事曰統計遠送人棄兒等事曰編纂掛掌戶籍之編輯及年報等事曰諸務掛掌公文受付記錄等事是白齊土木局者專管一國內土木之務宮室公廨之役鐵

道電線之設係是工部省所管此局所管卽河港道
路橋梁等關於人民者而一則工役之審查監督也
一則費用之計算充補也夫土木之事務亦有學術
土物木物之計算水陸地形之測查及其費用之豫
算等工法千種萬類此亦西洋之術而現今遵行者
卽和蘭工法也所以工部省大學校中別設土木學
一科生徒受業者率期七八年卒業後始許從事於
內務省土木局日人謂之土木之工學反有難於他
技云蓋其役賈之充補則昔在關白之時島主藩臣
各有異俗其規不一戊辰以後亦爲襲用其法各地

不同或有官給者或有課民者矣昨年始定一例官
設之大工役外凡關一國之諸般土木費初不官給
并於各府縣地方稅協議費中支給且橋梁津港渡
船等各有收稅之法此則隨其地勢與時宜堤堰閘
門之地為防水患者則課稅於農民橋梁渡船之慶
以濟不通者則課稅於行人且或道路橋梁等修繕
人民自捐費用者則必自內務省特為免許使之收
稅於行人以充費用之元全間巷間諸般修繕之自
官監督非不勤懇道路上零瑣課稅乢及於行人或
補煩苛此局所管之事務凡十一條第一曰氷界流

域河脉水勢等審查事第二曰津港道路修築事第
三曰運河給水放水等土功事第四曰渡船事第五
曰港津道路橋梁堤藩渠樋管堰閘門等剏修事
第六曰量水標建設事第七曰給水運河港津道路
橋梁等諸秕法事第八曰官費修築等事第九曰諸
費用統計事第十曰河港道路橋梁等保存法事第
十一曰關於一切水旱損失事此縂土木局所管也
而東京大阪及橫濱神戸等各港塲他國人居留地
道路橋梁等事亦自該局修繕盖其居留地有可取
八之秖而其秖入中或有應許間留置於各國公便

不同或有官給者或有課民者矣昨年始定一例官
設之大工役外凡關一國之諸舩土木費初不官給
并於各府縣地方稅嘗議費中支給且橋梁津港渡
舩等各有收稅之法此則随其地勢與時且堤堰開
門之地為防水患者則課稅於農民橋梁渡舩之慶
以濟不通者則課稅行人且或道路橋梁等修繕
人民自掮費用者則必自内務省特為免許使之収
稅於行人以充費用之元金閭巷間諸般修繕之自
官監督非不勤懇道路上零瑣課稅之及於行人或
稱煩苛此局所管之事務凡十一條第一曰米界流

域河脉水勢等審査事第二曰津港道路修築事第
三曰運河給水放水等土功事第四曰渡艇事第五
曰港津道路橋梁堤坊溝渠樋管堰開門等創修事
第六曰量水標建設事第七曰給水運河港津道路
橋梁等諸税法事第八曰官費修築等事第九曰諸
費用統計事第十曰河港道路橋梁等保存法事第
十一曰關於一切水昌損失事此繫土木局所管也
西東京大阪及横濱神戸等各港場他國人居留地
道路橋梁等事亦自該局修繕盖其居留地百可收
八之税而其税八中或有蒙許間留置於各國公使

一　一任其土木之役則自該局初不關涉也局中分

為二課專務課掌河港道路橋梁堤防等造築修繕

事庶務課掌經費器械編輯報告等事是白齊

地理局者專管一國內土地測量之務非但工地之

測測天測候皆屬本局所管此局可謂日本全國最

博最劇之務而自戊辰以後一遵西洋之法其規矩

煩其理甚奧凡於測天測地測候等事皆以器械尚

先故日人尚不得自任其務每於此等務設後之時

則必以厚價傭入西洋人幹理大凡測量之械其種

有三一日測天器二日測地器三日測候器凡測天

器七曰子午儀曰天頂儀曰紀限儀曰赤道儀曰恒
星時辰儀曰太陽時辰儀曰印秒器也測地器八曰
經緯儀曰水準儀曰望遠鏡曰凹光鏡曰測向羅盤
曰平面臬曰底線測竿曰測竿比較器也曰測候器十
一曰寒暖計曰自記寒暖計曰空桌寒暖計曰地中
寒暖計曰晴雨計曰自記晴雨計曰驗震器曰驗濕
器曰驗電器曰風力計曰量雨計是也各種器械中
或有自轉者或有互用者雖為目觀而其實莫曉也
東京府下觀象臺凡三處一在於文部省太學校以
供教育一在於海軍省水路局以資航海一在於癸

町測量課中方為改築於舊城中此則屬於地理局
夫測候昕則統計國內凡十處其一在於西京山城
國其一在於紀伊國和歌山其一在於安藝國廣島
此三處屬於府縣又三處在於北海道札幌蝲蛄函
舘地屬於開拓使本局之昕直轄者只有四處設在
於東京長崎新瀉野蒜地互相較驗以供編曆夫編
曆之法在昔則與戎　國曆同規矢自通西以後謂
以閏月不便於官更之月給至癸酉一遵西洋曆法
每一年十二月以三百六十五日為定自正月至七
月則以奇月為大月以耦月為小月自八月至十二

月則以耦月為大月以奇月為小月小月三十日大
月三十一日也每以二月為平月平月二十八日也
年年歲歲其規一例而初無閏月之置每於四年一
度有閏日之補閏日者以一日加於二月而為二十
九日月朔則雖與我國不同節候則一般無差也
測候者日人謂之測氣象測其兩晴寒暖平均詳記
於曆書每月之下且以日月金木水火土分為七曜
之日記載於每月之下此其製曆之法而至若測地
海程則海軍省水路局主管之陸地則每於六
年一度自大藏省別設地租改正局而主管之地理

局所管者山澤原野以至郡區町村無所不管振舉
其大畧其條有十六第一日關於土地事務之事此
則汎補其事務也第二日測量觀象測候編曆事測
候觀象者即所云編曆是也至若測量即測地之法
兩畧擧其梁則以大中小三角之法或臨海面而測
山岳之高低或從原野西測道里之遠近有日界線
法界線者府縣郡區町村市街之經界官有地民有
地之經界無不表示有日面積法有日記簿法此皆
測量之大略雖有條例網領而不可知者也第三日
府縣郡區町村區域各補事第四日府縣郡區廳之

位置事第五曰地所名稱區別及地種變換事也大
抵日本一國在前則島主藩臣世襲擅土各據一方
自立其法元無定規自戊辰以後島主藩臣并為單
罷稱國稱州變更無常現今大別全國為五畿八道
而北海一道全管於開拓使其餘分為三府三十七
縣府置知事縣置令各自分管府縣下又各有郡區
町村總計一國內郡數為七百九區數為三十六町
數為一萬一千八百五十一村數為五萬八千四十
六郡置郡長區置區長各自分管此皆地理局測量
區分者也以曲尺六尺為一間六十間為一町百町

為一區與郡一般也里程則以三十六町為一里
統計一國東西礬折長五百餘里南北廣三十餘里
或六十餘里幅員二萬三千七百四十方里周圍二
千五十二里九町本里程以上日程蓋日本測地之規各道各
府縣并為分兩量之合兩計之故其幅員如是廣大
兩其實不過為其半也就其地肵名稱別為官有民
有之分官有地者宮城社寺各省廳廨之地無租無
稅者也民有地者耕地宅地山林地有租有稅者也
第六曰整理地籍編纂地誌事地誌則曾在乙亥纂
成各曰地誌提要合七十七卷兩此則每府每縣之

區域山川戸口租税等各為分錄者而其目曰壃域
曰經緯曰幅員形勢曰地吘沿革曰建置曰郡數戸
數社寺數人口田圃屬地軍鎮砲臺等各種各目也
至今七年之間又有變更無定方擬成地籍地籍者
其規與地誌一般而地誌則只分府縣而纂成地籍
又小分各郡區町村而纂成者也細大節目無一吘
漏而事務甚煩冗費顯多自昨年始設將校十餘年
後可以告成云第七日官用地券事第八日授受
官用地事雖官用地亦有授受買賣之例故必有地
券假如各府縣官有地欲為賣買則府縣官必為申

請於內務卿卿申請於太政官得許可後賣買夫賣
下之規以官用地賣下之意定日告知於人民人民
趣其日來會便之定價每人民各以意見定其地價
書於片紙入於小箱而取其最高者許賣此日人所
謂授票法賣下後隨其地價以百分之二分五厘仍
為定租定租雖係大藏省所管此等之租各府縣官
主管量定改仍為內務省所管也夫民有地買你官
有地之規亦類是為價全之授票也租稅之除減也
小無異同云第九曰公用地買上事公用地與官有
地稍有異焉於民有地中有不得不屬公者如公舍

道路河川堤塘之類此亦有買上之條例自內務省
定給也第十曰官有民有未定之地及社寺地處分
事也盖日本國法古有班田法班田者在關白之時
雖農民私有之工使之子孫結襲一切禁其賣買載
在典法至戊辰以後審查土地可爲官有者仍作官
有地可以民有者成給地券使之任意買賣於是于
官有民有之分判矢雖然深山窮谷之間或有未定
者此則自內務省審查措慶也夫社寺地者在關白
之時以社寺爲重故社寺亦有所襲之地專有租稅
之利自戊辰以後此亦官沒而內務省主管其事弟

十一曰舊跡名所及公園等地存亡事此亦自內務
省主管者也第十二曰海面漁塲區劃事往關白時
海民之漁業任他自由初無定稅自戊辰以後此亦
區西劃之假如某漁塲屬於某一村某漁塲屬於某
村而其稅則自府縣協議定之故為內務省所管
也第十三曰掘采土石事日本有坑法金玉璞山塩
燐酸美石煤炭等鑛物屬於工部省外他硯石砥石
碬石鹽石灰石箠石碑石粘工砂土之類於地理
局人民中欲為開坑試掘於官有之地則必為經由
於地方官申請於內務省後許施採掘其稅頗量其

坑物代價之百分一以上百分二十以下随其品類
地方官定廳收納者也第十四曰水面埋立事川澤
池治之地或埋土為田宅或植立樹木則必經内務
省許可後施行也第十五曰官有地生産物事官有
地之樹果匈林茴蕈竹筍蓮根魚鼈等類随其所有
并公賣於人民而東京府下内外城濠多有荷蓮其
根其實亦自内務省管轄賣下云第十六曰關於外
國人土地事通商各國人來居予日本境内各港口
反東京大坂等地者多矣此所謂居留地也居留之
地各有定界界限之外不許雜居又有权入之稅而

其規約則錐外務省所定係是土地事務故設該局亦
有關涉也此其廳務之犬畧兩局中事務分為六課
各有分掌曰測量課者專掌測量之事而課中又設
六掛量地掛掌全國土地測筭氣象掛掌寒暖陰晴
觀測觀天掛掌天象諸曜推定編曆掛掌推步製曆
諸務掛掌編纂圖書及月報年報會計掛掌謀中出
納曰地籍課者專管全國地籍之事兩課分兩掛議
寮掛掌凡關土地等文書起草簿記掛掌地籍之登
錄及地種地目等整理曰地誌課者專掌編輯之事
兩分設三掛編輯掛掌地誌編輯製圖掛掌地圖製

成諸務掛掌課中雜圖曰計算課中又分四掛檢查

掛掌官用地買賣之事雜務掛掌課中收支傳票之

事記簿掛掌課中出八金額之事用度掛掌諸凡物

件出八之事曰文書課中分為三掛本掛掌文書淨

寫之事編纂掛掌土地等簿書之事受付掛掌公文

往復之事曰職員課無分掛而監督局中諸員之凡

務是白齊

社寺局者專管一國內神社佛寺之事務夫神社者

有官社民社之補官社中有曰神宮神宮者曰主炮

祖所系慶而其奈主之人霑之神官傺是敕仕也神

官外又有七等之分曰官幣大社中社小社別格社
曰國幣大社中社小社是也官幣者日主之奉幣而
皆日主歷代先祖及開國神人所祭慶也國幣者地
方官之奉幣而皆日本將相之有勲勞者所祭慶也
民社則有四等曰府社縣社郷社村社此皆大民
之奉幣慶而有功於一府者一府民祭之有功於一
村者一村民祭之民社之神官則雖係民選必得地
方官許可後施行官社之神官則亦有奏判任之分
官幣大社則內務卿奏請後許職官幣中社以下至
於國幣諸社則皆是內務卿自判委任者也夫寺院

亦有四寺之分總轄一國内寺院者曰總本寺曰人
所謂佛家之宗泒也其次中本寺又其次小本寺又
其次末寺此所謂小泒者是也其次住職僧 或曰住持僧
進退總本寺則内務卿許否之其次則地方官許否
之蓋神社寺院卽龍集關白鸞制而稍有變更者也在
關白之時雖以神佛二道為最重之敎然曾不干涉
於政務之事故自政府亦不有管兩其神官住持僧
之權與藩臣比有凡關社寺所有之土地盡為剖付
使之專有租税之取用自戊辰以後依各島主各藩
臣之例盡沒其土以其十分之一定給社寺之祿仍

屬內務省厅轄現今全國內神社合十七萬九千五
十一慶內社寺局直轄之官社一百二十四慶寺院
合七萬二千慶內社寺局直轄一百二十三慶也於
社寺事務中尚內務省厅管者凡十三條第一曰官
社之創建更革各補之改易及經費事第二曰官社
之出納諸器具之新制及寄附事第三曰官社規則
關於諸祭典及社寺表事第四曰神官教導職住職
之進退及官社産人司祭員事第五曰社寺作物古
文書財産之有由緒者及廢社寺官設之家屋社寺
之創修廢合移轉等事第六曰改正社寺例規及新

制規事第七曰沿緒及敎義事第八曰府縣社以下

社格及直轄寺院事第九曰編製社寺之明細書記印

簿之 及敎導職神官住職等統計表事第十曰関於

官有地公園地之社寺事第十一曰従軍殉國者之

墳墓事第十二曰樹木之伐採種藝等事第十三曰

官社之劃修 及改其規模事也凡此等事務并自社

寺局受卿裁判然後施行者而就其中敎導職敎正

者即敎師而此亦自内務省奏請後進退者而其義

敎毎在社寺之間故為本局所管凡令議敎慶統計

一國神社中設敎慶二萬九百五十九場寺院則或

有一寺兩設者故合計爲七萬四千七百三十八慶
云而大抵社寺之一器一物一規一法莫非社寺局
所關也所以局中分置五部第一部掌社寺例格之
定行神官教導職進退之事第二部掌公文受付之
事第三部掌社寺明細書之記錄及計表製成之
事第四部掌檢討文案之事第五部掌賣額之計算
雜務之措辦等事是白齊
取調局者管理一省內事務文書等取調議定之所
也曰人所云一省之有取調局如一國之有元老院
者也省內各局文書與法制或審查而裁斷或立見

091

而自陳故凡係事務分為二條第一曰本省主管之
事務除官吏之進退官金之出納外他諸文書諸田
議及締結之諸契約等議批事第二曰凡於法制規
則或以自意嘗行文案事蓋此局係是議斷之所雖
省卿之事必為駁議惟以議審為責任而無事務之
專管故曾無課掛之分是白齊
監獄局者專管一國內獄務之處也日本國法罪人
之捕捉警察官掌之訟訟之裁斷上下裁判所掌之
屬於司法省司法省則以刑法照洪後移送于監獄
署監獄署宜為司法省所屬而今屬內務省蓋日人

所謂獄署者所以懲戒不良之人使之開悟亦一行
政上事務故屬於內務省也內務省中特設監獄局
以管其事務而惟其刑法云者自死罪徒流以至徵
責薄過初無杖笞之罰或徵罰金或付懲役懲役者
下自五日上至終身并衣之以褙色赭衣各隨罪人
之技藝便之執業而其衣服飲食雖爲備給與工業
之利專歸官有所以廣設獄署統計全國合爲一百
九十七處內一百九十四處散在於各府各縣三處
之在於東京府下者曰石川島獄曰市谷獄曰鍛冶
橋獄各隨所在之地名而各獄也非爲東京知事之

093

哠管兩屬於警視廳故其官吏則以警視官員中沠

定典獄一人掌獄內之務八等判任也爲警視總監

專行兩副典獄書記者守長以下獄吏合三十五人

每獄之規別無異同又於己卯年設置集治監二處

一在東京府一在陸奧州宮城縣距東京三百里此則內務

省直轄故其官吏自內務卿沠道獄司一人書記以

下至于等外合九十二人各府縣已決之重罪懲役

二年以上人并爲集治之哠也大抵獄署之事務千

百其條兩爲內務省哠管者只爲十三第一曰集治

監事集治監官吏之黜陟經費之支給俱係該局哠

管而以其事務分為上下二欵上欵必經省卿之裁
可後施行者也其目有七其一獄舍之建築及役場
增減事其二監獄收關之諸制規改正事其三毎因
修繕定規外費額添為請求事其四因後囚之工業
沁出屬負扵各地事其五在囚中悔悟先非精勵工
藝者以定規外襃賞施與事其六他囚之逃亡者見
機告知或消防火災致力著效者之特為殊典事其
七罪囚扵期限内罹篤病則使醫負檢查後以其
診書申請贖放事下欵者獄司之自意專行者也其
目有二十三其一以已成之獄規揭示獄舍事其二

罪囚之在於役塲者百方懲戒勉行工業事其三罪

囚之滿期者放免時通知於本管廳事其四罪囚之

効力者以定規施賞事其五犯於獄則之罪囚照例

施罰事其六囚中病尻者出付親戚而通知於當案

之裁判所及本籍事其七無本籍之死屍自為瘞埋

事其八傭八教導職以教衆囚事其九傭八工業者

以教罪囚事其十為罪囚買八書籍事其十一役塲

工業之新興與廢舊事其十二監獄之定額金豫籌

其申事其十三監内製造品販賣後給其手數料事

其十四工作有益者以定願金員求其材料器械事

其十五監舍破損處修補事其十六罪囚中工技殊
藝者以特給之工錢願送其家族則專意許可事其
十七前日之藏隱者自首則以其由書付於其地檢
查官事其十八監獄收関之月報製成表圖兩申報
事其十九反獄及其他非常者難以獄吏之力對之
則通告於近境警察署以求求援事其二十至役之
日限除其日曜日任意伸縮事其二十一受地方廳
照會集行罪囚等土木之役事其二十二罪囚之輕囚之有
才能者別給其傭直事其二十三罪囚之包藏物係
於應禁者或燬破或領置事此皆集治監事務而該

局町管者只其上欵也第二日府縣監獄及懲治監
事各府縣監獄亦與集治監一般而夫懲治監者人
民中如有浮浪不良之子弟則為其父兄者欲使悔
悟開悛告訴於司獄之官自願懲治所以獄署中別
設懲治監之桶以為此等人所因之監而衣之以淺
慈色青衣一依罪囚之例使之懲役但其衣食之節
畧有異同毎為自判故凡係傭工之錢計除其在獄
諸費只以剰餘出給於放還之日己獄署者人所惡
之而日人則肴做教子之地種種有此等之因且此
監比於他監稍為寬輕故太民之犯於輕罪可以贖

免西無力不能者或輕囚之滿後限而貧不能歸業

者則獄官宄爲報由於該局及裁判官後仍置此監

此皆獄規然也第三曰監獄經費事獄費者獄官之

月給罪囚之衣食料并爲會計者也其支給亦有二

類地方監獄則自各府縣地方祝中支辨之東宗宮

城兩集治監則自大藏省國祝中支辨之第一以庚辰

六月曆日㕔調者觀之東京集治監㕔費四萬二千三

百四十二圓宮城集治監㕔費五萬五千九百六十

五圓各府縣獄費一百三十五萬六千四百十八圓

此其費額之大畧兩以東京集治監一年條訐算則

懲後人之偫錢與工作物代價收入合為七萬八百
七十二圓三十二錢五厘許除其費用兩餘剩条三
萬餘圓盡八於大藏省推此以究罪因衣食之費雖
曰官給其實不然也第四曰監獄之創修及定其位
置事獄署之位置從其地方之大小如西京大坂兵
庫長崎等地係是湊集開港之慶故或一縣而設七
八撤或一府而置四五獄外他各縣亦為廣設而弟
以東京獄署目觀者論之其屋宇之規模或以十字
樣或以入字様并於其内建數千間各有定名未決
者所因曰未決監已決者所因曰已決監衆因聚食

慶曰食堂輕囚所在慶曰懲治監女人所囚慶曰女
監囚入休息慶曰運動塲此外又有浴室病監使囚
徒每於傅後後時時湯浴若有疾病之人則必送于
病監而醫藥救療至於役塲亦有區別輕囚則赴寬
後塲重囚則赴懲役塲獄更所居之官署則慶於正
中以便左右巡視而其搆造之法垣墻并以木板竪
立數三丈以鐵釘簇簇倒著以防踰越之患圜圓可
四五里尚云窄臨方設增建之後第五曰司獄官吏
之員數反俸秩賞罰等事盖典獄以下元無定額每
許罪囚之多寡有時增减省守長則每囚人二百各

以下置二負二百名以上毎百五十人增置一負者

守則毎囚人十五名置一負押丁則毎囚人十名置

一負女監則以四十歲以上之老成女人或司獄吏

之妻為監督毎囚女二十名置一負兩月給隨其等

級上自五十圓下至十圓東京之警視総監各府縣

之他方官量宜定之而每以獄吏勤慢因各屬長官

之申請而自內務卿施以賞罰也第六日司獄官吏

招集會議每因制規之改正費用之等許或自內

務省招集會議或於獄署中時時開議也第七曰獄

舍及無用器物賣嗣事曰人專以新鮮為務獄舍中

少有虧損庽輒以棄物同視仍為賣下而此係官物
故必請於內務省西行之也第八曰因徒之使役方
法衰賣懲罰及備工錢事若其犯罪之輕重役限之
多寡一從司法省裁決而懲役之法亦分為五條等
級其最重之役曰第五等搬運土石掘荒地蕃米探
油碎石等力服之役也其次曰第四等舍屋營造
街路之修繕陶尾煉石調土耕耘之役也又其次曰
第三等木工竹工藤工鍛工石工桶工庖工皮草鹿
織等工匠之役也又其次曰第二等畧與三等役相
同而或為使用於炊夫門番之役也最輕之役曰第

一等每等各有定限之年期至于第一等而滿期則

仍許放免夫使役之方雖有役各之等級合随其役

藝又察其老弱或有絢索者或有造器者每日辰初

赴塲酉初傅役各歸其房或有對書者或有寫字者

無一遊開之人而女囚之執役者亦皆織機緤綜各

從其事昕以滿獄中廣設火輪水輪等多般器械便

成工匠之所而罪囚中若有技巧之特優工役之勉

勵者則獄司必諸於内務司法兩卿物品之賞與内

務卿尊彙之罪等之峨克司法卿裁断之各有恒定

之規而若有肬獄反撤反怠於工役者則必有定罰

其罰有六、一曰棒鎖以鐵棒緊鎖兩足定刻好立二
曰眎筹以眎其懲役之等級三曰鉞九以重量之鐵
九置其掌上往來於澗遠之場四曰搭重以重量之
物搭荷而往來場中五曰暗室使入黑闇之室七晝
夜不得出外六曰懲鞭以緊縛手足於甘字架七而
加鞭凡此六罰各有一定之規自昨年改廢而今則
以奪料罰行之奪料者奪減其每日飲食之料也是
故懲戢就場無敢怠懶後于監內則獄吏者眚出傭
監外則巡查押舂備錢工價并屬官庫或於製造物
販賣之後以一二若干錢給其工手之稍巧者此所

105

謂別給也第九日獄事計表事盖全國內監獄以罪犯之科目囚徒之實數日計月計每於六月十二月曆日統撮半年之總數兩度修報于內務省以便考覽第以庚辰六月曆日所調者觀之東京一府縣監獄及集治監罪囚為四千八百三十五名各府縣為二萬六千七百二十各兩自庚辰六月至今一週年之間罪因加增現今東京之囚恰為八十餘名云各府縣之隨年增加雅可知矣日人以為刑法苛察民無犯者云兩罪人則若是懲多懲後之年限有餘人民之犯科無寃其所獄舍之年年增建者宜矣第十日囚徒

之給與規則事盖罪囚之已決而付於懲役者必以
衣食給與衣服則有通常服就役服之分蚊幬巾枕
等隨身雜具無所不備食料則上自七合下至三合
以米四分麥六分隨其服役之健弱勤慢而每日給
之又以饌料一錢五里加給各有一定之規而囚務
卿所裁定也第十一曰囚徒之護送及教育掌監內
置教師幾人工學算學等術業各隨罪囚之材品以
為教導而書籍器械之類賜儲庫舍以為考閱所以
罪人中或有期滿後仍為獄吏者也第十二曰囚徒
之發遣分遣於監外役場事第十三曰禁獄人取扱

方法事禁獄者犯於國事之罪人也與他尋常懲役
人有異其處獄之法有十一條一則區分一房便不
得他囚接近二則衣食使之自辦而其貧困不能者
依輕囚例而給之三則八監之時必為檢查以防舁
已物品之包藏四則為其攝養每於日限運動於房
外不許他囚在側五則親戚贈饋之物品必使獄吏
檢視後入送而新聞紙等關於時事之書類不許溥
八六則外人書信之相通一切嚴防七則若或自願
懲役只許監内執業八則家族之乞為面晤時必使
獄吏在傍九則不順獄吏指揮者施以罰規十則有

疾病者移寓於病監而雖省護人不許接語十一則
病若危篤以其醫師之診書報于內務司法兩卿大
抵禁獄之人罪之无重者故恐有自損有此諸條之
立規也該局不是專管獄務只爲統轄而已局分爲
三課各有所掌曰庶務課其中又分三掛起案掛掌
各監獄規制等徃復文書起草之事編纂掛掌諸法
令文書類別整頓之事用度掛掌局中物件費用之
事曰計表課專管獄務統計表監製之事曰受付課
專掌諸公文收付之事是白齊

109

附農商務省

農商務省者專為農商工等勸業而設也在內務省
搆內庚辰十二月曆日以內務省中勸農局分置一省
卿一人河野敏謙大輔一人闕窠少輔一人品川彌
二即書記官至等外合為六百八十餘人其職制與
月俸略與內務省相同兩所管事務分為八局就其
中農務局山林局博物局驛遞局自內務省移來商
務局自大藏省移来工務局會計局書記渦即本省
新設也局各有長分掌事務如左是白齊
書記局首書記官之官房西凡係全省事務各局之

110

申報於卿輔者卿輔之告飭於各局者莫不由本局

調理審查局中分為三課曰職務曰庶務曰記錄夫

職務課者管守官印凡判任以下職員之進退黜陟

所關事務必受卿輔之命而掌理為庶務課者受書

記官之命凡關文書必經此局之調查後施行且各

項公文之發送領受無不掌理焉記錄課者專掌一

省內圖書記錄等事蓋此一局係是一省之要領也

劇務也於一省之內無論農商工山林博物等諸務

皆自此局管理者以其卿輔之所掌總自書記官調

停故也所以文書堆積日事奔汩而設省未久姑無

111

規則之確定云是白齊

農務局者專管一國内勸農之事務非但農業之耕
鑿稼穡一件事也凡關人民之資生為業開墾漁獵
等事并自此局主管即勸之之意也局中事務分為
五課曰報告曰陸產曰水產曰地質曰庶務是也夫
報告課者專掌農業上通信報告統計反譯等事植
物之禾穀菜蔬動物之蠶魚牛馬其他人造之製綵
紡績等關於人民衣食之物或因外國新聞而反譯
或因國内申報而告知隨其利害而并以日國之諺
字須示於民雖窮街僻村愚夫愚民并使曉知以為

趨利避害且為蒐集各府縣之報告統計人民之每
歲収積以為製表年年比較以驗物産之增減第以
已卯一年統計表觀之全國内農口男八百二十三
萬七千六百八十二人女七百三十九萬八千四百
三十一人粳米二千四百四十三萬八千三百三十
六石糯米二百十四萬九千六百十九石大麥五百
三萬一千七百二十四石小麥一百七十六萬五千
六百三十三石稗麥二百八十二萬三千一百四十
二石粟一百四十萬八千四百七十三石黍十七萬
八百三十四石稗九十九萬七千四百十六石大豆

一百八十八萬二千三百三十一石蕎麥五十二萬
七千三百九十一石蜀黍九萬四千一百二十二石
玉蜀黍九百九十三萬八百三十六斤甘藷二百九
十八萬九千二十一斤零馬鈴薯三千七百八十四
萬三千八百八十斤其他茶類亦不下於三千餘萬
斤至於製絲不可以斤數舉論全國內十人以上聚
集製絲之所合為六百六十六處而此皆火輪水輪
設機器造業之所也牧牛一百七萬四千六百四十
五頭牧馬一百二十二萬八千六十八頭而至於養
蚕之農有春夏秋之各種自甲戌三月始設養蚕

試驗之而蒐集内外各國蠶種桑種凡於種桑養蠶
之務百方試驗以資趨利此則謂之官設試驗塲也
非但養蠶凡係農業上無不設試驗塲現今全國内
試驗塲統爲計筭則養蠶而三處（西京愛知大分縣紡績）而
三處皆在牧畜養魚製綿製茶等許多試驗塲遍在
府縣各定官吏而并爲販賣雖曰試驗其實殖利之
一道也然計其所費較諸收入互相上下而亦可爲
勸民勸業之方也其事甚煩其務多岐故本局中陸
産課水産課庶務課各掌其事務及支簿之出入而
至於鳥獸之獵魚鼈之漁若非官許則不得爲業各

有定規而其於官許之際亦有稅納爲東京府下駒
塲之地有農學校卽本省之所轄也置校長一人教
師一人校長者掌學校之事務教師者掌生徒之教
業其教授之法各有條例其農學分爲五科其一普
通農學科普通者卽初學之謂而蓋此農學并效西
法故先以西洋言語文字及農理地理之大意教之
也其二農學本科卽動植物生理病理土木測量等
實習之學也其三農藝化學科化學者卽動植物柔
變爲剛剛變爲柔之學也其四獸醫科大首牛馬小
至犬羊治其病理之學也其五實施農藝科凡關農

藝實習實施之學也此五科中又各有許多科目其

教多岐其理玄奧不可一一枚舉而第以八學次序

論之無論華士族平民年十八歲以上二十二歲以

下者得保證人而願入農學則許其所願先以普通

農學科二年教授試驗卒業後隨其所願入於四科

中一科蓋此四科謂之專門科也又為三年修業卒

成後校長具報于勸農局長局長成給卒業證書謂

以學士之補世以爲榮云自入普通農學至於專門

卒業凡五年之間隨其給費之官私稱費之生徒則

任意退學官費之生徒則計其在校之年數以爲奉

務於勸農局若以私費生徒而奉務則必以雇價優
給之夫官費云者生徒校中之經費自官給之毎月
以學資金六圓五十錢以充其衣服帽靴食料等諸
費外他筆墨机椅等諸費亦随時辨給兩若於卒業
奉務前徑為退學則必以在校官給之諸費一一計
籌還納至於私費生徒則毎於入學之初先以毎月
條六圓五十錢辨納之而以生徒入學之時不肯用
官費者為有後日之奉務也大凡學校之一静一動
各有一定之規入學退學休業卒業給與試驗等事
莫不従規而至於學科則非但農學書也化學分析

學物理學記簿數學畫學其他解剖學昆蟲學等無

不具備校中多設書帙室以供學生之考覽別誤植

物場以做生徒之試驗而現今生徒合八十三人也

距東京十里三田地有農具製作所蒐集天下各國

農罷之古制今造隨宜試驗以為模範一遍斷木一

遣打鐵此亦火輪設機之所也耕鑿耘耙之具刈茭

磨碾之器積置儲藏以為賣下於農民而皆是西洋

之制或有方今現用者或有擱置不用者就其中耕

具則雖曰奇巧其質甚重其犁甚鈍不可一牛力之

可當故每以雙馬駕之此則宜於軟柔之土西兩不宜

於水田之堅粘山田之磽埆至於刈芟之具亦以雙
馬駕之以兩輪著於刈具之下人坐其上而設機於
兩傍使之自轉自刈非不巧也此則宜於原野蔓草
之芟除而若夫禾麥之黃熟則雖以短鎌用心刈之
尚患損落況此亂刈雜錯乎且以磨具舂具論之計
其器機之財費量其用工而收効則似不可補充也
夫地質課者在本省構外一國內地質之石砂鬆磽
土性之壤埴墳壚地形之高低廣狹等測查諸事務
并爲專掌而分析各種之土性分定各穀之宜土以
便人民之耕作也此等測查各有器機而其法甚難

故日人亦不得自主幹辦自庚辰備得西洋人始舉

測檢之務而至于今年所測不過數郡所費恰爲十

萬餘圓將至十五六年後可以終役云往見其課則

課中分列各地土石之品以爲考覽之資土之各色

石之舉品無所不備并以琉璃函藏之各以京郡某

町之產書於其上是百齊

商務局者專掌一國內勸商事務其通信報告友譯

等事略與勸農一般而商民之會社海民之試業凡

關商法上文書無不自此管領局中分置六課各有

所掌曰會社曰管艇曰權度曰統計曰調查曰庶務

是也夫會社課專管各商會社之事務上自米穀貨
幣下及酒醬茶菓以商業為名者其新設之許否買
賣之通價莫不管領而會社設立之法各府縣人民
十員以上都聚三萬圓以上之金以其願書請由於
地方官地方官申報於商務局得其免許標證後始
可設行自官免許之際必存稅錢之取是所謂免許
稅也就其各會社中有曰株式取引所有曰米商會
社者此皆日國之最大商會而夫株式取引所者富
商幾人各出本金幾千百圓創立一會社專以金券
買賣為業大凡公債證書私債證書地券家券皆有

買賣之例皆以公債證書一件事論之證書之元金
若為千圓則以七八百圓随其時價而買之其所發
賣則亦以多少殖利其私債證書地券家券等類亦
同一例而日本政府公債證書遍滿一國多有相關
故此則大藏省國債局每多干涉而至扵免許等事
則此局主管之且其各券買賣之際必為請許扵此
局然後買者賣者可無官責雖曰買賣之立証其實
每一券各有幾許金收税故也夫米商會社者專以
米穀貿易為業此亦衆人結社之所而日國土地甚
膺穀産恒艱故以艇舶貿取他國之米以為營業米

則以四斗二升為一石可當我 國火印四十二升

皮穀則不以斗量每以秤量以十八噶六百目為一

石以我 國秤解筭則可當一百十六斤四兩重米

價每自商務局較量各港市通行之例斟酌定給而

商民或以時價之高低報告於該局請為改定今年

五月市價每八升為一圓此是日本平均之時價云

而各會社分為本店支店之補統計一國之內株式

取引所為三處米商會社為十五處此皆大藏省常

平銀行兩局之所管而今屬商務局也曰管艇課專

掌一國內商艇海員等一切事務除其軍艦外無論

大小艇舶上自蒸氣艇下至回漕艇艀漁艇若其新
造則謀所以模形之便否若其破觧則謀所以修補
之助費一從會議之協同而至於各港口商艇之出
入亦自該課檢察以驗商務之盛衰故每於艇舶湊
集之處設置官許之旅店隨其艇觧各有定主若一
艇來泊則必以某艇物品之幾許報告于該蜀且人
民中以商艇為業者上自艇主艇長下至水火手必
經該省之試驗後始許營業每月兩度以火曜日擇
其年十八歲以上者察其學術而許否其試驗之課
程有五條其一測量學其二艇具運用學其三羅針

用法其四海上衝突豫防法其五海路地勢燈臺礁
標浮標位置之法也曰權度課者專掌一國内度量
衡之事務尺有二種曰曲尺鯨尺鯨尺者方今行用
之布帛計尺者也其長八寸可當曲尺一尺曲尺者
與我國周尺長短同樣此則只用木器等製造及
里程尺量也斗升合有七種尺就其一升兩計之則
其方以曲尺爲四寸九分其深爲二寸七分以此推
計斗合同量也秤有十六種大小雖不同至於分量
則與我國衡量一般也度量衡三器之製造賣下
必得官許而後行之故乙亥年間自大藏省新定制

規各府縣以一器各設製作所一處賣下所四五處
使一人不得魚製作賣下又不許魚二器而每一器
以原器二本檢查印二本送于地方廳一本留置于
地方廳一本出給于製作人凡於製作之際必以番
號詳記又以檢印押之而價金則自官定例全國內
無相高下且於賣下之際必有稅額以製造之材料
諸費立為原價又以原價十分之二分四里為添價
又以添價二十四分之一為稅金假如一器原價為
一圓則添價二十四錢內二十三錢屬于製作人與
賣下人之利益一錢稅納于官而地方官時時點檢

其帳簿以查私造之有無以審製造之實數以察賣
下之金數以辨時價之高低若有違犯則必以重律
處之二則度量衡之國內均平也一則造賣之權利
也一則稅金之全收也曰統計課者凡係商業上所
關文書無遺採集統計製表以便考覽或因各國沙
送領事官之所報或擬國內各港口之時價以此港
之物價告知於役港以役港之物價告知於此港互
相流通以為有無之相濟此而謂勸獎之意也雖以
近日論之商況之利害專由於出入物品之如何而
輸出之品只是米麥蠶絲茶銅烟草等類此日人所

謂天造物也輸入之品總是縲綿織物砂糖石油等
許多之類此日人所謂人造物也人造物無限天造
物有限以有限之輸出交易無限之輸入於斯之一條
利害攸判日人商務者每以是憂歎也夫調查課底
務課者此等廢務調查之所也大抵日本一國專以
商業為重故商民革或設商學校於各村各町以習
商務之要領雖非官設亦自本省十分勤獎而至若
各港各場出入之稅額則各稅關長各府縣官取納
於大藏省而此省所管即一勸獎而已是自齊
工務局者非工匠製作之所也即勸工之意也其勤

之之方無論何人如有創制新本之物品則謂之發
明品特許其十年權賣專利之權是故人民之以工
務為業者貪其利窮其技十分用功方攻術非但
工部省為然以至各府縣各村區往往有私設工學
校務盡其力專事術能其造日廣其巧日甚東京府
有勸工塲即物品販賣之處也工民中新異之物都
聚于此一經該省之試驗後仍許此塲專賣又或改
銀盃木盃等有時賞襃所以一國之奇物玩品舊制
新模湊集羅列便與愽物館一般也該局宋雖有定
規之事務盖以新設姑無現行之事而局宋分為四

130

課曰調查勸工統計廢務是也各分勸工之事務及

文書焉是白齊

山林局者無論官有地民有地民係樹林上事務種

育保畜之節培栽採伐之規并自本省管轄局中分

為五課曰林制曰學務曰官林曰統計曰廢務也夫

林制課者專掌山林制規區劃之務深山原隰定其

官民之分官有山林則派送局員而管守之民有山

林則使人民結以協會空給規則以為保存之方也

學務課者專掌山林上學術試驗之務凡係天下各

國種樹植木之書并為蒐集或翻譯兩頒告於民或

131

試驗而施及於物東京府址二十里地有西今原樹

木試驗塲蓋自四五年前始設而試驗之方不一其

規或有實種者或有苗種者松栢桑果之類外他屯

木雜樹各爲分類而排種并記種植之年月日時以

驗長養之遲速且或解剖其質以觀材用之可否又

以小木牌各記樹名及所從來處以供便覽就其中

西洋所産居多也官林課者專掌一國内官林之事

務各府縣而所在用材林六萬四千二十七處地幅恰

爲五百六十九萬三千三百三十七町零尼關各地

方官舍營繕橋梁堤坊等用材之時必爲申報該省

兩採伐者也禁伐林二萬五千五百十五處其地幅
合爲七萬七千六百十八町零無論官民不得八斧
斤者也夫統計課廢課者凡關山林之廢務無不
統計之意也在昔日俗不務山林不重材用斧斤遍
八採伐無時專自十年以後始爲專務是白齊
博物局者專管博物館事務蓋蒐集天產人造古器
今物以博聞見故曰博物局自壬申二月曆日始設博
物館於東京山下地先自國內社寺遺傳之物官庫
所藏之品至於各國所產無不陳列以爲人民教術
之資其教術之法文部省掌之其蒐集之務屬於此

局至丁丑開會於東京上野園稱曰勸業博覽會每
四年一度自三月初一日曆日至六月三十日曆日而止
每當此會盡輸博物館物品於會塲而令飭一國使
各地方人民盡許納物請賞日主每於止會之前一
度躬往觀其品本之良否考其模形之優劣有賞與
勸奬之舉國內人民看作進身之階互相衒能窮其
平生之技藝盡其耳目之聞見詭奇之色珠異之形
無所不備雖一拳石之恠千里裹足而來納一尺木
之巧十日齎糧而輸入此所謂日本第一盛會今年
卽其一度之期往見其塲則觀者如市皆有入門之

税此是定規然也至若物品則彙神眩目不可一一

枚舉而其内有日本舘有日農業舘有日機械舘有

曰美術舘有曰園藝舘夫園藝舘者植物之凡奇異

花奇木怪種飛走之孔雀鶴鴒犀牛狐狸等畜養之

處也夫美術舘者古圖今畫篆楷隷書等所儲之所

也夫機械舘者其中或有工匠之機械或有紡績之

機械又或有農作之機械兵用之器械水輪火輪各

有模本見方試驗一邊繰一邊織定此邊磨租枝

邊舂米斷者鉅者任自升降無非輪機中出来满舘

中便成轉環世界夫農業舘者農具之耒耜犁鋤等

耕鑿刈芟之器并列其中而至於穀種之類黍稷豆

稌藁蕓蔔并以其土産其土宜記列于其上而藏

之也夫本舘者天産之煤礦玉石人工之器皿琢玩

次苐排列而易為風日塵埃之所損者及細小零瑣

之品恐為紛失者并以玻璃函藏之就其中或有公

物或有民物民物則并以持主之姓名價文之幾何

用處来歴之所従並記於表而此皆經驗後収還

者也各府縣大阪西京等處種種有博物舃之設海

開此等之會塲則或有借品於本舘之例而各府縣

博覧會則屬於地方官主幹該省所轄則惟此山下

博物舘及上野一塲而已也日人所謂勸業之大務
故特使少輔總察局中事務分為九課日天產課者
專管天產物之蒐集編纂等事日農業課者專管農
具之蒐集編纂等事日工藝課者專管工藝物品之
講究編纂等事日藝術課者專掌藝術事務日史傳
日圖書日兵器日教育日庶務等課各隨其省而分
掌之是白齊
驛遞局在本村木町地專掌一國內官民書信及公
文等遞傳之事務其事甚煩其務其劇故別設一局
於搆外有總官一人三等官也與少輔同秩自四等

至等外大小官員合二百三十七人大抵此局之設
其来久矣予餘年前設置驛遞之法或二三里或四
五里每置一驛每驛給略干田且或免租稅以喂人
馬以充費用政府之公文官吏之運物人民之書信
無不逓送至關白之時驛獎轉甚官吏之書信全國
内無處不往兩人民書信不得配達自戌辰至辛未
政府改定規制仍廢驛田之名新發切手之法自東
京以至各府各縣雖僻巷幽村各定線路設立郵便
局以為官民書信逓傳之方而計其里程之遠近量
其書封之輕重以定賃錢之甲乙至于壬申三月曆日

改定新規里程則不較遠近全國内只以書封量重
定價等以現用之法論之海路則有各商社之郵便
艇陸路則有郵便局隨其地勢之大小定為五等之
分一等郵便局三十八處二等郵便局五十四處三
等一百處四等五等四千二百七十三處就其中或
有自本局派送官吏者或有自各地方定置官吏者
以為勤務而每自驛遞局印出切手標此則印出於大藏省印刷局
局照其數額而分送于各郵便局以為賣下於人民
夫切手標者其形似日本紙幣樣而稍小下自五釐
上至五十錢量其書封而糊付之此是書封收稅之

規也雖政府公文與人民書信一例收稅各有定規
凡十六條二百三十三節若有違犯則無論官民并
以罰金收捧至於條約各國亦設郵便之規在前則
英法米三國之人開設（郵）便局於日本境内日人書
信之往復於西洋各國者亦使三國人收稅專利矣
乙亥正月曆日設置萬國（郵）便局於橫濱港專管各國
郵便之事務其稅錢之規則出納之節目并自外務
省與各國公使相議定約現方施行驛遞局中又有
爲替局貯金所之稱此亦自乙亥年始設者而書信
外一大事務也夫爲替局者即人民之付錢於遠地

者搈標傳送之法也與我　　國搈錢例一般而日本
人民搈錢之所則銀行會社專管其務至於此局則
只以三十圓以下三圓以上者管領此亦有規一人
而不得一日再搈又不越三十圓各隨金額而有爲
替之稅料夫野金所者人民中若有零瑣用餘之錢
則必爲任置於此局此局管領保存隨其所請而殖
利還付蓋其殖利之法每年以六分例爲定假如任
置金十圓則下年利子爲六十錢也此局領置此任
金或送于銀行或送于大藏省國債局每年以九分
五釐例取利而還付人民之時則以六分例給之其

間昕料為三分五釐全國內貯金所四百三十處為

督局五百七十一處矣夫書信之稅則每一匁定稅

一錢新聞紙及定時刊行文書則每三十二匁定以

一錢此外又有書留料葉書稅手數料配達料及遠

約罰金之規夫物種之稅則隨其目量之輕重物品

之緊歇各有定稅之差池細細名目不可一一枚舉

兩驛遞局一年收入支出可為稅關之其次也雖以

庚辰辛巳兩年條論之自己卯七月曆日至庚辰六月

曆日収八一百十七萬三千六百九十二圓官吏月給

等經費一百九萬一千九百圓以其収入計其經費

則剩餘八萬一千七百九十二圓自庚辰七月曆日至

辛巳六月曆日収八一百四十一萬圓經費一百二十

六萬圓以其収入計其經費則剩餘十五萬圓自始

設之年至于今年年加歲增漸進繁殖云局中分置

十課課各有部分掌事務其一規畫課海陸郵便線

路之開閉區分也郵便局郵便匭切手賣下所之位

置也各地郵便局諸機械之支給也書信物品之遞

送配集也各役夫脚夫之任免監督也外他文書之

授受表圖之製出并皆分部而掌之其二調整課凡

關文案其務甚煩故課中分五部四科各掌其事規

則罰則之改正增補報牒議案之審查調整莫不自

此管領就其中有浸書部浸書者書封之兩發慶受

傳處不得詳知者仍爲浸書兩查理之或開示於新

聞紙或揭示於通衢以探其人兩不能搜覓則必於

總官両前燒捨之其物品之有價者則轉報政府後

措處者也其三發著課書信之發送來著專爲此課

所掌分爲十三部日本部點查部捺印部區分部東

海道部東山道部陸羽道部陸前道部事故信書部

配致部橫文信書部領受部切手販賣部是也本部

則總案發著之事務點查部則點查發著之書信物

品撲印部專掌撲印之事每於書信之來到必爲撲
印以憑後日之更考區分部區分書信之類出給于
諸道分部諸道部各掌護道書信之配達配致部者
只管東京一府往復之事務故信書部有事故難
配達之書信審查處也橫文信書部專管西洋各國
信書等檢查處也西洋文字皆以橫書故曰橫文領
受部卸書信物領受處也切手販賣部卸切手販賣
之額數計算製表等事務也其四計算課課中分爲
八部各掌本局及各郵便局一切金額之出納其五
爲督課課分公部專掌爲督事務其六貯金保管課

課分七部專掌賦金事務其七查計課課分三部專
管金財出納略與計簨課相同其八萬國郵便事務其九外國
導外省聯合條約管理萬國郵便事務其十廢務
文書課專管外國文字所關之一切事務其十廢務
課分七部專管局中廢務及驛路輸運飛信遞送之
事務蓋此驛遞局雖以驛名其實無驛馬而現今局
中有馬十三匹每一匹每月所喂爲十圓以資東京
府下書信之領取是白齊
會計局者專管一省內金錢之出納局分五課各掌
其務曰檢查課出納課調度課主計課廢務課是也

146

檢查課者局中文案之起草回議之可否無不檢查

且管簿記之豫筭傳票等事務出納課者只管金錢

出納之事務調度課者官舍之營繕物品之購入無

不管理主計課者凡係收入支出之事務精筭主計

之所也庶務課者局中公文之往復局員之進退局

務之報告及他課所屬之事務無不掌理之遺也大

抵農商之省新設未幾雖有此局之設凡係會計事

務姑無甚空而現今新省之役將於數月後可了

役所費姑難的筭云是白齊

農商省中有諮詢會議之稱其目有三其一曰上等

147

會議其二曰府縣會議其三曰區町村會議蓋是農
商工業之得失利害諮詢會議之所也設省屬耳雖
無當下實施繫以其規例論之上等會議者因農商
工利害之事務或有太政大臣及農商卿之諮詢於
各省長官而開議者或有各省長官之請議而開會
者此則長官之會議故曰上等會議議長農商卿自
任之議員以各省官吏中能通農商工事務者選任
之又或以各府縣各區町村會議之委員招集而任
之會員則農商工三（局）長任之每於會議之塲內閣
條議各省長官例為參席而若有事故則或以他人

代叅爲有定期會臨時會臨時會者每因事務而臨
時開會定期會者一年六度定期開會者也夫府縣
之會議町村之會議亦類是爲而府縣議長則知事
之區町村議負亦與府縣之會同例或因省卿諮詢
令自任之會負則以本籍內二十五歲以上者擇定
而進議或因人民意見而具陳尽關農商工主各有
議件內外貿易之條約也海關之稅則也會社商艇
等之免許也職工海負之試驗也外他道路開鑿海
灣修等許多事務雖有定規姑無實施而大抵農商
一省雖非主務之省係是勸獎之要故上自各省下

149

反府縣隨處採訪以廣利益云是白齊

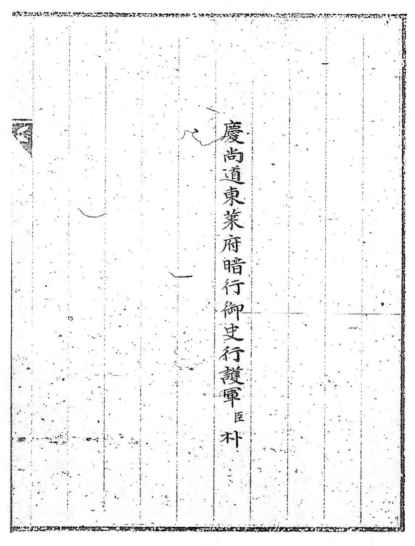

慶尚道東萊府暗行御史行護軍臣朴

153

# 日本國內務省職掌事務全
## 附農商務省

# 各國居留條例第二

---

일본국 내무성 직장사무(전) (부)농상무성

각국 거류조례 제2

여기서부터 영인본을 인쇄한 부분입니다. 이 부분부터 보시기 바랍니다.

## 김용진(金鏞鎭)

중국 연변대학교에서 동방문학 전공 박사 학위를 취득하였고, 절강대학교 고적연구소(古籍所)에서 포닥 과정을 마쳤으며, 현재 상해외국어대학교에서 외국언어문학 포닥 과정을 밟고 있다. 연구 저서로는『석천 임억령 한시문학 연구』가 있고, 자료집『조선통신사 문헌 속의 유학필담』이 있으며, 논문으로는『도연명이 16세기 조선 문인의 시가창작에 끼친 영향-임억령을 중심으로』,『한국고전문학사 교학에서의 심미교육 연구』,『日朝通信使筆談中的朱子學辯論』등이 있으며, 서평으로는『Reinvented as the Butterfly-Cultural Memory of the Miao Women of Xijiang』,『Phoenix Nirvana-Cultural Changes of She Ethnic Group in Southwestern Zhejiang in the Context of Tourism』등이 있다.

조사시찰단기록번역총서 17

# 일본국 내무성 직장사무(전) (부)농상무성 각국 거류조례 제2

2020년 12월 28일 초판 1쇄 펴냄

편  자 박정양·민종묵
역  자 김용진
발행인 김흥국
발행처 보고사

책임편집 이소희
표지디자인 손정자

등록 1990년 12월 13일 제6-0429호
주소 경기도 파주시 회동길 337-15 보고사
전화 031-955-9797(대표), 02-922-5120~1(편집), 02-922-2246(영업)
팩스 02-922-6990
메일 kanapub3@naver.com / bogosabooks@naver.com
http://www.bogosabooks.co.kr

ISBN 979-11-6587-125-3  94910
      979-11-5516-810-3  (세트)
ⓒ 김용진, 2020

이 번역서는 2015년 정부(교육부)의 재원으로 한국연구재단의 지원을 받아 수행된 연구임
(NRF-2015S1A5B4A01036400).